Wecke die Löwin in dir

Erhebe dich und verändere deine Umwelt mit neuer Leidenschaft

Lisa Bevere

ADULLAM

Originally published in English under the title
Lioness Arising by Lisa Bevere

Published by WaterBrook Press
an imprint of The Crown Publishing Group
a division of Random House, Inc.
12265 Oracle Boulevard, Suite 200,
Colorado Springs, Colorado 80921, U.S.A.

International rights contracted through:
Gospel Literature International
P.O.Box 4060, Ontario,
California 91761-1003, U.S.A.

This translation published by arrangement with
WaterBrook Press, an imprint of The Crown Publishing Group,
a division of Random House, Inc.

Adullam Verlag
St.-Ulrich-Platz 8
85630 Grasbrunn
Tel. 089 468801
www.adullam.de

ISBN 978-3-941826-08-3

1. Auflage, Oktober 2011

Bestellungen bitte an oben stehende Adresse richten.

Alle Bibelzitate wurden, wenn nicht anderweitig gekennzeichnet,
der Revidierten Elberfelder Bibel, R.Brockhaus Verlag,
Wuppertal, 9. Auflage 2003, entnommen. Hervorhebungen durch den Autor.

Übersetzung: Birgit Schwab
Umschlaggestaltung: Anne Dittrich, Druckerei Mißbach
Satz und Umbruch: Adullam Verlag
Druck: Schönbach Druck GmbH, Erzhausen
Lektorat: Joshua Werling, www.wortschoepfung.info
Korrektorat: Barbara Doering, Das gute Wort

Lobende Kommentare zu: *Wecke die Löwin in dir*

„*Wecke die Löwin in dir* wird dich die gewaltige Stärke und Schönheit erkennen lassen, die Gott jeder Frau gegeben hat. Wenn du das Buch liest, wird es das Herz der Löwin in dir zum Schlagen bringen. Du wirst angespornt, dich über den Alltagstrott zu erheben und Gott mit neuer Leidenschaft zu dienen."

Joyce Meyer, Bestsellerautorin und Bibellehrerin

„Lisa Bevere inspiriert uns nicht nur mit unüberhörbaren Wahrheiten, sie lebt auch selbst das Leben einer Löwin. Sie ist eine hingegebene Christin, eine starke Ehefrau, eine unerschrockene Mutter, eine kühne Rednerin und eine außergewöhnliche Schriftstellerin. *Wecke die Löwin in dir* wird dich inspirieren, die Rolle, die Gott dir beim Bau seines Reiches auf Erden zugedacht hat, zu erfüllen. Es ist eines der aufrüttelndsten Bücher, das wir je gelesen haben."

James und Betty Robison,
Life Today Television

„*Wecke die Löwin in dir* wird dir helfen, die großartige Saat, die Gott in dich gelegt hat, keimen zu lassen. Lisas Leidenschaft dafür, andere zu bestärken, wird dir helfen, deinen Wert, deine Bestimmung und die wunderbaren Gaben, die du der Welt zu bieten hast, zu entdecken."

Victoria Osteen, stellvertretende Pastorin der
Lakewood Church, Houston, Texas

„In *Wecke die Löwin in dir* malt uns Lisa Bevere auf fesselnde Weise vor Augen, welchen Einfluss eine voll erwachte Christin in ihrem Einflussbereich haben kann: in ihrem persönlichen Leben, in ihrer Gemeinde und in der Welt. Wer dieses Buch liest, wird ermutigt, die Grenzen seines eigenen Lebens auszuweiten und Gottes Bestimmung zu ergreifen."

Stoval Weems, Pastor,
Celebration Church, Jacksonville, Florida

„Lisa Bevere ruft die Frauen auf der ganzen Welt laut und vernehmlich dazu auf, sich zu erheben und die Macht zu ergreifen, die Gott ihnen gegeben hat. In welchem Stadium deines Lebens du dich auch gerade befinden magst – *Wecke die Löwin in dir* wird dich erkennen lassen, welche Stärke, welchen Mut und welchen Weg Gott dir zugedacht hat.“

Ed Young, Pastor der *Fellowship Church* und Autor von *You! The Journey to the Center of Your Worth*

„Lisas Buch ist ein von Gott inspiriertes Wort an die Frauen. Es ist an der Zeit, Unterdrückung abzuschütteln, loszuwerden, was uns gefangen hält, Gottes Gnade zu empfangen und das zu tun, was *er* uns aufträgt.“

Sharon Daugherty, Pastorin des *Victory Christian Center,* Tulsa, Oklahoma

„Als Mitarbeiterin in der Sache Christi erinnert uns Lisa Bevere daran, dass eine Frau Liebe, Hoffnung, Freude und Zartheit verkörpert, ohne Mut, Stärke und Zuversicht zu vernachlässigen. Dieses Buch wird dich daran erinnern, dass Gott unsere Träume sieht, wenn wir selbst noch keine Ahnung von ihnen haben. Es wird dich inspirieren, dich deiner Berufung gemäß zu erheben und das Reich Christi auf der Erde voranzubringen.“

Brian und Bobbie Houston, Pastoren der *Hillsong Church,* Australien

„In *Wecke die Löwin in dir* können wir durch Lisa das Herz Gottes hören, das Frauen dazu aufruft, sich stark und furchtlos zu erheben und sich die Hände schmutzig zu machen. Höre auf, aus deinem sicheren Versteck der traditionellen Untätigkeit herauszuschauen. Lasse dich von Gott in die Position in seinem Reich bringen, die er in dieser Zeit für dich vorgesehen hat. Wir können es uns nicht leisten, noch länger zu warten! Es steht zu viel auf dem Spiel.“

Ron und Katie Luce, Gründer von *Teen Mania Ministries*

„Jede Frau auf der Welt sollte diese von Gott inspirierte Botschaft lesen, diesen Weckruf an die Frauen, aufzustehen und dem Status quo den Kampf anzusagen. Lisa erinnert uns daran, dass wir als Frauen dann zu unserer Höchstform auflaufen, wenn wir unsere

Differenzen beiseitelegen und zusammenarbeiten, um die Probleme in der Welt zu lösen."

Nancy Alcorn, Gründerin und
Präsidentin von *Mercy Ministries*

„*Wecke die Löwin in dir* ist ein mitreißendes Buch, das nachdenklich macht und dich herausfordern wird, all das ans Licht zu bringen, was Gott in dich hineingelegt hat."

Margaret Feinberg, Autorin von
The Sacred Echo und *Scouting the Divine*

„Es ist Lisa Beveres Gebet, dass das Lesen dieses Buches etwas Kräftiges, Schönes und Wildes in dir weckt. *Wecke die Löwin in dir* hält, was es verspricht."

Dino Rizzo, leitender Pastor der
Healing Place Church

„Wenn du dieses Buch liest, wird dir Hoffnung geschenkt. Werfe einen Blick auf das, was geschehen könnte, wenn jede Frau ihren Moment in der Geschichte hellwach erleben würde. Lies dieses Buch und erwecke die Löwin in dir!"

Charlotte Gambill, Gründerin und Direktorin von
Cherish Women's Ministries und Pastorin
der *Abundant Life Church*, UK

„*Wecke die Löwin in dir* ist nichts für Zaghafte. Es ist eine Aufforderung an die Frauen, ihre Ärmel hochzukrempeln, sich die Hände schmutzig zu machen und angesichts des Schmerzes in der Welt einzuschreiten und die heilende Berührung Jesu denen zu bringen, die verwundet, zerschlagen und gebrochen sind. Wenn du müde bist, das zu wollen, was du nicht hast, und bereit bist, dein Leben einzubringen und zu geben, was du hast – dann ist dieses Buch für dich."

Marilyn Skinner, Mitbegründerin von
Watoto Child Care Ministries

„Lisas Offenbarung über die Löwin ist wichtig und sie kommt zur richtigen Zeit. Wir dürfen gegenwärtig erleben, dass auf der ganzen Welt eine Generation von mutigen und wunderbaren Frauen Gottes aufsteht. Sie sind wie ein Rudel Löwinnen, deren Stärke und

Zuversicht durch die Kraft des Heiligen Geistes und die Heilung, die im geschützten Raum der Gemeinde geschieht, wiederhergestellt wird. Es sind keine machthungrigen Frauen, sondern liebevolle, fürsorgliche Frauen, die ihren Wert kennen und entsprechend in dieser Welt leben. Keine ängstlichen, kriecherischen Geschöpfe, sondern Frauen mit einem neuen Lied in ihrem Herzen, einem Lied über die radikale Freiheit in Christus. Eine solch mutige Überwinderin *ist* die Löwin, die erwacht ist. Dieses ergreifende Werk ist für jede Frau, die sich danach sehnt, in der heutigen Welt eine Antwort zu sein. Mögest du das ‚Knurren' in deinem Inneren spüren, während Lisa dich zum großen Löwen von Juda, dem wahren Aslan, zu Jesus Christus führt."

Chris Pringle, Pastor der *C3 Church*

„In *Wecke die Löwin in dir* schreibt Lisa Bevere von geistlichen Prinzipien, die Gott ihr gezeigt hat. Dabei nutzt sie das Bild leidenschaftlicher und wunderbarer Löwinnen. Sie stehen für die Frauen, die sich erheben, um endlich das zu leben, was Gott wirklich für sie vorgesehen hat."

Christine Caine, Direktorin von
Equip & Empower Ministries, Gründerin von
The A21 Campaign

„In *Wecke die Löwin in dir* lenkt Lisa Bevere unsere Aufmerksamkeit auf den stark ausgeprägten weiblichen Beschützerinstinkt. Sie zeigt auf, dass Frauen fähig sind, für sich selbst und für die Menschen, die sie lieben, zu kämpfen. Lasse dir von Lisa zeigen, wie du in der Kraft der Gnade Gottes vorgehen kannst, um die Macht der Enttäuschung und der zerbrochenen Träume wie Beutetiere zu ‚schlagen', stark zu werden, Mut zu fassen und die Welt zu verändern".

Bishop Courtney McBath, Pastorin der
Calvary Revival Church, Norfolk, VA

Inhalt

An all meine Löwenschwestern,
die etwas Wildes, Ungestümes
und Wunderbares in sich aufkommen fühlen.

Ihr seid großartig.
Ihr seid für diesen Moment geboren.
Lasst euch von eurer Stärke, euren Fragen und
euren Einsichten keine Angst einjagen.
Wacht auf, erhebt euch und wagt es,
all das ans Licht zu bringen,
was Gott in euch gelegt hat.

1

EINE LÖWIN WECKEN

Die Natur ist die geborene Verbündete des Geistes,
wenn es darum geht, uns zu emanzipieren.

Ralph Waldo Emerson

Wir schrieben das Jahr 1994 und es war eine ganz gewöhnliche Nacht für diese Phase meines Lebens. Ich war später, als es gut war für mich, ins Bett getaumelt, nachdem ich verzweifelt versucht hatte, mein Haus in Ordnung zu bringen. Als schwangere Mutter dreier Söhne hatte ich wahrlich keine Schlafprobleme. Sobald ich meine Augen schloss, war ich auch schon eingeschlafen – nur um vom Klingeln eines Weckers, von den Kindern oder dem hereinflutenden Licht der späten Morgensonne geweckt zu werden. Doch in dieser Nacht schlief ich ein, um im Morgengrauen aufzuwachen – bis in mein Innerstes erschüttert.

In der Zeit vor Sonnenaufgang hatte ich einen lebendigen und ungewöhnlichen Traum. Wenn ich von einem Traum spreche, klingt das so, als wäre er im Schlaf oder schattenhaft zu mir gekommen. Das war bei diesem Bild nicht der Fall. Ich träume regelmäßig, aber nicht in dieser Intensität. In der Welt, in der ich mich im Schlaf befand, war ich hellwach.

Vor mir spielte sich eine Szene aus einer anderen Zeit an einem anderen Ort ab. Ich spürte, dass ich nicht mehr auf irdischen

Pfaden wandelte. Ich stand an einem himmlischen Ort, einem Ort, der hell erleuchtet war, an dem aber nichts blendete.

Überall war strahlendes Licht. Es schien aus allem hervorzukommen. Es gab weder Nebel noch Schatten, nur herrliche Farben. Die satten Nuancen lebendiger Farbe bestanden aus so konzentrierten Schattierungen, dass ich sie mit nichts Irdischem vergleichen kann. Die Farbpigmente waren mehrschichtig und mehrdimensional. Aus irgendeinem Grund kann ich mich an die violetten (nicht ganz unser Violett) und blauen (anders als unser Blau) Farbtöne am besten erinnern. Es gab keine Kanten, Seiten und keinen Rand, und doch umhüllte die Farbe etwas – eine erhöhte Plattform aus makellosem, cremefarbenem Stein. Auf dieser Plattform ruhte eine goldene Löwin.

Sie war die vollendete Raubkatze – majestätisch und stark mit klar definierten Strukturen. Sie bewegte sich nicht, aber ich zweifelte keine Sekunde daran, dass sie lebendig war, lebendiger als jedes irdische Tier, das ich je in Bewegung gesehen hatte. Ihr Kopf war aufgerichtet aber nicht angespannt. Ihre Vorderpfoten hatte sie vor sich ausgestreckt. Ihr Fell und ihre Augen leuchteten golden. Unter ihrem makellosen, gelbbraunen Mantel konnte ich jede Rundung ihrer perfekt geformten Muskeln sehen. Diese fantastische, stille Löwin war weitaus realer, lebendiger und dynamischer als irgendeine der Löwinnen, die heute auf unserer Erde leben. Ich konnte mich des Eindrucks nicht erwehren, dass ich gerade einen himmlischen Prototyp betrachtete. An der Vorderseite der makellosen Säulenplattform waren sowohl ein Wort als auch eine römische Zahl eingraviert: *Numeri XXIII.*

Im Vergleich zu dieser Löwin kam mir mein eigener Körper schwach, unbedeutend und merkwürdig fehl am Platz vor. Ich fühlte mich von meinem Körper losgelöst und war mir meiner Schwangerschaft nicht bewusst. Ich wusste, dass ich hier war, *um zu betrachten, zu sehen,* genau zu beobachten – und dabei von etwas zu erfahren, das so noch nicht existierte. Ich fühlte, wie wichtig es war, die Bedeutungsschwere dieses symbolischen Bildes zu erfassen. Obwohl ich alleine mit einer Löwin war, war ich weder beunruhigt noch fühlte ich mich bedroht. Ich tat nichts anderes, als mit weit aufgerissenen

Augen zu staunen. Es war, als würde mein Geist durch die Betrachtung erweitert und mit ihr verbunden. Ich nahm so viel wie möglich von dem auf, was mich umgab. Mein Fokus verlagerte sich und ich blickte der Löwin direkt in die Augen. In diesem Moment hörte ich irgendwo hinter mir eine Stimme, die ankündigte: „Mit der Geburt dieses Sohnes wirst du eine Löwin wecken."

Das Bild verschwamm in goldenem Licht, voller Majestät und Staunen. Es war vorbei. Als Nächstes erinnere ich mich daran, dass es Morgen war – und ich hellwach. Alle meine Sinne waren in höchste Alarmbereitschaft versetzt. Nicht weil ich Angst hatte, sondern weil mich die Vision aufgerüttelt hatte. Was hatte ich da gerade miterlebt? Im Lauf der Jahre bin ich zu dem Schluss gekommen, dass unsere Erde der an Zeit und Vergänglichkeit gebundene Schatten, die teilweise Offenbarung dessen ist, was im Himmel als ursprünglich, zeitlos und vollständig existiert.

Erhebe dich wie eine Löwin

Als ich im Grau der Morgendämmerung lag, hellwach, mit rasendem Herzen und zitterndem Körper, fühlte ich, dass Gott mir diese Vision einer Löwin gesandt hatte, um etwas zu offenbaren, das ich im Alltagstrott leicht übersehen hätte. Jetzt hatte er meine volle Aufmerksamkeit. Ich merkte mit allen meinen Sinnen auf. Mein Zimmer schien blass und hohl, im krassen Gegensatz zu dieser farbigen Welt, die ich gerade verlassen hatte. Was ich hörte klang dumpf im Vergleich zu der klaren Stimme an diesem Ort in einer anderen Welt. Ich hielt inne, hatte Angst, mich zu bewegen und die letzten Reste dieser Vision zu verlieren. Ich schloss meine Augen. Ja, es war alles da – die Löwin, die Plattform, die Inschrift, der Hintergrund und die Stimme.

Die Zeit verging, mein Herz schlug wieder langsamer, mein Körper beruhigte sich und ich öffnete meine Augen. Weil mich die Schriftstelle an der Vorderseite der Plattform neugierig gemacht hatte, griff ich nach meiner Bibel und zog sie zu mir ins Bett. Ich fragte mich, ob es tatsächlich eine Verbindung mit einer konkreten Stelle geben könnte. Wenn das der Fall war, was stand dann in Numeri – also dem 4. Buch Mose – Kapitel 23? Ich blätterte die Seiten durch und mein Herz erschrak, als ich die Überschrift des Übersetzers sah und entdeckte, dass die Schriftstelle einen Orakelspruch Bileams enthielt. Ich wusste, dass seine Aussagen zwar zutrafen, er aber ein unehrenhafter Prophet war. Ich las weiter, ohne viel zu verstehen, bis ich zu Vers 19 kam.

> *Gott ist kein Mensch, der lügt. Er ist kein Mensch, der etwas bereut. Hat er je etwas gesagt und nicht getan? Hat er je etwas versprochen und es nicht wahr gemacht? Ich erhielt den Befehl zu segnen. Er hat gesegnet und ich kann den Segen nicht aufheben. Er sieht nichts Böses in Jakob und nimmt kein Unheil in Israel wahr. Der Herr, ihr Gott, ist mit ihnen; er ist ihr König, dem ihr Jubel gilt. Gott hat sie aus Ägypten geführt, er ist für sie wie die Hörner eines wilden Stiers. Kein Fluch kann Jakob schaden, kein Zauberspruch hat Macht über Israel. Zur rechten Zeit heißt es von Jakob und Israel: „Was hat Gott für Israel vollbracht!"*
>
> 4. Mose 23, 19–23 *(Neues Leben)*

Diese Worte sagen viel über die Treue Gottes. Seine Verheißungen sind sicher und gewiss, und seine Segnungen unwiderruflich. Weil Gott treu ist, hatte Israel eine sichere Zukunft, frei von den verdorbenen und krummen Auswirkungen der Zauberei und der Flüche ihrer Feinde. All das war beruhigend, aber der nächste Vers packte mich.

> ***Dieses Volk steht auf wie eine Löwin, wie ein Löwe erhebt es sich.*** *Es legt sich nicht nieder, bevor es seine Beute verzehrt und das Blut der Erschlagenen trinkt.*
>
> 4. Mose 23, 24 *(Neues Leben)*

Zitternd las ich die starken Worte auf dem dünnen Papier noch einmal: „... steht auf wie eine Löwin, wie ein Löwe erhebt es sich." Dieses eindrückliche Bild traf mich. Ich konnte es sehen: ein Löwe und seine Löwin, die sich gerade aus dem Gras erhoben. Während sie sich aufrichteten, lud sich die friedliche Atmosphäre der Ebene elektrisch auf. Jedes Tier spürte die veränderte Haltung der Löwen und blickte aufmerksam in ihre Richtung. Die goldenen Wesen waren wach, streckten sich, prüften die Luft, überblickten ihr Gebiet und waren bereit, sich in Bewegung zu setzen. Vielleicht waren sie hungrig. Vielleicht beunruhigte sie die Gegenwart eines

Feindes, der die markierten Grenzen ihres Territoriums übertreten hatte, und es war Zeit, ihn wissen zu lassen, dass sie da waren.

Sobald sie auf den Beinen waren, lag eine Spannung in der Luft, bis sie ihre Bewegungen einstellten. Wenn die Löwen rastlos waren, fanden auch die anderen Geschöpfe keine Ruhe, bis die Löwen gekämpft oder gefressen und sich anderswo niedergelassen hatten.

Als sie sich erhoben, fühlte auch ich in meinem Geist, wie ihre Stärke sich regte. Wer blickt nicht gebannt und voller Ehrfurcht, wenn ein Löwe oder eine Löwin sich erheben und sich von ihrem Ruheplatz entfernen? Doch was bedeutete das für mich? Was könnte ich denn bitte mit einem dieser wilden, mächtigen Geschöpfe gemeinsam haben?

Das Bild begeisterte mich und stieß mich gleichzeitig ab. Ich dachte gerne an ein paar Löwinnen, die in der Sonne dösten, während ihre Jungen herumtollten. Bilder von jagenden und tötenden Löwinnen erschreckten mich jedoch und ekelten mich an. Wenn ich Tierdokumentationen sah, wandte ich meine Augen ab, sobald Raubkatzen Antilopen und Zebras rissen.

Während mir diese Gedanken durch den Kopf schossen, erinnerte ich mich an die Worte der nächtlichen Vision: „Mit der Geburt dieses Sohnes wirst du eine Löwin wecken." Was konnte das bedeuten? Ich sah keinen Zusammenhang zwischen der starken, furchtlosen Löwin und der dicken, schwangeren Frau, die in meinem Bett lag. Es wäre lachhaft gewesen, mich als Löwin zu bezeichnen. Ich war eine Tofu essende Halbveganerin, kein blutgieriges Raubtier. Ich fürchtete mich vor praktisch allem, was sich außerhalb meiner Kontrolle befand, und die meisten Menschen, mit denen ich zusammentraf, schüchterten mich ein. Am meisten fürchtete ich mich vor starken, dominanten Frauen.

Meine Schwangerschaft hatte mir so etwas wie eine Gnadenfrist verschafft. In einem Moment des leidenschaftlichen Gebets einige Monate vor der Empfängnis meines Sohnes hatte ich all meinen Widerstand abgelegt und Gott gesagt: „Okay, okay! Ich gehöre dir. Mache in meinem Leben, was dir gefällt! Ich werde alles tun, was du willst. Ich werde sogar zu Frauen sprechen, wenn du das von mir möchtest." Zu dieser Zeit hatte ich noch nicht einmal eine Ahnung, worüber ich sprechen sollte.

Als ich schwanger wurde, dachte ich, dass die Karten nun neu gemischt würden. Ich dachte, der Auftrag und meine Einwilligung wären eine Art Prüfung gewesen – wie Abrahams Einwilligung, seinen Sohn Isaak zu opfern. Vielleicht würde ich schon für meinen guten Willen Bonuspunkte bekommen, ohne mich jemals wirklich an meine Zusage halten zu müssen.

Doch mit dieser Vision war die Abmachung, die ich vor meiner Schwangerschaft getroffen hatte, anscheinend immer noch aktuell.

Und was war mit diesem Sohn?

Die ganze Schwangerschaft hindurch hatte ich geglaubt, ich trüge eine Tochter in mir. Jeder, den ich traf, sagte mir, ich würde ein Mädchen bekommen. Niemand hatte einen Jungen auch nur in Erwägung gezogen. Ich war die Einzige, die die heimliche Hoffnung auf einen weiteren Sohn hegte.

Ungläubig schüttelte ich meinen Kopf. *Wenn* irgendetwas davon wahr sein sollte und ich kurz davor stand, mich in eine Art Löwin zu verwandeln, dann würde sicherlich auch noch jemand anders die bevorstehende Verwandlung sehen können. Diese Vision verlangte nach einer glaubwürdigen Bestätigung.

Bestätigung gesucht

Einige Wochen vergingen, und eine Evangelistin, vor der ich großen Respekt hatte, kam in unsere Stadt. Das war meine Chance! Sie hatte eine andere schwangere Freundin und mich zum Mittagessen eingeladen. Meine Freundin war eine außergewöhnliche Geschäftsfrau, die sich auf radikale Weise bekehrt hatte und die Gegend in Asien, in der sie lebte, mit dem Evangelium erschütterte. Vielleicht war die Vision von der Löwin für sie ... Ich beschloss, den Gedanken beiläufig beim Mittagessen ins Gespräch zu bringen und ihre Reaktion zu beobachten.

Unser gemeinsames Mittagessen fiel auf einen herrlichen, sonnigen Tag in Winter Park, Florida. Nachdem wir zu dritt eine Weile durch die Straßen geschlendert waren, ließ ich meinen schwangeren Körper schließlich in einem Restaurant auf einen Stuhl fallen. Ich fragte mich, wie ich wohl die Sache mit der Löwin in unsere freundschaftlichen Einkaufsbummelgespräche würde einflechten können. Später beim Essen ergab sich die Gelegenheit.

Meine Freundin sagte uns, dass sie ein Mädchen erwarte, und die Evangelistin meinte, sie freue sich auf die Aussicht, dass auch ich eine Tochter bekommen würde.

„Und wenn es wieder ein Junge wird?“, fragte ich.

Sie war entsetzt, dass ich eine solche Möglichkeit auch nur in Erwägung zog. Sie meinte, schließlich hätte ich drei Söhne und John bräuchte ein Mädchen, in das er vernarrt sein könne. Das war der Zeitpunkt, zu dem ich beschloss, die Geschichte mit der Löwin und der Ankündigung eines Sohnes zu erzählen.

Ich weiß nicht, ob das, was ich sagte, einen Sinn ergab. Eigentlich bin ich mir sicher, dass es das nicht tat. Schließlich war ich selbst alles andere als überzeugt. Ich wusste, dass die Vision echt gewesen war, doch in meiner Nervosität ließ ich meine Verbindung mit dem Bild der Löwin unerwähnt. Ich redete immer weiter und versuchte, dem Ganzen einen sinnvollen Zusammenhang zu geben. Doch wie konnte ich erwarten, dass sie es verstehen würden, wenn schon ich verwirrt war. Meine ausschweifenden Erklärungen spiegelten sich in ihren besorgten Gesichtern wider. Ich erkannte, dass ich in einer Sackgasse gelandet war und hörte abrupt zu reden auf.

Nach der darauffolgenden unangenehm langen Stille schaute die Evangelistin mich zweifelnd an und fragte dann: „Wann ist der Geburtstermin?“

„Am zehnten Oktober“, antwortete ich kleinlaut und war erleichtert, etwas sagen zu können, das Sinn ergab.

Sie lehnte sich zurück, schüttelte ihren Kopf und sagte voller Überzeugung: „Nein, nein, bis dahin kann aus dir *unmöglich* eine Löwin werden.“

Ich wollte ausrufen: „Das denke ich auch!“, aber weil ich mir etwas lächerlich vorkam, beschränkte ich mich darauf, zu nicken.

Ich fühlte mich einerseits erleichtert, andererseits war ich leicht verärgert, eindeutig verwirrt und vielleicht auch etwas beleidigt.

Was meinte sie, als sie sagte, ich könne bis dahin keine Löwin werden? Es war erst Frühling und bis Oktober waren es noch mehr als fünf Monate! Wie lange würde so eine Verwandlung in eine Löwin wohl dauern? Warum hatte ich meine Vision überhaupt erzählt? Ich hätte warten sollen, bis ich sicher wusste, ob ich einen Sohn bekommen würde.

Sie spürte meine Verwirrung und erklärte: „Da gibt es noch zu viel in dir, an dem Gott arbeiten muss … bis Oktober wirst du noch nicht frei sein."

Gut, da hatte ich es. Obwohl ich die Unverblümtheit dieser Frau nicht mochte, stimmte ich ihrer Einschätzung zu. Langsam ging die Konversation wieder in ihren ursprünglichen, normalen Rhythmus über, während ich meinen Mund geschlossen hielt und meinen Gedanken erlaubte, sich nach innen zu richten. Sie hatte nur ausgesprochen, was sie von dem, was sich in mir abspielte, wahrnahm. Zweifel und Unsicherheit plagten mich in vielen Bereichen. Selbst John, mein Ehemann, sagte mir immer wieder: „Es muss wirklich schwer sein, in deiner Haut zu stecken, Lisa, mit all den Sorgen und Ängsten, die dich überrollen." Er hatte recht. Und es wurde immer schwieriger. Ich war müde, ein langfristiges Restaurationsprojekt zu sein.

Keine Ausreden mehr

Jahrelang hatte ich immer Ausreden gehabt. Ich war als Kind an Krebs erkrankt und war nun als hauptberufliche Mutter und Hausfrau mit schwieriger Vergangenheit nur darauf aus, die Vorschulzeit meiner Kinder zu überleben. War es möglich, dass Gott dachte, ich sei zu etwas Größerem bestimmt? Wartete in mir etwas Starkes, ein wenig Ungestümes darauf, geweckt zu werden? Vielleicht könnte ich etwas Mut ganz gut vertragen. War ich schließlich nicht abenteuerlustig gewesen, als ich jung war? Es gab eine Zeit, da waren meine Traumberufe zwischen Attentäterin und Astronautin angesiedelt.

Ja, ich wollte etwas von der Stärke wiedererlangen, die mir verloren gegangen war, während ich versuchte, als Gattin eines Pastors und als nette christliche Frau zu funktionieren. Ich war bereit, mich ein wenig zu strecken, meine Kräfte einzusetzen und meine Schönheit zu zeigen. Ich war müde, immer als schwach und weinerlich betrachtet zu werden. Ich war es leid, wieder und wieder mit dem Schmerz der Vergangenheit konfrontiert zu werden. Ich war bereit für die Herausforderung. Ich liebte es, dass mein Mann leidenschaftlich und stark war, und ich wollte mich nicht länger hinter ihm verstecken. Ich hatte es satt, mich mit so vielen Dingen herumzuschlagen, die überhaupt nicht wichtig waren. Satt, etwas vorzutäuschen. Vielleicht war die Vision einer Löwin genau das, was ich brauchte! Ich war bereit, nicht mehr als nett und ungefährlich, sondern als etwas ungestüm und zielstrebig wahrgenommen zu werden.

Nach dem Mittagessen an diesem Tag fuhr ich nach Hause, das Lenkrad fester umklammert als notwendig. Ich wollte diese „Löwinnenstimmung" in der relativen Sicherheit meines Honda Civic ausprobieren. Ich ließ die Fenster herab, bewegte mich im Takt zum Aktuellsten, was die christliche Musikszene zu bieten hatte, und ließ statt der Klimaanlage den Wind durch meine „Mähne" fahren. Das alles scheint jetzt etwas albern (besonders weil Löwinnen keine Mähne haben). Durch meine katzenaugenförmigen Ray-Ban-Brillengläser sah ich mein krauses Haar mit den hellen Strähnchen im Seitenspiegel … „Warte, sehe ich da den goldenen Glanz einer wilden Löwin in diesen Locken?"

„Nicht bis Oktober fertig? Ha! Ich werde es euch zeigen! Ich bin eine Löwin!"

Irgendwie begann durch die Kombination meines Ausrutschers beim Mittagessen, der unverblümten Feststellung meiner Freundin und einer Reihe anderer davon unabhängiger Ereignisse eine interessante Verwandlung Form anzunehmen. Es war, als hätte man mir einen Fehdehandschuh hingeworfen, als gäbe es eine Herausforderung.

Mit der Geburt meines Sohnes Arden Christopher (sein Name bedeutet „feurig", „zielstrebig", „gesalbt") änderte sich etwas in mir. Obwohl ein weiteres Kind zusätzliche Mutterpflichten bedeutete, wurde ich zu einer zielstrebigen Tochter.

Wie bei vielen anderen Müttern war auch mein mit Gott verbundenes Selbst strapaziert gewesen. Ich stand kurz davor, in meinen Alltagspflichten unterzugehen. Meine immer länger und anspruchsvoller werdende To-do-Liste hatte mich so eingenommen, dass ich vergessen hatte, wer ich war. Ich steckte voller Selbstzweifel. Mein Leben war unbedeutend, selbstzentriert, isoliert, belanglos, ungefährlich und ineffektiv. Ich erinnerte mich an meinen Namen, mit wem ich verheiratet war und wer meine Kinder waren, aber was ich tat und wofür ich verantwortlich war, überschattete mein Bewusstsein, Gottes Tochter zu sein.

Während ich innehielt, begann Gott mir Stärke zuzuflüstern und mich bei einem neuen Namen zu rufen. Für jeden anderen hatte ich einen Namen, der mit einer Arbeitsbeschreibung zusammenhing. Für meine Kinder war ich die Mutter, für meinen Mann die Ehefrau, für die Gemeinde die Frau des Pastors – aber für Gott war ich einfach seine *Tochter*. Während ich mich darauf konzentrierte, einfach sein Kind zu sein, und darüber nachsann, was das alles bedeutete, strömten Leben und Stärke in meinen Alltag und Ruhe kam in meine Seele. Mein Herz wurde größer.

Nach Ardens Geburt begann ich, aus dem Schatten meiner Unsicherheiten, Ängste, Misserfolge und aus meiner Komfortzone herauszutreten. Ich begann, auf andere zuzugehen. Ich schrieb mein erstes Buch *Außer Kontrolle und begeistert darüber!*, während ich Arden stillte. Dieses Buch zu schreiben, eröffnete mir eine neue Welt. Plötzlich war ich unterwegs und sprach zu Frauen in ganz Amerika, die hungrig nach authentischen Menschen waren. Als Antwort auf ihren Schmerz und Hunger und das dringende Bedürfnis nach gesunden Beziehungen mit anderen Frauen schrieb ich noch mehrere Bücher.

Die Zeit verging, wir zogen vom sonnigen, heißen und feuchten Florida ins sonnige, kalte und trockene Colorado. Der Umzug nach Colorado bewirkte, dass wir als Familie mehr Zeit im Haus und am Tisch verbrachten. Er bereitete uns auch auf manche Veränderung vor. Während der folgenden zehn Jahren wurde ich ein paar Mal (beinahe zu selten, um es überhaupt zu erwähnen) mit einer Löwin verglichen. Ich lächelte dann einfach und freute mich, nicht länger eine ängstliche, furchtsame Hauskatze zu sein. Ich dachte, die Sache mit der Löwin sei erledigt und meine persönliche Umwandlung beinahe abgeschlossen.

Aber ich irrte mich.

Es geht nicht um dich, Lisa

Im Herbst des Jahres 2007 stieß ich erneut auf die Löwin. Ich war eine der vielen Frauen, die auf einer Frauenkonferenz im faszinierenden Neuseeland dienten. Diese Veranstaltung war so gut besucht, dass die Gastgebergemeinde zwei Konferenzen hintereinander abhalten musste, um alle Frauen unterzubringen.

Die erste Konferenz fand in der Gemeinde statt, die zweite in einer Arena in Auckland. Wir hatten Konferenz Nummer eins gerade beendet und befanden uns bei Konferenz Nummer zwei in der Arena. Die Versammlungen hatten begonnen. Die Sprecherinnen waren fähige, leidenschaftliche und treue Verwalterinnen des Wortes. Doch aus irgendeinem Grund fühlte ich während der Nachmittagspause eine gewisse Unruhe. Es war nicht so, dass ich das Gefühl hatte, mich unbedingt vorbereiten zu müssen – ich sollte ja nur wiederholen, was ich bereits auf der ersten Konferenz gesagt hatte. Dennoch hatte ich das dringende Bedürfnis, vor meinem Vortrag zu beten. Es war, als gäbe es irgendeine Art Widerstand. Ich wusste, dass er nicht von den Zuhörern kommen würde, die sich entschlossen hatten, an der Konferenz teilzunehmen, und auch nicht von einer der Sprecherinnen oder der Gastgebergemeinde. Wir alle waren eines Herzens und waren mit der Bereitschaft gekommen, Gott anzubeten, zu predigen und die Frauen zu ermutigen. Doch da gab es noch etwas anderes. Vielleicht versuchte Gott gerade, meine Aufmerksamkeit zu bekommen. Ich musste mich zurückziehen und Klarheit darüber bekommen. Deshalb machte ich mich unverzüglich auf den Weg in mein Hotelzimmer, von dem aus man den Hafen von Auckland überblicken konnte.

Ich schritt in meinem Zimmer auf und ab, streckte meine Arme in Richtung Hafen aus, betete um Gottes Führung und Einsicht und sang zu dem Lied auf meinem iPod: *Shout unto God with a voice of triumph* (übersetzt: „ruft zu Gott mit triumphierender Stimme").

Um mein Herz in die richtige Position zu bringen, begann ich, Gott für die verschiedenen Dinge zu danken, die er in meinem Leben tat. Ich hatte gerade die Endbearbeitung meines Manuskripts von *Füreinander da sein* abgeschlossen und dankte Gott dafür, dass der Prozess des Schreibens und Überarbeitens vorbei war. Für mich ist das Schreiben eines Buches so, als würde ich in den Wehen liegen. Deshalb klang mein Gebet ungefähr folgendermaßen: „Danke, Gott. Es ist vollbracht!" Und zur Betonung sagte ich: „So schnell möchte ich kein Buch mehr schreiben."

Plötzlich merkte ich, wie Gott zu meinem Geist sprach: „Schade, dass du so empfindest … ich brauche dich nämlich, um noch ein Buch zu schreiben."

Was? Gott *brauchte* mich?

Er fuhr fort: „Ich setze vom Himmel her Strategien frei. Man wird sie in meinem Wort finden. Du wirst keinesfalls alle diese Strategien haben, aber einen Teil davon. Du musst schreiben und aufzeichnen, was ich dir sage, damit meine Töchter, wenn sie sich versammeln, das ganze Bild sehen können. Wenn du deinen Teil des Puzzles nicht beiträgst, wird das Bild nicht vollständig sein."

Plötzlich stand die Löwin wieder vor mir.

Während ich sie in all ihrer Kraft und wilden Schönheit betrachtete, hörte ich die Stimme sagen: „Ich sagte, du würdest mit der Geburt deines Sohnes *eine Löwin wecken.* Ich sagte nicht, du seiest die Löwin."

Sofort erkannte ich, wie beschränkt, töricht und menschlich meine Perspektive gewesen war. Die Stimme sprach weiter: „Jesus ist der Löwe aus dem Stamm Juda, und es ist Zeit, dass seine Braut als Löwin erwacht. Studiere das Wesen und Verhalten der Löwin."

Dann hörte ich die erste Strategie:

„Löwinnen jagen gemeinsam."

Ich war erstaunt. War das, was ich hörte, überhaupt biblisch? Was konnte all das bedeuten? Die Frauen begannen, sich an die Idee zu gewöhnen, dass in ihrer Weiblichkeit eine Kraft liegt und dass ihre

Fähigkeit, für andere da zu sein, wertvoll ist. Und nun sagte Gott mir, dass ich sie als Löwinnen bezeichnen sollte? Wie passte das zusammen?

Ich fragte mich: „Könnte es sein, dass Gott etwas Starkes und Wildes in seinen Frauen wecken möchte?"

Wieder stand mir 4. Mose 23 vor Augen, und ich erkannte darin den Auftrag für die christlichen Frauen, sich zu erheben. Unverzüglich und von ganzem Herzen begann ich, die Löwin zu studieren und Parallelen für die Töchter Gottes zu finden. Ich habe die letzten zwei Jahre damit verbracht, über Löwinnen zu lernen, sie zu beobachten und über sie zu schreiben. Ursprünglich hatte ich geplant, die Verbindungen zwischen Frauen und Löwinnen nur auf literarischer Ebene herzustellen, ohne die Vision, die Gott mir gegeben hatte, weiterzugeben. Doch im Lauf der Zeit merkte ich, dass diese Vision nicht für mich alleine sein sollte. Ich bekam die Löwin nicht deshalb zu sehen, weil ich bevorzugt oder besonders war. Ich habe dieses Bild auch nicht deshalb gesehen, weil ich prophetisch veranlagt wäre. Ich bekam es zu sehen, weil Gott wusste, dass ich eines Tages jemand sein würde, der eine Stimme hatte.

Wenn ich den Satz „Du wirst eine Löwin wecken" aussprach, konnte ich immer und immer wieder seine Auswirkung auf die Frauen buchstäblich sehen. Manchmal reagieren sie mit leisen Tränen, als ob etwas in ihnen bewässert werden würde. Bei anderen Gelegenheiten beginnen sie, nach Luft zu schnappen, als ob sie die Offenbarung eingeatmet und dabei erkannt hätten, dass es in Ordnung ist, wild und schön zu sein. Ich glaube, dass die Reaktion so überwältigend positiv ist, weil in jeder der Töchter Gottes auf irgendeine Weise nicht nur ein Lamm verborgen ist, sondern auch eine Löwin. Und es ist Zeit, dass sie aufwacht.

Wenn ich an eine Löwin denke, umspielt ein Lächeln meinen Mund. Ich ziehe meine Schultern zurück und stehe ein bisschen gerader. Mehr als irgendein anderes Geschöpf macht mich die Löwin stolz, eine Frau zu sein. Es gibt keinen Zweifel an ihrer Stärke. Ich denke auch, dass es kein Geschöpf gibt, das einen Mann stolzer macht, ein Mann zu sein, als den Löwen. Der Löwe ist der König des Dschungels, und es ist keine Frage, wer die Königin ist.

Sieh … und lerne

Es ist nicht das erste Mal, dass Gott uns auf die Einfachheit der Schöpfung verweist, um uns die richtige Perspektive wiederzugeben. Jesus ermahnt uns, die Blumen anzusehen und von ihnen zu lernen, dass Gott uns kleiden und für uns sorgen wird (siehe Mt. 6, 28 und Lk. 12, 27). Auf ähnliche Weise verkünden die Himmel die Herrlichkeit Gottes und stellen seine Gerechtigkeit offen zur Schau (siehe Ps. 19, 2 und Ps. 50, 6).

> *Die Himmel verkündigen seine Gerechtigkeit, und seine Herrlichkeit sehen alle Völker.*
>
> Psalm 97, 6 *(Luther)*

Die ungestüme, wilde Schönheit der Schöpfung ist nichts als ein Fenster, das uns eine Ahnung von dem Gott vermittelt, der uns geschaffen hat. Wir müssen dieses Fenster weit öffnen und Gottes ungezähmter, grenzenloser Schönheit erlauben, in uns eine himmlische Ehrfurcht zu wecken. Wenn wir unsere Augen für das Wunder der Schöpfung öffnen, so weckt das unsere Sehnsucht nach Gott. Unser Geist wird auf das reagieren, was er sieht. Die Schöpfung erklärt: „Da gibt es noch mehr! Mehr als das, was du siehst. Mehr als das, was du hörst. Mehr als die bloße menschliche Sterblichkeit. Es gibt diesen unsterblichen Gott, der in der Höhe thront."

Jesus, unser Christus, kam schon vor Grundlegung der Erde als das geschlachtete Lamm. Das Buch der Offenbarung zeigt ihn jedoch auch als Löwen:

> *Aber einer der Ältesten sagte zu mir: „Weine nicht! Siehe,* ***der Löwe aus dem Stamm Juda****, der Erbe aus der Wurzel Davids, hat gesiegt. Er ist würdig, die Schriftrolle zu öffnen und ihre sieben Siegel zu brechen."*
>
> Offenbarung 5, 5 *(Neues Leben)*

Er ist sowohl unser Löwe *als auch* unser Lamm. Ich frage mich, ob wohl jemals zwei unterschiedlichere Bilder kombiniert worden sind. Die englische Übersetzung *The Message* sagt, der Löwe von Juda „kann die sieben Siegel aufreißen" (übersetzt aus dem Englischen). Johannes, der Autor der Offenbarung, weinte, weil er, nachdem er den Himmel, die Erde und sogar die Unterwelt durchsucht hatte, niemanden fand, der würdig war, die sieben Siegel zu öffnen und die Offenbarung fortschreiten zu lassen. Dann ermutigte der Älteste neben Johannes ihn, zu *schauen*, weil in unserem Lamm ein Löwe offenbart wurde. Er allein ist würdig und unternimmt es, die Siegel zu durchbrechen.

Das Reißen bedeutet ein gewaltsames Öffnen. Das erinnert mich unweigerlich an den dicken Vorhang im Tempel, der entzweigerissen wurde (siehe Mk. 15, 38). Der Riss ging von ganz oben bis ganz unten. Ich liebe dieses Bild, denn unser Gott zerreißt immer, was irgendeinen von uns von ihm trennt oder zurückhält. Im göttlich-geheimnisvollen Buch der Offenbarung setzt das Brechen der Siegel der himmlischen Rollen Dinge auf Erden in Bewegung.

Die Natur ist die geborene Verbündete des Geistes, wenn es darum geht, uns zu emanzipieren.
Ralph Waldo Emerson

Auch in diesem Moment fühle ich, dass Gott sich danach sehnt, einen Teil seiner selbst zu offenbaren – durch jede und in jeder von uns. Warum hätte er der Geschichte unserer Erde ein so dramatisches Ende verleihen sollen, wenn nicht, um darin eine Offenbarung für jede von uns zu verpacken? Ich glaube, er lädt uns erneut dazu ein, nicht zu verzweifeln oder zu weinen, sondern nach oben zu blicken und wahrhaft zu sehen.

Unsere Erde lässt die Offenbarungen und die Weisheit des Himmels widerhallen.

Wie erstaunlich ist es doch, dass unser himmlischer Vater seine Schöpfung so gestaltet hat, dass sie uns dazu bringt, unser Herz zu öffnen. Jede Pflanze, jedes Tier, jedes Element, jede Landschaft sagt: „Steh auf und führe das Leben, für das Gott dich geschaffen hat." Laut Hiob hat die Natur das Potenzial, uns zu lehren.

> *Gott nutzt die gesamte Schöpfung für unseren Unterricht, er benutzt die Vögel und die Tiere der Erde, um uns Weisheit zu lehren.*
>
> Hiob 35, 11 (*The Message,* aus dem Englischen übersetzt)

Das Wunder der Liebe Gottes und das Ausmaß, in dem er uns seine Weisheit zur Verfügung stellen will, scheint beinahe zu gewaltig, um es zu erfassen. Doch das sollte uns nicht überraschen. Schließlich ist er der Schöpfer, der verkündet:

> *Jedes Geschöpf im Wald ist mein, die wilden Tiere auf allen Bergen. Ich kenne jeden Bergvogel beim Namen; die huschenden Feldmäuse sind meine Freunde. Wenn ich hungrig wäre, denkst du, ich würde es dir sagen? Alle Schöpfung und ihre Fülle ist mein.*
>
> Psalm 50, 10–12 *(The Message,* aus dem Englischen übersetzt)

Wir kehren uns von den Geschöpfen der Erde ab, doch Gott kennt sie beim Namen. Glauben wir wirklich, er würde sich nichts aus seiner Schöpfung machen? Er hat die Schöpfung für sich selbst geschaffen. Die Natur hat viel über ihren Schöpfer zu offenbaren, wenn wir ihr nur zuhören. Im Buch der Sprüche (6, 6) wird uns aufgetragen: „Sieh dir die Ameise an, du Faulpelz! Nimm dir ein Beispiel an ihr, damit du gescheit wirst" *(The Message,* aus dem Englischen übersetzt).

Ich glaube, Gott bittet uns heute um etwas ganz Ähnliches. Er bittet uns, auf die Löwin zu schauen und etwas zu lernen. Er lädt uns ein: „Töchter, seht auf die Löwin. Beobachtet sie genau. Lasst sie eure ungezähmte Natur, eure wilde Schönheit und ungezügelte Kraft wecken, damit ihr euch erheben und die mutigen Frauen sein könnt, die zu sein ich euch berufen habe."

Auf welche Weise offenbart das Bild der Löwin die Stärke und den Mut, der in den Frauen verborgen liegt? Und wie können sich Frauen wie Löwinnen erheben? Jede von uns wird ihre ganz eigene Antwort darauf bekommen, aber dieser Blick auf die Eigenschaften der Löwin kann dir eine gewisse Einsicht vermitteln. In den folgenden Kapiteln werden wir verschiedene Gründe betrachten, aus denen sich eine Löwin von ihrem Ruheplatz in der afrikanischen Sonne erhebt:

Sie erhebt sich, um ihre Kräfte zu sammeln.

Sie erhebt sich, um andere zu grüßen und sich um sie zu kümmern.

Sie erhebt sich, um zu jagen.

Sie erhebt sich zusammen mit anderen Löwinnen.

Sie erhebt sich, um die Jungen in Sicherheit zu bringen.

Sie erhebt sich, um sich Feinden entgegenzustellen, die das Rudel bedrohen.
Sie erhebt sich, um mit ihrem König zu gehen.

Für mich ist die Löwin zu einem Bild dafür geworden, dass jede Tochter des Höchsten in ihre Stärke kommt, Mut entwickeln und Veränderung in ihre Welt bringen kann. Ist eine Löwin in dir verborgen? Es ist mein Gebet, dass du bis zum Ende dieses Buches deine Antwort bekommst und mit dieser Antwort etwas in dir erwacht, das zugleich stark, schön und wild ist.

2

EINE UNSICHTBARE KRAFT

Sollten wir jemals erleben, dass die Frauen der Welt schlicht und einfach zum Wohle der Menschheit in Einigkeit zusammenkommen, wird davon eine Kraft ausgehen, die die Welt noch nie gesehen hat.

Matthew Arnold, britischer Dichter und Philosoph des neunzehnten Jahrhunderts

Könnte es sein, dass wir in diesem Moment aufgewacht sind? Ich hatte das Vorrecht, etwas zu sehen, das mir eine Vorahnung von dieser mächtigen Einheit gab. Im weit entfernten Australien, in Europa und selbst in meiner amerikanischen Heimat habe ich die ersten Anzeichen dessen gesehen, was sich zweifelsfrei bald als eine eigenständige Bewegung herausstellen wird. Diese Bewegung ist wie eine schnell heranwachsende Tochter, die bald zu einer Frau wird. Haben die Worte dieses Dichters und Philosophen etwas tief in dir angesprochen, von dem du bis jetzt noch nichts wusstest? Als ich dieses Zitat zum ersten Mal las, war ich von seiner Aussage gefesselt und musste buchstäblich nach Luft ringen.

Ich kann mir vorstellen, dass *meine* körperliche Reaktion in Zusammenhang mit dem riesigen Ausmaß *unserer* noch unausgeschöpften Möglichkeiten steht. Der Titel dieses Buches hat dir bereits verraten, dass ich mich danach sehne, etwas Wildes, Weises und Wunderbares in dir zu wecken. Ich fordere dich heraus, diese Idee, dass Frauen zusammenkommen, um etwas Gutes zu bewirken, in deinem Herzen zu bewegen. Wenn es notwendig ist, lies das Zitat noch einmal. Die Hoffnung, die darin zum Ausdruck kommt, ist es wert, dass man ihm mehr als einen flüchtigen Blick widmet. Diese Einsicht verdient deine volle Aufmerksamkeit.

Wage es, dich selbst zu fragen, ob die Worte von Matthew Arnold nicht mehr sein könnten als eine Theorie, eine politische Phrase oder eine hoffnungsvolle Vermutung. Könnte diese Einsicht eine große, weite, fast prophetische Vision sein? Blickte er nach vorne, sah uns als Töchter dieser Zeit und ermutigte uns von seinem damaligen, fernen Beobachtungspunkt aus, uns zu vereinigen? Wusste er, dass diese Vereinigung nicht zu seiner Zeit stattfinden würde oder konnte? Hoffte er deshalb darauf, dass sie in unserer Zeit zustande käme? Hatte er erkannt, wie groß die Not in unserer Zeit sein würde? Sah er in diesem Moment auf dich und mich?

Die Lösung der Probleme der Erwachsenen von morgen hängt zum großen Teil davon ab, wie unsere Kinder heute aufwachsen.
Margaret Mead

Ich glaube, die ehrlichsten Antworten auf diese Fragen liegen tief in jeder Frau verborgen und werden am besten nicht als Worte ans Licht geholt, sondern als Lebensweise. Unser Potenzial, Teil dieser weiblichen Antwort zu sein, wird man daran erkennen, wie wir in unserer Zeit auf unser Umfeld reagieren. Wenn wir unsere Söhne und Töchter auf diese Welt vorbereiten, damit sie gute Entscheidungen treffen können, wird das unsere Position immer mehr verdeutlichen.

Werden die Frauen unserer Zeit sich über die vielen kulturellen und religiösen Vorstellungen hinwegsetzen, die sie begrenzen und zu Streitigkeiten führen? Werden sie die darin wurzelnden Vorurteile gegen Frauen überwinden? Werden unsere mutigen Schwestern auf der ganzen Welt vorwärtsgehen, auch wenn es in vielen Bereichen keine Ermutigung gibt? Werden wir in der westlichen Welt aufhören, uns leichtfertig ablenken zu lassen, und unsere Aufmerksamkeit auf Ziele richten, die es wert sind, verfolgt zu werden?

Werden wir den Lärm der Konflikte und Argumente abstellen, die uns sagen wollen, dass unser Beitrag überflüssig und nicht von Gott gewirkt ist? Werden wir verstehen, wie bedeutend unsere Zeit ist und wie dringend unser Handeln? Werden wir die Unterschiede in unserer Lehre und in unseren Meinungen zur Seite legen, um Seite an Seite zu gehen? Wird sich die Alterslücke schließen, während wir unsere Herzen und Hände vereinen? Werden wir zur Einheit des Glaubens gelangen? Wird sich dieser vereinigte Glaube als bloße Ansammlung von Glaubensgrundsätzen präsentieren?

Wird diese Einigkeit von Zwang oder von Leben bestimmt sein? Könnte dieser gemeinsame Glaube durch Werke vorangetrieben werden und uns als die Verwalter von etwas offenbaren, das zugleich offensichtlich, unwiderstehlich, ungestüm und bedeutend ist?

Wird unser Zusammenkommen all das offen zeigen, worauf wir hoffen, und eine lebendige Deklaration all dessen sein, was wir wahrhaft glauben? Könnte dieser Glaube sich ausbreiten, indem er sich selbstlos nach anderen ausstreckt und ihnen gibt, statt sich nach innen zu kehren und zu nehmen? Ich bete darum, weil es nur dann geschehen kann, dass unsere Welt größer wird und das Leben anderer durch unsere ausgestreckte Hand berührt wird.

Ja, mir ist klar, dass alles, worum ich bitte und worauf ich hoffe, im Moment noch etwas weit gegriffen erscheint. Aber wenn wir nicht in die Weite greifen, werden wir sie nicht erreichen. Es ist nicht genug, nur auf den Ort zu schauen, an dem wir sind. Wenn wir hinausreichen wollen, müssen wir zurück-, umher- und nach vorne schauen.

Wenn wir ins neunzehnte Jahrhundert zurückblicken, sehen wir eine Zeit, in der Frauen – wenn überhaupt – nur eine schwache Stimme hatten. Wenn wir uns umschauen, erkennen wir, wie wichtig unsere Stimme ist. Wenn wir nach vorne schauen, wissen wir, dass wir das Gerüst unserer Worte und unseres Lebens weise und nachhaltig bauen müssen.

Es ist an der Zeit, den Weg, den wir vor uns sehen, zu verbreitern und mit vielen Bereichen des Lebens in Kontakt zu sein. Diese ausstreckende Bewegung findet statt, wenn eine Muskelgruppe

Dehnung, Beugung oder Belastung ausgesetzt ist. Die Fähigkeit, sich auszustrecken, kann die Beweglichkeit erhöhen und Verletzungen vorbeugen.

Es ist meine Hoffnung, dein Leben durch meine Ausführungen über die Löwin mit ein paar Dehnübungen zu bereichern. Ich wünsche mir, dass sie dich dazu bringen, dich selbst, deine Weiblichkeit, deine Schönheit, deine Stärke, deine Bestimmung, deine Ehe, deine Welt und deinen Gott auf eine größere Art und Weise zu sehen. Erlaube der Löwin, deine Interaktionen zu hinterfragen und deine Beziehung zu Menschen, Freunden und deiner Familie zu prägen. Auch die Löwin weiß, dass sie sich strecken muss, bevor sie zu springen versucht.

Vor uns liegt sowohl die Spannung unseres persönlichen Lebens als auch die der Nöte der Welt. Um dieses riesige Gebiet abzudecken, werden wir eine Vision brauchen, die beides umfasst.

Sich wohlfühlen in Stärke, ruhen in Kraft

Bevor wir fortfahren, möchte ich auf eine Frage eingehen, die nach der Vision in mir aufkam. Ich fragte mich: „Warum diese entspannte Löwin über einer Schriftstellenangabe steht, die schildert, wie Gottes Volk sich in Gewalt ergeht?“ Im Lauf der Zeit habe ich immer wieder über diese Schriftstelle nachgesonnen, und auch über all die Gedanken, die diese Offenbarung in mir geweckt hat (und immer noch weckt). Hier sind einige der Dinge, die ich gelernt habe.

Gott hat mir die Löwin nicht gezeigt, damit ich darauf passiv oder ängstlich reagiere. Ihr Bild hat meinen beschränkten und furchtsamen Blick enttarnt und ihm widersprochen. Diese Löwin war ein Instrument, das meinen Augen einen weiteren Blickwinkel verliehen und meinen Bewegungsumfang vergrößert hat.

Auf meinen Reisen habe ich einige herrliche Statuen gesehen. Dänemark, Rom, London und Paris haben Denkmäler, die herausragenden Heldentaten ihren Tribut zollen, und die Eroberungen vergangener Tage und Momente historischer Befreiungsschläge feiern. Ich habe diese Kunstwerke fotografiert und darüber gestaunt, wie ihre Eleganz und ihre zeitlose Schönheit zu uns sprechen.

Doch die Löwin in meiner Vision war keine Statue – sie war eine Offenbarung.

Offenbarungen tragen Elemente von Enthüllung und Überraschung in sich. Diese Löwin hatte mich wirklich überrascht und etwas in mir enthüllt, während ich schwanger und zitternd in meinem Pyjama vor ihr stand. Obwohl sie sich kein einziges Mal bewegte, war sie lebendiger als ich. Im Licht ihrer Schönheit und Kraft erkannte ich, was ich verloren hatte. Wegen meiner Angst hatte ich meine Kraft, meine Lebendigkeit und meine Schönheit eingebüßt. Ich hatte das Gespür für mein wahres Ich verloren – und damit musste vieles von dem, was Gott für mich bereithielt, unerfüllt bleiben.

Das erinnert mich an die Israeliten, die sich selbst als Grashüpfer und die Bewohner Kanaans als Riesen wahrnahmen. Wir wissen aus 4. Mose 23, dass eben diese Bewohner die Israeliten jedoch vielmehr als sich erhebende Löwen sahen.

Dieser Gegensatz zwischen Wahrnehmung und Realität kommt ins Spiel, wenn wir unsere Löwenschwester mit uns vergleichen. Können wir jemals so werden wie sie? Werden wir jemals Frauen sein, die sich in ihrer Stärke wohlfühlen und in ihrer Kraft ruhen? Werden wir finden, dass unsere Schönheit uns passt?

Das Bild, an das wir uns halten sollten, ist das der mächtigen, ruhenden Löwin.

Als die Zeit gekommen war, erhob sich die Löwin. Es ist an der Zeit für dich, zu wissen, wer du bist. Es ist an der Zeit, dich selbst in Bewegung zu versetzen, herauszufordern, anzuspornen und aufzuwecken.

Ich habe entdeckt, dass diese Dynamik, *sich in Stärke wohlzufühlen und in Kraft zu ruhen,* ein vielsagendes und schönes Bild für eine gläubige Frau ist. Ihr Lieben, ich gebe euch die Erlaubnis, euch in eurer Stärke wohlzufühlen und in eurer Kraft zu ruhen.

Gewöhnlich kommen diese Verbindungen – *Wohlfühlen und Stärke, Ruhe und Kraft* – erst im Laufe der Zeit. Sie verschmelzen, wenn du anfängst, zu erkennen, dass ihnen eine Kraft innewohnt. Gerechtigkeit ist ein Zustand, in dem wir ruhen, und es gibt auch einen Bereich, in dem die Stärke ein Zufluchtsort ist. Wir entdecken die Ruhe, wenn wir aufhören, uns abzumühen.

> *Ihr müsst zu mir umkehren, wenn ihr errettet werden wollt, und eure törichten Bemühungen einstellen, euch selbst zu retten.* ***Eure Stärke wird kommen, wenn ihr ruhig werdet in völliger Abhängigkeit von mir.***
>
> Jesaja 30, 15 (*The Message*, aus dem Englischen übersetzt)

Da haben wir es: Ich kann mir keinen besseren Weg denken, es auszudrücken. Wenn du ruhig wirst und von Gott abhängig bist, wird deine Stärke kommen. Wenn wir aufhören, in unserer eigenen Kraft zu kämpfen, kommt unsere wahre Stärke zum Vorschein. Gott hält vor dir keine Kraft zurück – er verleiht sie dir.

Im Gegensatz zu unserer Freundin, der Löwin, habe ich viele Frauen gesehen, die vor ihrer eigenen Stärke erschrecken. Sie schaudern vor Furcht, wenn Ideen, Fragen oder Leidenschaften unaufgefordert in ihnen aufsteigen. Stärke ist nichts, das wir fürchten sollten. Vielmehr sollten wir sie von ganzem Herzen annehmen. Begehe nicht den Fehler, Sanftmut für Schwäche zu halten. Sie ist Kraft oder Macht unter Kontrolle.

Mose wird als sanftmütig und demütig beschrieben und war dennoch ein mächtiger Leiter und erfüllte eine sehr wichtige und folgenschwere Rolle. Ich frage mich, ob der Grund dafür war, dass er den einen getroffen hatte, der jedem seiner Worte Rückendeckung gab.

Ein isoliertes Bewusstsein von Gut und Böse überwältigt uns in unserer menschlichen Nacktheit! – und verlangt dringend nach einer göttlichen Antwort. Wenn wir zwar im Bereich des Guten, aber nicht in Verbindung mit Gott leben, sind wir eingeschränkt. Die Probleme unserer modernen Welt sind so immens, dass sie große Antworten brauchen.

Wie Mose brauchen auch wir eine Offenbarung von Gottes Güte, um unsere zitternde Erde zu beruhigen.

Also, meine Liebe, wirst du es wagen, zu glauben, dass du ein Teil dieser Offenbarung des Guten sein könntest, und dich daher mit anderen zusammentun und Strategien entwickeln, damit Gottes Güte durch uns sichtbar wird?

Tüchtig und fähig

Ich habe absichtlich dieses „Gute" nicht auf den Bereich von „nett" oder „sicher" beschränkt. Schließlich geht es hier um etwas sehr Starkes. Auch „Tüchtigkeit" wird als Stärke beschrieben.

> *Wer kann schon eine tüchtige Frau finden? Sie ist wertvoller als die kostbarsten Edelsteine. Ihr Mann kann ihr vertrauen, und sie wird sein Leben bereichern.*
>
> Sprüche 31, 10–11 *(Neues Leben)*

Wenn du eine alleinstehende Frau bist: Bevor du auf die Idee kommst, dass dieser Vers nicht für dich gilt, erinnere dich daran, dass Jesus dein Bräutigam ist. Die Frage ist nicht, wer gemeint ist – wir sind alle gemeint.

Die Frage ist vielmehr die, ob Gott uns diese Aufgabe anvertrauen kann. Werden wir das Leben der Menschen in unserer Umgebung bereichern? Werden wir zugleich fähig und tüchtig sein? Oder wird er feststellen, dass wir in verschiedene Lager aufgeteilt sind: in die Tüchtigen und in die Fähigen? Es ist nicht genug, wenn nur ein Teil in uns zum Ausdruck kommt. Wir brauchen ein Zusammenkommen von tüchtigen, fähigen Frauen aus ehrenwerten Motiven. Wozu werden wir fähig sein müssen? Zu praktisch allem. Wir müssen Töchter sein, die fähig sind, alles zu tun, was notwendig ist.

In den letzten zehn Jahren habe ich viele wunderbare Frauen getroffen, die andere ermutigen, ihre Fähigkeiten zu erkennen. Weil diesen Frauen die Nöte dieser Welt sehr bewusst sind, verfolgen sie bestimmte Ausbildungsziele und entwickeln ihre Fähigkeiten in speziellen Bereichen, um diesen Nöten begegnen zu können.

Sie sind klug genug, um die jeweils richtigen Fragen aus einer einsichtigen Perspektive zu stellen. Sie haben gelernt, zusätzliche Eigenschaften zu entwickeln, damit sie in das hineinwachsen können, was sie wirklich sind. Diese Frauen sind talentiert und begabt, furchtlos, aber respektvoll, mit anderen verbunden und doch eigenständig. Sie leben im Hier und Jetzt, doch ihr Einfluss reicht weit; sie sind mitfühlend, doch ungestüm, rein, aber nicht naiv, stark und sanft, einfach, aber höchst strategisch.

Es ist nicht genug, gigantische Programme zu Papier zu bringen. Ich muss meine Ideen auf die Erde schreiben.

Emile Pereire

Wenn unsere Pläne und Programme nicht auf die Erde übertragen werden und sie und ihre Bewohner verändern, sind sie nichts als Theorie. Programme müssen lebendig werden. Sie funktionieren nur, wenn wir ihnen eine Stimme, Hände und Füße verleihen können.

Unsere Welt hat die Auswirkungen vieler verschiedener Kräfte kennen gelernt. Über die Jahrhunderte ist unsere Erde von Naturkräften wie Hurrikans, Tsunamis und Monsunen verwüstet worden. Die Erdkruste hat sich geteilt und ihre Grundfesten sind von Erdbeben erschüttert worden. Streitmächte haben sich sowohl aus edlen als auch aus üblen Motiven versammelt. Koalitionen von Streitmächten haben sich auf dem Schlachtfeld getroffen und nichts als Zerstörung hinterlassen.

Aber was wäre, wenn es eine Streitmacht gäbe, die sich nicht darin erginge, andere einzuschüchtern, zu bedrohen oder zu zerstören? Die Mitglieder dieser Streitmacht hätten strategisch wichtige und einzigartige Positionen – einige öffentlich, andere hinter den Kulissen, doch alle wertvoll. Was wäre, wenn diese Streitmacht plötzlich selbstlose Motive und ganz einfache Ziele hätte? Wie könnte so etwas aussehen?

Alexander der Große sagte einmal:

Ich fürchte mich nicht vor einer Armee von Löwen, die von einem Schaf angeführt wird; ich fürchte mich vor einer Armee von Schafen, die von einem Löwen angeführt wird.

Was für ein wunderbares Bild für uns. Wir sind eine Armee von Schafen, die von einem Löwen angeführt wird. Weil wir einem Löwen folgen, sollten wir nicht wie ängstliche Schafe kämpfen. Wir sind sanftmütig in der Nachfolge und ungestüm im Kampf. Auf diese Weise treffen das Sanfte und das Ungestüme in Frieden aufeinander. Wenn wir den natürlichen Verlauf und die Geschichte der menschlichen Streitmächte studieren, sehen wir ein Muster: das Aufkommen der Macht, die Korruption der Stärke, den Verfall der Macht und den Zusammenbruch von innen heraus.

Doch was, wenn es ein anderes Modell gäbe? Was, wenn da eine noch unformierte, noch nicht zu sehende Streitmacht wäre?

Ich tippe dieses Buch in einer viel größeren Schrift als der, in der es gedruckt wird, weil es immer schwerer für mich wird, Dinge zu sehen, die sehr klein und sehr nahe sind. Meine Sicht für die Dinge, die groß und weit entfernt sind, hat sich hingegen erheblich verbessert.

In der Ferne sehe ich zwei widersprüchliche Bilder: große Schwierigkeiten und herrliche Siege. An fernen und nahen Schauplätzen sehe ich tiefe, finstere Unterdrückung, aber ich sehe auch etwas Herrliches entstehen. Ich sehe, wie abstoßende Bosheit und weltweite Ungerechtigkeit bloßgestellt und durch eine Begegnung mit dem unentrinnbaren Licht und der unanfechtbaren Gerechtigkeit Gottes an vielen Fronten überwunden wird. Ich sehe, wie Gottes Töchter sich ausstrecken wie Löwinnen, bereit zum Sprung. Ich sehe all das in unserer Zukunft. Zweifellos überrascht dich nichts von dem, was ich gesagt habe. Wie du sehe auch ich diese Dinge nicht, weil ich die Zeitung lese. Ich sehe sie, weil ich Augen habe, die Geistliches sehen.

Aber ich sehe nicht nur … ich höre auch. Ich habe Schreie aus der Ferne und aus der Nähe gehört. Ich habe das Flehen der Hoffnungslosen gehört, die in den Gefängnissen der Finsternis festsaßen. Jeder Tag ist ein Kampf gegen die heftige Unterdrückung, die ihre Stimmen zum Schweigen zu bringen droht und dann nach ihren Kindern greift, um ihre Schreie zu dämpfen. Diese verzweifelten Mütter haben nur eine einzige Hoffnung: dass es ihren Kindern einmal besser geht. Eine junge Mutter flehte uns einmal an, ihre acht Jahre alte Tochter mitzunehmen, weil sich die Kleine unter dem Bett der Mutter versteckte, während sie ihre Kunden bediente. Glücklicherweise wurde dieses Mädchen von *Life Outreach,* einem Dienst von James und Betty Robison, gerettet. Die Mutter allerdings war zu verängstigt, um das Bordell zu verlassen, und blieb dort zurück – von Verzweiflung überwältigt.

Worte des Windes

Es gibt Zeiten, in denen auch ich überwältigt bin von dem, was ich höre.

Warum?

Es ist leichter, *nicht* gesehen oder gehört zu haben. Weil das so ist, wenden sich die meisten von diesen verstörenden Bildern und Tönen ab und füllen ihre Augen und Ohren mit Ablenkungen. Das ist der Grund, warum die Tourismusindustrie direkt neben dem Sex- und Menschenhandel aufblühen kann. Ich habe gesehen, wie ausländische Besucher in Thailand so taten, als wäre das, was sie sahen, so etwas wie eine endlose Party. Ein amerikanischer Geschäftsmann, mit dem ich sprach, tat so, als würde seine Lüsternheit die thailändische Wirtschaft fördern.

> *Wer Ohren hat, soll hören und verstehen!*
>
> Matthäus 11, 15 (*NLT,* aus dem Englischen übersetzt)

Dieser Auftrag endete nicht, als Jesus, der Menschensohn, auferstand und seinen rechtmäßigen Platz als der Sohn Gottes einnahm. Im Buch der Offenbarung weist er weiter darauf hin, wie dringend die Welt Menschen braucht, die mutig genug sind, hinzuhören.

> *Sind deine Ohren wach? Dann höre hin. Höre die Worte des Windes, den Geist, der durch die Gemeinden bläst.*
>
> Offenbarung 2, 7 (*The Message,* aus dem Englischen übersetzt)

Wir müssen auf seine Frage antworten: Sind unsere Ohren wach?

Oder besser: Möchten wir, dass unsere Ohren aufgeweckt werden? Ihr Lieben, wir alle sind dabei, zu lernen, nicht nur zu hören, sondern wirklich zuzuhören. Während ich aufwache, tippe ich euch auf die Schulter und frage: „Hast du das gehört?"

Traurigerweise befürchte ich, dass wir wie eine schläfrige Braut sind, die sich auf ihrem luxuriösen Bett wälzt – umgeben von Kissen, die genau die Töne dämpfen sollen, von denen sie aufwachen könnte. Wie laut muss der Wecker unserer Zeit läuten, um uns aufzurütteln und dafür zu sorgen, dass wir hellwach sind?

Neben dem nicht zu überhörenden Schrei unserer leidenden Welt gibt es noch einen anderen Ton, der uns gilt. Bei all dem Lärm musst du dich anstrengen, diesen Ton überhaupt zu hören. Es ist die sanfte, leise Stimme des Geistes. Dieser Ton wird immer lauter, je öfter wir darauf reagieren.

Ich liebe den Ausdruck „Worte des Windes". Gott hat sein Wort in den Wind gelegt. Der Heilige Geist wird mit einem Wind, mit einem Luftstrom verglichen, der Worte von Leben und Kraft flüstert. Wir können den Wind nicht sehen, aber wir sehen seine Auswirkung. Der Wind hat die Kraft, Dinge in deine Welt hineinzuwehen oder daraus wegzublasen. Seine Energie treibt Schiffe an oder lässt sie lautlos auf Grund laufen. Die Kraft des Windes peitscht Meere auf und erodiert Gebirge. Es gibt Gegenwind, der das Vorwärtskommen behindert, und Rückenwind, der uns auf unserem Weg voranbringt. Der Wind umkreist unsere Erde immer wieder – manchmal schnell, manchmal langsam. Der Wind trägt das Flüstern Gottes von einem Ort zum anderen.

Oft stört der künstliche Lärm, der uns umgibt. Er schränkt unsere Fähigkeit ein, den Worten, die der Wind des Geistes spricht, aufmerksam zuzuhören.

Es gibt noch etwas, das unser Hörvermögen beeinträchtigt: Wir sind zu vertraut mit dem, was wir schon oft gehört haben. Wenn wir etwas immer wieder hören, schalten wir leicht ab und hören auf, wirklich zuzuhören.

Wenn wir denken, dass wir wissen, was jemand sagen wird, hören wir anders zu. Vor einigen Jahren war das bei mir der Fall, wenn ich in der Schrift las. Ich war so vertraut mit bestimmten Bibelübersetzungen, dass ich beim Lesen schon wusste, was als Nächstes kommen würde. Vielleicht ist dir das auch schon passiert. Es ließ etwas von meinem kindlichen Staunen über das Wort Gottes verloren gehen. Um meiner Gleichgültigkeit entgegenzuwirken, begann ich, mich in die (englische) Übertragung *The Message* zu vertiefen.

Warum? Ich wollte mich überraschen lassen. Aus diesem Grund habe ich auch in diesem Buch aus der *Message* zitiert. Ich wollte dich daran Anteil haben lassen. Ich ersetze die Bibel nicht mit einer Übertragung. Ich bringe nur aktuelle Sprache und zusätzliche Nachforschungen ein. Selbstverständlich kannst du auch in deiner bevorzugten Bibelübersetzung nachlesen.

Ich habe diesen Weg gewählt, weil ich, wie du, wirklich hören will. Wenn unsere Ohren einmal geöffnet sind, können wir gar nicht anders, als unsere Stimmen zur Verfügung zu stellen.

> *Öffne deinen Mund für den Stummen, für den Rechtsanspruch aller Schwachen! Öffne deinen Mund, richte gerecht und schaffe Recht dem Elenden und Armen!*
>
> Sprüche 31, 8–9

In dieser Schriftstelle beauftragt Batseba, die Mutter Salomos, ihren Sohn, den König, seine majestätische Stimme denen zu leihen, die unter der Last der Ungerechtigkeit zu zerbrechen drohen. Das ist auch der Zusammenhang, in dem die Verse über das Lob der tüchtigen Frau stehen (siehe Spr. 31, 10–31). Werden wir wie Salomos Mutter die Männer in unserer Welt ermutigen, ihre Stimme für die Menschen zu erheben, die man zum Schweigen gebracht hat? Wir sind zu Königen und Priestern vor unserem Gott gemacht worden. Auch wenn andere stumm bleiben, sollten wir unseren Mund auftun.

Als „Großmutter" ist es mir wichtig, dafür zu sorgen, dass das, was unsere Söhne und Töchter erben, auch wirklich groß ist. Immer mehr weltweite Studien weisen eindeutig darauf hin, dass die Gleichberechtigung der Geschlechter das fehlende Glied darstellt, das zur Eindämmung der weltweiten Woge von Armut und Terrorismus notwendig ist. Im Jahr 2001 gab die Weltbank eine einflussreiche Studie heraus: „Entwicklungsförderung durch Gleichstellung der Geschlechter in den Bereichen Recht, wirtschaftliche Möglichkeiten und Mitspracherecht". Darin wird argumentiert, dass die Förderung der Gleichberechtigung der Geschlechter im Kampf gegen die weltweite Armut eine entscheidende Rolle spielt. „‚In die Ausbildung von Mädchen zu investieren, ist wahrscheinlich die Investition mit der höchsten Rendite, die in einem Entwicklungsland überhaupt möglich ist', schrieb Lawrence Summers in seiner Eigenschaft als Chefökonom der Weltbank. ‚Die Frage ist nicht, ob ein Land sich diese Investition leisten kann – die Frage ist, ob ein Land es sich leisten kann, nicht vermehrt in die Ausbildung von Mädchen zu investieren.'"[1] Auch das Entwicklungsprogramm der Vereinten Nationen führte eine Studie durch, die zu dem Schluss kam, dass „die Stärkung der Frauen hilft, die wirtschaftliche Produktivität zu fördern"[2].

Die Terrorismusbewegung in unserer Zeit hat Sicherheitsexperten auf die Idee gebracht, eine geschlechtsspezifische Studie in die Wege zu leiten. Hier sind ihre Ergebnisse:

> *Der Grund, warum es so viele moslemische Terroristen gibt, hat ihrer Ansicht nach wenig mit dem Koran zu tun. Es liegt vielmehr zum Großteil daran, dass in vielen islamischen Ländern die Frauen kaum an Wirtschaft und Gesellschaft beteiligt sind … Einige Vertreter des Militärs meinten, Mädchen mehr Rechte einzuräumen, würde den Einfluss der Terroristen schwächen.*[3]

Diese wichtigen, aufschlussreichen und umfassenden Studien wurden unter großem finanziellem Aufwand und mit viel Einsatz erstellt. Es bewegt mich jedes Mal, wenn unsere menschliche Weisheit uns zurück auf das verweist, was Gott von Anfang an gesagt hat. Lange bevor die Welt ein Problem hatte, hatte sie eine Antwort: die Frau.

> *Dann sprach Gott, der Herr: „Es ist nicht gut für den Menschen allein zu sein. Ich will ihm ein Wesen schaffen, das zu ihm passt."*
>
> 1. Mose 2, 18 *(Neues Leben)*

Es war nicht gut, dass der Mann allein war. Wenn Frauen in die Gleichung des Lebens eingesetzt werden, führt das damals wie heute zu Wachstum und bringt Männern, Frauen, Kindern und der Welt, die wir alle teilen, etwas Gutes. Ein abgeschiedenes Leben zieht das an, was „nicht gut" ist. Menschen sind geschaffen, um Verbindungen einzugehen. Trotzdem scheinen reine Männervereinigungen ab einer gewissen Größe Unheil heraufzubeschwören. Aus den Einsichten im ersten Buch Mose und aus aktuellen Studien können wir schließen, dass von Männern dominierte Kulturen in vieler Hinsicht nicht gesund funktionieren.

Du bist nicht als etwas Geringeres geschaffen. Du bist ein Miterbe. Frauen sind göttliche Antworten. Wenn die Frauen ihre Stimmen vereinigen, verbessert das die Ausbildungsmöglichkeiten für alle Kinder, regt die Wirtschaft an und vermindert offensichtlich das Risiko von Terroranschlägen.

Aber wie sieht diese Antwort der Frau aus?

Als ich entdeckte, wie wertvoll es ist, dass *ich* als Frau erschaffen wurde, und diese Tatsache zu schätzen lernte, erkannte ich, dass ich kein Anhängsel war. Als Tochter, Ehefrau und Mutter war ich eine Antwort. Wenn ich eine Antwort war, dann war es nur logisch, dass auch die Schwestern um mich herum Antworten waren. Wir sind in Gottes Augen keine Bürger zweiter Klasse. Du, meine Liebe, hast das Potenzial, eine lebende Lösung für die Probleme der Menschen zu sein.

Ich reise und verkünde diese einfache Wahrheit über das Leben von Frauen jeden Alters. Ihre Reaktion darauf kann ich kaum erklären. Die Frauen hören das, was ich sage, nicht nur mit zitternden Herzen – sie sprechen es laut aus und glauben es.

„Ich bin eine Antwort."

In diesem Moment streckt sich etwas in ihnen, eine Offenbarung findet statt. Ihr Blick richtet sich neu aus und ihre Augen gehen auf, um sich in ihrer Weiblichkeit so zu sehen, wie Gott sie schon immer gesehen hat … als die, die etwas erst vervollständigen.

Doch diese Erkenntnis ist erst unser Anfang.

Frauen sind mehr als ein kollektiver wirtschaftlicher Impuls. Mit unserer Fähigkeit, Lösungen zu bringen, werden neue Fragen auftauchen. Wir schreiben ein neues Grundgesetz, das die Frauen zu

Freunden der Menschheit erklärt. Wir versammeln uns, um eine Welt zu entwerfen, in der Frauen und Kinder willkommen sind und nicht ausgebeutet werden.

Hier folgt einiges von dem, was ich über die Tochter des Himmels weiß:

Sie ist wunderschön, intelligent und fähig.

Sie hat Beziehungen, sie ist nicht isoliert.

Sie wird von Gott geliebt und von Satan gehasst.

Auf der ganzen Welt wird sie sowohl offen als auch verdeckt unterdrückt.

Die Frage bleibt: Was könnte sie zusammen mit ihren Schwestern erreichen, wenn sie Unterstützung bekäme und Strategien entwickelte?

Etwas Unbändiges wecken

Ich hatte das Vorrecht, als Partner von *Life Outreach* nach Südostasien und Indien zu reisen. Das tat ich in der Hoffnung, Geschichten zu sammeln, die genug Aufmerksamkeit erregen würden, um Menschen darauf reagieren zu lassen. Ich habe die Geißel der Armut und den himmelschreienden Sexsklavenhandel gesehen, als ich in Kambodscha, Thailand und Mumbai unterwegs war. Ich habe auch Hoffnung gesehen und die Verheißung der Wiederherstellung, wenn Menschen großzügig reagieren und Organisationen anfangen, zusammenzuarbeiten.

An allen Enden ist es dringend notwendig, zusammenzuarbeiten und zu reagieren. In der Ukraine saß ich mit einer Freundin beim Frühstück, als eine sehr hübsche junge Frau hereinkam. Das ist in einem Land, das für die Schönheit seiner Frauen bekannt ist, nichts Ungewöhnliches. Doch diese war in Begleitung eines Mannes, der in seinen Sechzigern zu sein schien. Sie trug Schuhe mit hohen Absätzen und Hotpants und konnte nicht älter als achtzehn sein. Sie saßen am Tisch neben uns. Ich beobachtete, wie der ältere Herr seine Mahlzeit verschlang, während sie an ihrem schwarzen Kaffee nippte und ausdruckslos aus dem Fenster starrte. Die jungen Männer hinter dem Buffettisch flüsterten, lachten leise und zeigten in ihre Richtung. Es dauerte nicht lange und ein weiterer Mann, doppelt so alt wie sie, setzte sich mit an ihren Tisch. Mir war zum Heulen zumute. Das Mädchen sah so einsam, so verloren aus. Es war offensichtlich, dass sie ein teures Callgirl war, doch alles, was wir sahen, war eine nach Liebe ausgehungerte Tochter, die Verkleiden spielte und zwischen zwei lüsternen Geschäftsmännern saß, die ihr Leben verschlangen.

Ich habe persönlich mit einigen unserer Schwestern gesprochen, die Opfer von Menschenhändlern geworden waren. Ja, genau das sind sie – unsere Schwestern. Sie sind nicht deshalb Prostituierte, weil sie sich dafür entschieden hätten. Sie sind Opfer und tapfere Überlebenskämpfer.

Es war ein langer, schwüler Tag in Indien, als ich von einer Gruppe junger Mädchen und älterer Frauen, die *Life Outreach* in einem kleinen Apartment untergebracht hatte, eine herzzerreißende Geschichte nach der anderen hörte. Jede von ihnen erzählte ihre Geschichte etwas anders – einige unter vielen Tränen, andere ohne offensichtliche Emotionen.

Ich bin mir sicher, sie fragten sich, warum ich ihre Geschichten hören wollte. War es aus Mitgefühl? Verurteilte ich sie? Konnte ich sie überhaupt verstehen? Würde ich Antworten für sie haben?

Eine dieser tapferen Frauen, die ich hier Sama nennen möchte, erinnerte sich an ihre Zeit als junges Mädchen in einem abgelegenen Dorf in Nepal. Sie war voller Träume gewesen und hatte sich von ihrer Mutter unverstanden gefühlt. Eines Tages hörte ein Onkel sie streiten und nahm Sama beiseite. Er bot ihr an, sie nach Mumbai mitzunehmen. Dort würde sie eine Ausbildung machen können und eine Chance bekommen, ihre Träume zu verwirklichen.

Das Angebot war unwiderstehlich.

Noch vor Tagesanbruch schlichen Sama und ihr Onkel aus ihrem kleinen Dorf. Tapfer bewältigte sie die lange und gefährliche Reise und verließ Nepal in Richtung Indien. In Mumbai angekommen, ließ ihr Onkel sie in einem heruntergekommenen Motelzimmer ausruhen. Während sie schlief, verkaufte er sie.

Als Sama aufwachte, war sie von Fremden umgeben und verwirrt. Es war Zeit für sie, das Geld abzuarbeiten, das man ihrem Onkel gezahlt hatte.

Sama wurde in ein örtliches Bordell gebracht und in einem dunklen Zimmer eingesperrt. Sie hatte keine Ahnung von dem, was ihr bevorstand. Sie verstand nicht einmal die Sprache. Die Tür öffnete sich. Ein Kunde betrat den Raum und erwartete, bedient zu werden. Als sie sich wehrte, hielten sie vier Frauen nieder, während sie vergewaltigt wurde.

Sama war dreizehn.

Die Zeit verging. Sama lernte die Sprache und arbeitete ihre Schuld ab. Im Verlauf der Zeit wurde aus ihr eine clevere Geschäftsfrau. Da sie keine anderen Möglichkeiten hatte und nirgendwo hingehen konnte, stieg sie im Bordellgewerbe auf und wurde Bordellwirtin. Sie war diejenige, die die jungen Mädchen kaufte und verkaufte. Es war ihr Befehl, auf den hin die in die Sklaverei verkauften Mädchen niedergehalten wurden. Sama überwachte den Beginn der Vergewaltigung und ließ die Mädchen so lange schlagen, bis sie gefügig waren.

Als ich Sama traf, konnte ich kaum glauben, dass irgendetwas davon wahr sein sollte. Sie war keine Bordellwirtin mehr. Sie war eine besonnene Frau mittleren Alters. Jemand hatte ihr von Gottes Liebe erzählt und sie war Christin geworden. Man bot ihr auch eine Möglichkeit, auszusteigen. Sama fand den Mut, dem Bordellgewerbe den Rücken zu kehren. Heute arbeitet sie unermüdlich, um genau die Mädchen zu retten, die sie früher unterdrückte.

Während wir sprachen, versuchte ich, zu verstehen, wie Sama jemals eine Bordellwirtin werden konnte. Hatte sie vergessen, wie es war, ein zu Tode erschrockenes dreizehnjähriges Mädchen zu sein? Ich fragte sie.

„Sama, wie konntest du zuschauen, wie junge Mädchen entführt, vergewaltigt und geschlagen wurden?“

Sie seufzte und wandte ihren Kopf von einer Seite zur anderen.

„Wir haben getan, was wir tun mussten ... um zu überleben."

Für viele ist das Überleben alles, was sie haben.

Ich bin auf einen Müllberg geklettert. Ich bin durch schmutzige Straßen gegangen, an denen Häuser stehen, die so baufällig und so notdürftig zusammengezimmert sind, dass es kein Wunder ist, dass die, die darin Schutz suchen, sich hoffnungslos verloren fühlen. Ich habe mich verkleidet und Bordelle besucht. Ich habe die depressive Lethargie der planlosen Frauen im Westen gesehen. Ich habe gesehen, wie Ressourcen verschwendet wurden, weil wir vergessen haben, wer wir sind. Ich habe die Probleme vor Ort gesehen, und es ist meine tiefe Hoffnung, dass ich auch die Lösungen sehen werde.

Der folgende aufwühlende Gedankenanstoß findet sich am Ende des inspirierenden und herausfordernden Buches *Half the Sky* (Der halbe Himmel).

> *Der Lauf der Geschichte hat die Frau vom Arbeitstier und Sexspielzeug in ein vollwertiges menschliches Wesen verwandelt. Die wirtschaftlichen Vorteile, die die Ausbildung von Frauen mit sich bringt, sind so groß, dass sie Nationen dazu veranlassen werden, Schritte in diese Richtung zu unternehmen. Wir werden in Kürze die Sexsklaverei, Ehrenmorde und Säureanschläge für so unvorstellbar halten wie das Wickeln der Füße. Die Frage ist, wie lange dieser Prozess dauern wird und wie viele Mädchen in Bordelle verschleppt werden, bevor er abgeschlossen ist – und ob jeder Einzelne von uns ein Teil dieser historischen Bewegung sein wird oder nur ein Zuschauer.*[4]

Das ist die Frage, die sich an jeden von uns richtet.

Was ich hier schreibe, schreibe ich, um dich in diese Offenbarung mit hinein zu nehmen. Es ist mein aufrichtiges Gebet, dass meine Worte etwas in dir wecken, das nicht mehr zu bändigen ist. Ich hoffe, du wirst dich mit der Kraft einer Löwin erheben und Staunen über Gott verbreiten, wohin du auch gehst. Dann werden wir gemeinsam diese Macht sein, die die Welt noch nicht gesehen hat. Lies weiter, meine Löwenschwester, und lass dich wecken.

3

GEFÄHRLICH WACH

Frauen, die sich zu benehmen wissen, machen selten Geschichte.

Matthew Laurel Thatcher Ulrich

Während ich versucht habe, alles über die Löwin in Erfahrung zu bringen, habe ich Bücher und Artikel gelesen, DVDs, Dokumentationen und sogar Clips auf *YouTube* angesehen, um Löwinnen in unterschiedlichen Umgebungen, Phasen und Situationen zu beobachten. Obwohl ich schon einmal eine Safari in Afrika erlebt hatte, war meine amerikanische Sicht in Bezug auf die Löwin bestenfalls beschränkt. Selbst jetzt noch würde ich mich nicht als eine Expertin für Löwinnen bezeichnen, aber ich bin eine faszinierte Beobachterin.

Eine der Dokumentationen begleitete die Auswilderung zweier Löwinnen und eines Löwen in ein neu geschaffenes Reservat in Südafrika. Der Löwe war das Alphatier des Rudels. Mit der Hilfe der zwei Löwinnen hatte er es geschafft, seinen Herrschaftsbereich zu sichern. Gemeinsam führten die drei das Regiment über einen großen Teil des südafrikanischen Reservats.

Um die Bewegungen und die Entwicklung des Rudels verfolgen zu können, hatte man dem Löwen ein Halsband mit einem Sender umgelegt. Nachdem er zwei Jahre im Reservat verbracht hatte, war es Zeit, das Halsband wieder zu entfernen. Es war nicht mehr notwendig, den Löwen zu überwachen. Außerdem engte das Halsband seine Mähne ein. Es musste abgenommen werden, damit seine Mähne so groß wie möglich erscheinen konnte. (Löwen betrachten die Größe der Mähne des Gegners und benutzen sie als Maßstab, um abzuschätzen, ob es sich lohnt, den anderen zu einem Kampf um die Herrschaft über ein Gebiet herauszufordern. Wenn die Mähne des Gegners dem Herausforderer zu groß erscheint, bedeutet das, dass er seinen Kiefer nicht um den Hals des anderen Löwen legen kann. Also wird er sich nicht auf einen Kampf einlassen.)

Der Löwe, dem die Wildhüter zwei Jahre zuvor das Halsband umgelegt hatten, war nicht mehr jung, fügsam oder leicht einzuschüchtern. Er war ein mächtiger Löwe. Mit der Unterstützung der Löwinnen hatte er sich erfolgreich niedergelassen, das Rudel gegen Eindringlinge verteidigt und sich immer wieder als kampferprobter Beschützer bewährt. Es würde nicht leicht werden, ihn einzufangen, nachdem er nun gelernt hatte, wild, furchtlos und frei umherzuziehen. Die Wildhüter würden ihn ruhigstellen müssen, um das Halsband zu entfernen. Sie orteten den Löwen und schossen aus sicherer Entfernung einen Betäubungspfeil auf ihn ab. Der erste brachte ihn kaum aus der Ruhe. Der Löwe zuckte fast unmerklich, während er seinen majestätischen, goldenen Blick in ihre Richtung wandte. Die Wildhüter schossen erneut. Der Löwe schwankte und legte sich nieder. Sofort traten die Männer in Aktion. Sie näherten sich in ihrem Fahrzeug dem gefallenen Löwen und bahnten sich ihren Weg durch Gestrüpp und unwegsames Gelände, bis sie den Ort erreichten, an dem sein massiver, goldgelber Körper zu Boden gegangen war.

Als sie gerade dabei waren, aus dem Jeep zu springen, um das Halsband des Löwen zu entfernen, kam ein weiterer Faktor aufs Spielfeld. Seine Alphalöwin – und sie wollte nichts von alledem wissen. Eine Löwin kann sich sehr gut in ihrer Umgebung verbergen. So hatten die Wildhüter ihre Anwesenheit erst bemerkt, als die Löwin schon vor ihnen auftauchte. Dass sie sich ihrer Gegenwart nicht bewusst waren, bedeutete umgekehrt nicht, dass die Löwin nicht über die Gegenwart der Männer Bescheid gewusst hätte. Kaum hatte sie gemerkt, dass ihr Löwe am Boden lag, erhob sie sich, kam aus ihrem Versteck und trat offen ins Blickfeld. Sie war kühn genug, die Gruppe von Wildhütern wissen zu lassen, dass sie da war. Nachdem sie sich zwischen den gefallenen Löwen und den dienstbeflissenen Wildhütern aufgestellt hatte, knurrte sie drohend, während sie vor ihrem Partner vor- und zurückschritt. Mit aufgestellten Ohren und gesträubtem Fell ließ sie die Männer wissen, dass sie mit der Situation nicht glücklich war.

Die Männer hatten ein schmales Zeitfenster, in dem sie dem Löwen das Halsband abnehmen konnten, bevor die Wirkung des Betäubungsmittels nachließ. Die Löwin aber machte es ihnen unmöglich. Die Wildhüter hatten noch eine letzte Dosis Betäubungsmittel. *Um an den Löwen heranzukommen, würden sie die Löwin ruhigstellen müssen.* Der Schütze hob sein Gewehr erneut und zielte vorsichtig. Als der Pfeil die wütende Löwin traf, wandte sie sich den Männern zu und fiel, den Pfeil unter ihrem Körper, zu Boden. Es lag eine spürbare Spannung in der Luft, während sich das Wildhüterteam dem ruhiggestellten Löwen näherte. Wie seine Löwin war auch er bewegungsunfähig, aber nicht bewusstlos, und seine Augen verfolgten jede Bewegung der Männer.

Die sprachen im Flüsterton miteinander, während einer der Wildhüter unter die Rückseite der Mähne des Löwen griff, mit einem scharfen Jagdmesser das Halsband aufschnitt und dann die zwei Betäubungspfeile aus dem Körper des Löwen zog. Sie mussten schnell vorgehen, bevor die Raubkatzen wieder zu Kräften kamen. Die Löwin lag auf der Seite, wodurch man sehen konnte, dass die Haut um ihre Brust verdickt war. Das bedeutete, dass sie trächtig war. Sanft und unendlich vorsichtig hoben die Wildhüter ihre Hinterbeine an und entfernten den Pfeil mit einer schnellen Bewegung.

Im Hintergrund knurrte der Löwe und versuchte, aufzustehen, aber er war noch nicht in der Lage, sich aufzurichten. Die Wildhüter beeilten sich, zu ihrem Fahrzeug zu kommen, ohne den Löwen auch nur einmal ihren Rücken zuzuwenden. Als der Motor des Jeeps startete, konnte man sie erleichtert aufatmen hören. Der vorher ruhige Tonfall des Erzählers wurde eindringlicher, als er erklärte: „Es gibt nichts Gefährlicheres, als sich in der Gegenwart von Löwen aufzuhalten, wenn sie hellwach sind.“

Ruhiggestellte Christen

Als ich die Kombination der Begriffe „gefährlich“ und „hellwach“ hörte, wurde ich aufmerksam. Was würde geschehen, wenn wir so gefährlich und hellwach wie die Löwen wären? Dann, und nur dann, würden wir eine Bedrohung für das Reich der Finsternis darstellen, das so viele Menschen gefangen hält.

Meine Lieben, ich bete, dass wir erkennen mögen, dass wir unserem Feind wirklich Angst einjagen und dass er alles in seiner Macht Stehende getan hat, um uns zurückzuhalten. Er weiß, dass er niemals nahe genug an uns herankommen kann, um uns gefangen zu nehmen und in Ketten zu legen, wenn wir hellwach sind und uns bewegen können. Seine Taktik ist es, uns ruhigzustellen, damit wir nicht tun, wozu Gott uns berufen hat. Aber wie die Löwin in meiner Vision müssen wir aufwachen, uns erheben, uns daran erinnern, wer wir sind, und dem Bösen in dieser Welt das Licht entgegenhalten.

Vom Alltag gelähmt

> *Stellt sicher, dass ihr nicht so von euren Alltagsverpflichtungen eingenommen werdet, dass ihr erschöpft die Zeit aus den Augen verliert, wegdöst und Gott vergesst. Die Nacht ist fast vorüber, die Morgendämmerung steht bevor.* ***Seid wach und achtet aufmerksam auf das, was Gott gerade tut!*** *Gott ist dabei, dem Erlösungswerk, das er begonnen hat, als wir zum Glauben kamen, den letzten Schliff zu geben. Wir können es uns nicht leisten, auch nur eine Minute zu verschwenden. Wir dürfen die wertvollen Stunden des Tageslichts nicht damit vergeuden, dass wir uns leichtfertig dem Genuss hingeben, uns durch die Betten schlafen und einen ausschweifenden Lebensstil pflegen, uns zanken und alles, was wir sehen, für uns haben wollen. Kommt aus euren Betten heraus und zieht euch an! Trödelt nicht bis zur letzten Minute herum. Bekleidet euch mit Christus und startet los!*
>
> Römer 13, 11–14 (*The Message*, aus dem Englischen übersetzt)

Achte auf die Wortwahl in dieser Ermahnung: Lass dich von *deinen* Alltagsverpflichtungen nicht einnehmen. Sie werden deine wertvolle

Zeit rauben und dich zum Einschlafen bringen. Diese Lebensentwürfe sind eine dringende Aufforderung, sich zu erheben und aufmerksam auf das zu achten, was Gott gerade tut. Wenn du das tust, wirst du wissen, was du machen sollst! Die Zeit des Trödelns ist vorbei. Es ist Zeit, zu starten. Der Wecker hat schon vor Stunden geklingelt!

Als ich neulich mit einer Freundin telefonierte, wurde mir auf besondere Weise klar, wie dringend wir ein solches Wachrütteln brauchen. Sie erzählte mir, wie sie und ihr Mann ein gemeinsames Abendessen mit einem bekannten rabbinischen Lehrer genossen hatten. Er schüttete sein Herz darüber aus, wie besorgt er um die Anliegen der amerikanischen Juden war. Dieser Rabbi reist durch ganz Amerika und lehrt in Synagogen und auf Konferenzen. Er fleht die amerikanischen Juden an, zu beten, dass die amerikanischen Christen sich gemeinsam erheben und erkennen, wie einflussreich sie sind. Er ist besorgt, weil es viel zu wenige Juden in Amerika gibt, als dass sie alleine bestehen könnten, wenn die Christen ihnen nicht als Fürsprecher zur Seite stehen, um sich der antisemitischen und antichristlichen Welle entgegenzustemmen, die gegen uns alle heranrollt.

Zu viele von uns sind entmutigt, ruhiggestellt oder sich leider nicht der Dinge bewusst, die in der Welt tatsächlich vor sich gehen. Könnte es sein, dass dies die Folge davon ist, dass wir schon viel zu lange ein einschläferndes, realitätsfernes Evangelium gehört haben, das sehr wenige von uns dazu bewegt, die Verlorenen zu retten?

Hat der Mangel an Bewegung und geistlicher Übung uns schläfrig und träge gemacht? Hat gesetzlicher Druck oder eine gleichgültige Einstellung der Sünde gegenüber unsere Bewegungen verlangsamt und so dafür gesorgt, dass wir zu spät oder zu schwach reagieren? Könnte es sein, dass Gott gerade dabei ist, uns zu rütteln, um uns zum Aufstehen zu bewegen und uns wach und gefährlich zu machen? Wenn ja, wäre das nicht das erste Mal.

Die Kinder Israels durchwanderten die Wüste viele Jahre länger, als es notwendig gewesen wäre. Wie eine sehr große Schafherde zogen sie ziellos umher. Manchmal verirrten sie sich und beklagten sich. Zu anderen Zeiten folgten sie tagsüber gehorsam der Wolke und lagerten nachts unter der Feuersäule. Manchmal hörten sie auf ihren Schäfer, Mose – und manchmal auch nicht. Aber als sie sich in der Ebene von Moab niederließen, die an ihr verheißenes Land grenzte, wurde ihre Anwesenheit als Gemeinschaft offensichtlich. Die benachbarten Völker waren sich ihrer Ankunft bewusst. Dieser „Boxenstopp“ einfacher Wüstenwanderer erschien den Bewohnern des Landes als eine Versammlung mächtiger Krieger.

Da die Israeliten nicht länger eine Ansammlung von missbrauchten Sklaven waren, hatten sie ihre Identität als Gottes königliches Volk wieder ergriffen (*Israel* bedeutet „Prinz Gottes“). Nachdem sie viele Jahre durch die Wüste gewandert waren, bereiteten sie sich darauf vor, sesshaft zu werden. Vielleicht war den Kindern Gottes nicht einmal in diesem Stadium klar, was den Königen, dem Propheten Bileam und den sie umgebenden feindlichen Nationen längst deutlich vor Augen stand: Sie waren keine umherirrenden Wanderer mehr, sondern handverlesene Verehrer Gottes und, ohne es zu wissen, auch Krieger.

Leider verloren die Kinder Gottes ihre Vision und ihr Ziel aus den Augen, weil ihnen nicht bewusst war, wer sie wirklich waren und welche Rolle ihre Umgebung (die feindlichen Nationen) spielte. Sie verwarfen ihre frühere heilige Zurückhaltung und fällten ein krasses Fehlurteil. Bevor sie das verheißene Land erreichten, waren sie törichterweise einige unheilige Verbindungen eingegangen. Ihr Fehler soll uns zur Warnung dienen: Aufwachen kann gefährlich sein, wenn man vergessen hat, wer man ist.

Einfach gesagt hatten sie in der Wüste eine Orgie gefeiert. Die Männer Israels genossen zügellosen Sex mit den moabitischen Frauen, die auf den Rat des Propheten Bileam hin in ihr Lager geschickt worden waren (siehe 4. Mo. 25, 1–2; 31, 16; Offb. 2, 14). Die Frauen luden die israelitischen Männer ein, an der moabitischen religiös-sexuellen Anbetungszeremonie teilzunehmen. Die Ergebnisse waren vernichtend und das Volk Gottes landete vorübergehend auf dem Abstellgleis. Im Laufe dieser Geschichte gab es eine Seuche, einen eifrigen Priester und einen erklärten Feind – die Midianiter. Gott wies schließlich Mose an, die Leute zu zählen, und danach kamen sie wieder zur Besinnung.

Dennoch konnten die Feinde Israels nicht über sie triumphieren. Wenn die Israeliten gehorsam waren, war der Sieg gewiss. Wenn sie sich außerhalb von Gottes Anweisungen bewegten, kam Gericht über sie. Sie taten Buße und Gott nahm die Seuche von ihnen – allerdings erst, nachdem vierundzwanzigtausend Israeliten gestorben waren. Welche Lektion ist darin für uns enthalten? Wenn es unserem Feind nicht gelingt, uns ruhigzustellen – uns leise, fügsam und untätig sein zu lassen –, dann wird er uns dazu verführen, unsere Ruheplätze zu verunreinigen und an gottlosen und perversen Anbetungsformen teilzunehmen. Wie sehen ruhiggestellte Christen aus? Sie sagen und glauben zum Beispiel das Folgende:

- „Die Welt geht den Bach hinunter … Ich hoffe, die Entrückung kommt bald, damit wir alle hier wegkommen."
- „Warum sollten mein Mann und ich uns nicht Filme, in denen verheiratete Paare Sex haben, als Anleitung ansehen?"
- „Das alles macht mir Angst. Ich werde meine Augen schließen (gähn!), und wenn sie schon einmal zu sind, kann ich auch gleich ein kleines Nickerchen machen."
- „Gott weiß, dass ich auch nur ein Mensch bin und sexuelle Bedürfnisse habe, die von meinem Partner nicht erfüllt werden. Ich weiß, ich sollte das nicht tun, aber schließlich ist mir ja schon vergeben worden …"
- „Das ist nicht der Präsident, den ich gewählt habe. Ich werde nicht für ihn beten."
- „Sexsklaven- und Menschenhandel ist tragisch, aber das ist ein Problem in weit entfernten Ländern, nicht wahr?"
- „Wie traurig, dass all die Menschen bei den Erdbeben in Haiti und Chile gestorben sind. Ist es nicht großartig, dass berühmte Stars Hilfsgelder sammeln?"

Manchmal ist mir zum Weinen zumute, weil ich fürchte, dass wir vergessen haben, wer wir sind. Wir gehören nicht uns selbst. Wir gehören Gott. Wir sind ein heiliges Volk, das für ihn und seine Zwecke abgesondert ist. Wir sind nicht irgendeine Gruppe von umherstreifenden, sich durchkämpfenden, vaterlosen Flüchtlingen, die von der Sünde überwältigt sind und sich fragen, ob es einen Gott gibt. Alle zusammen sind wir der Leib Christi, und als solcher sind wir dazu bestimmt, Triumphe und Siege zu feiern und Zeichen und Wunder zu sehen. Traurigerweise wissen einige unserer Schwestern das noch nicht.

Antworten, nicht Probleme

Wir haben dieses Prinzip, das ich 2005 in meinem Buch *Kämpfe wie eine Frau* beschrieben habe, bereits kurz beleuchtet. Darin gehe ich davon aus, dass „du, Tochter, eine Antwort bist, und nicht ein Problem". Während ich *Wecke die Löwin in dir* vollende, bringt ein wichtiges und fesselndes Buch mit dem Titel *Half the Sky* (Der halbe Himmel) die Bestätigung: „Frauen sind nicht das Problem, sondern die Lösung."[1] Dieses Buch wurde von Nicholas D. Kristof und Sheryl WuDunn geschrieben, einem Journalistenehepaar, das mit dem Pulitzerpreis ausgezeichnet wurde. Sie wollen mit ihrem Buch die Welt darauf aufmerksam machen, dass es dringend notwendig ist, Frauen zu stärken, indem man sie als gleichwertig betrachtet und ihnen Zugang zu Ausbildung und wirtschaftliche Chancen verschafft. Glücklicherweise hat ihre Arbeit in der Welt der Schauspieler, Aktivisten und Medien ziemliches Aufsehen erregt.

Ich schneide dieses Thema hier erneut an, weil es mich traurig macht, dass es nicht die Gemeinde war, die als Erste der geschlechterspezifischen Benachteiligung entgegengetreten ist. Es scheint, als wären wir wie Jona, der müde Prophet aus dem Alten Testament, der unter Deck im dunklen Schiffsraum schlummerte, während die Mannschaft fieberhaft versuchte, das Schiff durch den verheerenden Sturm zu steuern. Wir hätten die ersten an Deck sein und Gottes Lösung für diese himmelschreiende Ungerechtigkeit suchen sollen, die unsere Welt aus dem Gleichgewicht bringt. Doch anders als Jona erleben wir keinen einzelnen Sturm, der gegen ein einsames Seeschiff wütet. Die ganze Welt ist in Aufruhr, während ökologische Stürme über die Erde fegen und finanzielle Erdbeben die Weltwirtschaft ins Wanken bringen. Die Ungerechtigkeit lässt unsere Erde erzittern und schwanken. Die Menschen, die nun in erhöhte

Alarmbereitschaft versetzt sind, wenden sich an die Christen und fragen: „Wie konnte das passieren?" Die Gebundenen, Verletzten und Verwirrten schauen auf uns und fragen, wie wir schlafen können, wenn wir zu Gott schreien und ihn um einen Plan bitten sollten. Dann könnten wir zu einem Teil seines Eingreifens werden, bevor es zu spät ist. Doch viel zu viele Gemeindeglieder haben dem gegenwärtigen Zeitlauf erlaubt, sie in einen unruhigen Schlaf zu wiegen oder sie dazu anzustacheln, über Dinge zu streiten, auf die es nicht wirklich ankommt.

Zur Zeit Jonas sandte Gott einen Sturm, um den Propheten aus seinem Ungehorsam aufzuwecken und ihn daran zu erinnern, dass die Menschen von Ninive auf einem schlechten Weg waren. Gott möchte die Menschen niemals in ihr Verderben rennen lassen, doch Jona wollte die Zerstörung, die der alten Stadt drohte, ganz und gar nicht abwenden. Deshalb rannte er davon und versteckte sich im Bauch eines Schiffes. Während er nun in die Richtung reiste, die Gottes Anweisungen genau entgegengesetzt war, schlief er ein. Gott sandte einen so heftigen Sturm, dass das Schiff, das Jona beherbergte, kurz davor stand, zerrissen zu werden. Warum lief Jona davon? Er wollte die Menschen nicht retten, weil er sie für unwürdig hielt. Betrachte sein Gespräch mit Gott, nachdem sowohl er als auch die Stadt verschont geblieben waren.

> *Jona war zornig. Er verlor die Beherrschung. Er schrie Gott an: „Gott! Ich habe es gewusst – schon als ich noch zu Hause war, habe ich gewusst, dass es so kommen würde! Deshalb bin ich nach Tarsis geflohen! Ich habe gewusst, dass du voller Gnade und Güte bist, nicht leicht zornig wirst, reich an Liebe und bereit, deine Vernichtungspläne von einer Sekunde auf die andere in ein Vergebungsprogramm zu ändern!*
>
> Jona 4, 1–2 (*The Message*, übersetzt aus dem Englischen)

Jona wollte, dass Gott die Stadt verurteilte und bestrafte, aber Gott wollte seine Gnade und Güte walten lassen. Für Jona war es völlig in Ordnung, dass Gott eine ganze Stadt voller Menschen auszulöschen plante. Als aber der Baum, der ihm Schatten spendete, einging, geriet er so aus der Fassung, dass er sterben wollte.

Dann sagte Gott zu Jona: „Welches Recht hast du, dich über diesen Schatten spendenden Baum aufzuregen?" Jona sagte: „Jedes Recht. Ich habe mich so darüber geärgert, dass ich sterben wollte!" Gott sagte: „Was ist los? Wie kann es sein, dass deine Gefühle sich von Freude über Nacht in Zorn verwandeln – bloß wegen eines Schatten spendenden Baumes, für den du nichts getan hast? Du hast ihn weder gepflanzt noch gegossen. Er ist in einer Nacht gewachsen und in der nächsten eingegangen. Warum also sollten sich meine Gefühle über Ninive von Zorn nicht in Freude verwandeln – über diese große Stadt mit mehr als hundertzwanzigtausend kindlichen Menschen, die nicht wissen, was richtig und falsch ist, ganz zu Schweigen von den unschuldigen Tieren?"

Jona 4, 9–11 (*The Message*,
aus dem Englischen übersetzt)

Hallo! Haben wir ebenso den Blick für das verloren, was Gott wichtig ist? Sorgen wir uns mehr um unsere Bequemlichkeit und unseren Schutz als um das, was Gott wertschätzt? Der Höchste sitzt nicht im Himmel und ist begeistert von der Aussicht, etwas zerstören zu können. Er sehnt sich danach, alle, die auf bösen Wegen sind, zu retten! Lasst uns nicht denen die Hoffnung vorenthalten, die Gott retten möchte. Ich bete, dass du Gott erlauben wirst, die Löwin in dir zu wecken und dich eine Haltung einnehmen zu lassen, die dich befähigt, andere nicht zu verurteilen, sondern sie vor dem Bösen, das sie zu überwinden und zu zerstören droht, zu retten.

Es ist Zeit, Gottes Aufforderung nachzukommen. Er hat uns die Botschaft der guten Nachricht für die ganze Erde anvertraut. Er hat befohlen, dass wir einander lieben sollen. Er hat befohlen, dass wir uns um Witwen, Waisen, Fremde und Arme kümmern sollen. Auch jetzt ermutigt er Töchter jeden Alters, ihre Lösungen für die Probleme der Welt vorzubringen. Er lädt uns ein, unsere Differenzen beiseitezulegen und gemeinsam das Werk Gottes zu tun.

Einige von uns arbeiten immer noch daran, nett zueinander zu sein. Andere sind zu beschäftigt damit, über das zu weinen, was sie verloren haben. Und viel zu viele streiten über dumme Lehrmeinungen und erheben ihre Stimmen gegen andere Teile des Leibes Christi.

Ihr Lieben, ich möchte nicht, dass wir wie Jona über Bord gehen oder wie die Israeliten in der Wüste herumziehen müssen, um aufzuwachen! Lasst uns also das Böse und die Probleme in der Welt ansehen und ihnen erlauben, uns wachzurütteln. In meinem Geist sehe ich ein Volk, das sich erhoben hat, das bewegt und bereit ist, seine Welt zu verändern.

Dein einzigartiger Ausdruck

Während meiner Arbeit an diesem Buch haben meine Lektoren mich ermutigt, Beispiele von Frauen zu bringen, die hellwach sind, damit du sehen kannst, was eine hellwache Frau erreichen kann. Aber ich möchte es nicht auf das beschränken, was wir bis jetzt schon zu sehen bekommen haben. Die Geschichte der hellwachen und gefährlichen Frau wird gerade erst geschrieben. Ich glaube, dass die Welt noch nicht weiß, wie es aussieht, wenn christliche Frauen – alleine oder gemeinsam – hellwach und gefährlich sind.

Gott hat mich zweimal beauftragt, den *Aufwachprozess* der christlichen Frauen anzustoßen. Ich habe keine Ahnung, wie es aussehen wird, wenn wir erst einmal *hellwach* sind, aber ich bin mir ziemlich sicher, dass wir im Dunkeln gefährlich und im Licht herrlich aussehen werden. Als ich weiter darüber nachgedacht habe, bin ich zu dem Schluss gekommen, dass es einer genauen Definition bedarf, wenn man eine christliche Frau mit einer starken, wilden Löwin vergleicht.

Ich habe auch gemerkt, dass die Menschen gerne gesagt bekommen, was sie tun sollen. Aber ein Christentum der Anleitungen nach Schritten lässt uns das Geheimnis Gottes versäumen. Dies ist also keine Anleitung. Ich möchte sehen, dass *du* wach bist, dich als Löwin erhebst und dass dein Leben der einzigartige Ausdruck dessen ist, was das bedeutet. Nur du und Gott können festlegen, wie diese Löwin aussehen wird, wenn sie ganz in dir erwacht ist.

Ich habe kürzlich meine Mitarbeiter gebeten, Worte oder Bilder weiterzugeben, die beim Gedanken an eine Löwin in ihnen hochsteigen. Ich war nicht überrascht, ihre Antworten zu hören, die von „anmutig“ und „sanft“ bis hin zu „ungestüm“ und „furchtlos“

reichten. So vielfältig und breit gefächert kann die Reaktion auf diesen Weckruf sein.

Während ich die Schrift durchforschte, habe ich herausgefunden, dass Gott oft zu seinen Leuten oder seinen Propheten sagt: „Gehe dorthin, tue dies, sage das", ohne klar zu definieren, was daraufhin geschehen würde. Ein Beispiel dafür ist Elisa, der einer Witwe befahl: „Borge von all deinen Nachbarn Krüge und Schüsseln. Und nicht nur ein paar – alle, die du bekommen kannst. Dann komme nach Hause und verschließe die Tür hinter dir, hinter dir und deinen Söhnen. Gieße Öl in jeden Behälter. Wenn sie alle voll sind, stelle sie zur Seite" (2. Kö. 4, 3–4; *The Message,* aus dem Englischen übersetzt). Das scheint ein wenig willkürlich. Wie sollte dieses Vorgehen das Problem mit den Schuldeneintreibern lösen, die die Söhne dieser Frau zu versklaven drohten? Nun, als sie getan hatte, was man ihr gesagt hatte, kam sie zu dem Mann Gottes zurück und er befahl ihr: „Verkaufe das Öl und begleiche damit deine Schulden. Von dem, was übrig bleibt, können du und deine Söhne leben" (2. Kö. 4, 7; *The Message,* aus dem Englischen übersetzt).

Ich frage mich, wie viel übernatürliche Versorgung wir versäumen, weil wir die Schritte zwei, drei und vier wissen wollen, bevor wir Schritt eins erledigt haben. Dieses Buch soll also eines sein, das dich dazu bringt, die Wörter zu lesen, zu beten und Gott zu erlauben, sich in all die Gefäße zu ergießen, die du vor ihm aufgestellt hast. Bitte Gott, deinen Verstand mit Gedanken über die Löwin zu füllen – in jeder Gestalt und Form, die er gebrauchen will, um dich zu inspirieren.

Fürchte dich nicht vor dem Bild von uns als Löwinnen oder Jesus als dem Löwen. Es ist so ähnlich wie die Darstellung von Jesus als unserem Schäfer und wie er sich uns, seinen Schafen, gegenüber verhält. Sind wir buchstäblich Schafe oder bittet Gott uns einfach, ihm zu folgen und zu vertrauen wie diese? Ebenso ist Jesus unser Bräutigam, und wir sind alle zusammen seine Braut. Es ist ein allegorisches Bild. Jesus ist gleichzeitig Schäfer, König, Gott, Mensch, Bräutigam, Bruder, Löwe, Lamm und auch der Anfang und das Ende. Ist es überraschend, dass er unser Verständnis erweitern will?

Meine Absicht ist es, dir zu ermöglichen, aus deinem einzigartigen Blickwinkel kommend zu reagieren, von dem Ort aus, an dem du Macht und Einfluss besitzt.

Weckdienst

Während meiner Zeit am College gab es im Wohnheim meiner Studentenverbindung einen Schlafsaal. Er befand sich in einem langen, abgedunkelten Raum im zweiten Stock und war voller Etagenbetten. Einige waren entlang der Wand aufgestellt, andere standen nebeneinander im rechten Winkel zur abgedunkelten Fensterfront.

Weil sich so viele von uns diesen Gemeinschaftsraum teilten, durften wir keine Wecker benutzen. Stattdessen wechselten wir uns mit dem ab, was ich als meine mir am meisten verhasste Aufgabe bezeichnen würde: mit dem Weckdienst. Bevor wir jeden Abend zu Bett gingen, brachten die Mädchen ihre Namensschilder an einer Tafel neben der Uhrzeit an, zu der sie geweckt werden wollten. Das bedeutete, dass der, der Weckdienst hatte, wissen musste, wo jedes der Mädchen schlief. In der Nacht vor dem Weckdienst schlief das betreffende Mädchen in einem getrennten Zimmer, damit sie dort ihren Wecker stellen konnte.

Wenn ich an der Reihe war, stellte ich meinen Wecker immer eine halbe Stunde vor dem ersten Einsatz, damit ich duschen konnte. Duschen zu können, ohne dafür anstehen zu müssen, war der einzige Vorteil, den es mit sich brachte, wenn man als Erste auf den Beinen war.

Wenn die Prozedur des Aufweckens begonnen hatte, machte ich meine Runden und weckte die Mädchen in viertel- bis halbstündlichen Intervallen – und das zwei bis drei Stunden lang. Ich schlüpfte in den verdunkelten Schlafsaal hinein und wieder heraus, während ich versuchte, zu essen und mich selbst fertig zu machen. Immer wieder schlich ich leise hinein, schloss die Tür, tastete mich im Dunkeln vorwärts und zählte dabei vorsichtig die Betten, damit ich die schlafenden Mädchen nicht im Vorbeigehen aufweckte. Wenn ich das richtige oder die richtigen Mädchen gefunden hatte, weckte ich sie sanft, aber bestimmt auf.

Ich war mir meiner Verantwortung sehr bewusst, weil ich wusste, dass jedes der Mädchen darauf angewiesen war, dass ich es weckte. Sie mussten in den Unterricht, Tests schreiben, hatten Prüfungen, die sie nicht versäumen durften, und natürlich gab es Jungs, mit denen sie sich treffen wollten.

In meiner Anfangszeit hatte ich einmal bei meinem Weckdienst versagt. Ich war zu leise gewesen, zu sanft, und hatte ein älteres Mädchen nur zögerlich geschüttelt. Sie hatte eine Antwort gemurmelt und ich dachte, sie sei wach – aber das war sie nicht. Sie hatte nur im Schlaf gesprochen. Beim Mittagessen an diesem Tag las sie mir die Leviten und ließ mich wissen, was mein Mangel an Effektivität sie gekostet hatte. Es gibt Fehler, die man nicht zweimal machen möchte. So lernte ich schnell, dass man manche Mädchen ordentlich schütteln musste, während andere bereits auf eine sanfte Berührung reagierten und wieder andere schon hellwach im Bett saßen, wenn man nur ihren Namen flüsterte. Einige Mädchen bedankten sich bei mir, während andere mich beschimpften und wegschickten.

Am schwierigsten war es mit denen, die wach zu sein schienen und sogar sagten: „Okay, okay, ich bin wach“ und dann weiterschliefen. Ich lernte, dass Mädchen dieser Sorte so schläfrig waren, dass ich am Bettpfosten stehen bleiben musste, bis sie ihr Bett verlassen hatten und mit beiden Beinen am Boden standen.

Eine andere Gefahr bestand darin, das falsche Mädchen zu wecken. Obwohl ich versuchte, leise und vorsichtig zu sein, weckte ich manchmal ein Mädchen im Bett darüber oder daneben. Sie setzte sich dann gewöhnlich auf und erschreckte mich, indem sie mich am Arm packte und flüsterte: „Hey, ich bin wach. Nimm meinen Namen von der Weckliste!“

Ich schäme mich, es zu sagen, aber damals war ich eines von den schimpfenden Mädchen, von der schwierig zu weckenden Sorte. Ich brauchte fast immer ein zweites Weckmanöver. Da ich diesen Dienst auch selbst verrichtete, kannte ich die Regeln. Wenn ein Mädchen nach zweimaligem Wecken immer noch im Bett blieb, musste ich sie kein drittes Mal wecken. Dieses Prinzip verlieh dem zweiten Wecken eine gewisse Dringlichkeit, weil man wusste, dass man damit seine Pflicht erfüllt hatte. Wenn die Mädchen erst einmal wach und auf den Beinen waren, gehörte es nicht mehr zu meinen Pflichten, sie weiter zu überwachen. Sie waren in Bewegung und ich musste mich selbst fertig anziehen.

Unser großzügiger Gott arbeitet nicht nach den Regeln, die im Wohnheim herrschten. Er setzt seinen Weckdienst überaus bereitwillig bis zur letzten Minute fort, doch die Dringlichkeit ist nicht zu verleugnen. Ich fühle, dass auch gerade in diesem Moment einige Schwestern auf die Weckrufe reagieren, die an die schläfrigen Frauen um sie herum gerichtet sind.

Etwas Wildes wecken

Ich finde es irgendwie komisch, dass ich in diesem Abschnitt meines Lebens wieder einen Weckdienst habe – nur dass dieses Mal viel mehr auf dem Spiel steht. Manchmal fühlt es sich an, als würde ich immer noch zwischen den Etagenbetten im Dunkeln herumtappen und meine Schwestern sanft schütteln, beharrlich wecken und manchmal – zu meiner großen Freude – nur ihren Namen flüstern, um sie zum Aufstehen zu bewegen.

Ich weiß, dass ich mit diesem Weckdienst nicht alleine bin und jede der Töchter Gottes auf ein anderes Mittel und eine andere Methode reagiert, die sie aus ihrem Schlummer reißen soll. In meinem Fall ist es meine Aufgabe, dir ein paar wilde Prinzipien und schöne Bilder vorzulegen. Es ist mein Gebet, dass diese Offenbarung unwiderstehlicher Majestät und Stärke die Kraft haben wird, etwas Wildes in dir zu wecken, damit du, wenn du ganz aufgewacht bist, wissen wirst, was zu tun ist.

Die Welt, liebe Löwenschwester, ist nicht nur darauf angewiesen, dass du wach wirst, sondern auch darauf, dass du deiner gottgegebenen wilden Seite Ausdruck verleihst. Wie sieht es aus, wenn eine christliche Frau *wild* ist? Kreischt sie und schreit sie? Kratzt sie und schlägt sie? Vielleicht ist das manchmal sogar angebracht. Ich weiß, dass ich das und noch mehr täte, würde eines meiner Kinder oder Enkelkinder angegriffen. Im Buch Hosea spricht Gott von dieser Bärenmutter-/Löwinnenreaktion und nimmt sie für sich selbst in Anspruch.

Ich falle sie an wie eine Bärin, die der Jungen beraubt ist, und zerreiße den Verschluss ihres Herzens. Ich fresse sie dort wie eine Löwin. Die Tiere des Feldes zerfleischen sie.
Hosea 13, 8

O Schreck! Dieser Vers bringt wahrhaft die ungezähmte, gewalttätige Seite von „wild" zum Ausdruck. Doch es steckt mehr als ein gewaltsames Zerfleischen in diesem bedeutungsschweren Wort. Andere Worte, die die Bedeutung von „wild" abrunden, sind zum Beispiel „intensiv", „stark", „mächtig", „stürmisch", „eindringlich", „leidenschaftlich" und „aggressiv". Ich kann mir keine Wortsammlung vorstellen, die das, was mich im Innersten bewegt, besser ausdrücken würde. Ohne jeden Zweifel ist etwas Stürmisches geweckt worden, das größere Klarheit und Stärke mit sich gebracht hat, ganz so als würde ein Sturm Kräfte sammeln. Diese Kraft hat keinen inneren Aufruhr verursacht. Sie hat unseren Blick geschärft. Ich merke, dass ich mit diesem schärferen Blick immer leidenschaftlicher in Bezug auf Themen werde, derer ich mir früher gar nicht bewusst war.

Viele dieser Momente des Erwachens haben mich etwas überrascht. Einen davon erlebte ich Ende Oktober oder Anfang November 2007. Ich befand mich im Badezimmer, als ich eine Zeitschrift las. Während ich die Seiten durchblätterte, las ich zum ersten Mal über die Gräuel des Sexsklavenhandels in Thailand. Ich las den Artikel zu Ende, schaute bestimmte Absätze ein zweites Mal an und konnte kaum glauben, dass das, was ich las, wirklich wahr sein sollte. Konnten Menschen wirklich so grausam sein? Konnte so etwas passieren, ohne dass ich etwas davon merkte? Ich begann zu weinen (ausgerechnet im Badezimmer). Dann betete ich: „Gott, wenn es irgendetwas gibt, das ich sagen oder tun kann, bin ich dabei." Mit diesem Gebet des Erwachens veränderte sich etwas.

Ein paar Wochen später bekam ich einen Telefonanruf von *Life Outreach:* „Lisa, wir stellen ein Team für Thailand zusammen, um Spendengelder zu sammeln und die Menschen auf den Sexsklavenhandel aufmerksam zu machen. Wir wollen ihn nämlich bekämpfen. Wir haben überlegt, dich dorthin zu schicken." Drei Monate später war ich auf dem Weg nach Thailand – als Teil der ersten Initiative von *Life Outreach* gegen den Menschenhandel.

Was, wenn ich an diesem einen Tag nicht gebetet hätte? Was, wenn ich geweint, meinen Kopf geschüttelt und weitergeblättert hätte? Binnen Kurzem hätte ich die neuesten Durchbrüche in der Kosmetikforschung, einen Modetrend oder ein Diätgeheimnis bestaunt. Hätte ich weitergelesen, statt zu beten, wäre ich wahrscheinlich an diesem Abend zu Bett gegangen, ohne jemals meine Stimme zum Himmel zu erheben. Wäre ich erneut auf das Thema aufmerksam geworden, hätte ich vielleicht gesagt: „Ja, ich habe davon gehört ... in einer Zeitschrift darüber gelesen ... Das ist wirklich sehr traurig."

Wenn du aber *erwacht* bist, kannst du gar nicht anders, als zu *reagieren.* Sich über etwas aufzuregen, ist nicht dasselbe, wie erwacht zu sein. Wenn du dich über etwas aufregst, reagierst du vielleicht in diesem Moment, aber dich aufzuregen, hat nicht die Kraft, dich vom Weiterblättern abzuhalten. Du kannst dich aufregen, ohne zu erwachen. Du kannst aber nicht hellwach und dir der Probleme in der Welt voll bewusst sein, ohne zu reagieren. Deshalb musste ich, als ich über die jungen Mädchen las, die gekidnappt und in Bordelle verschleppt wurden, beten und Gott sagen, dass ich alles, was er wollte, tun würde, um diesem Gräuel entgegenzuwirken. Mein Gebet warf Licht auf die Gelegenheit, als sie sich bot. Hätte es noch andere Gelegenheiten gegeben? Vielleicht, aber diese eine hätte ich verpassen können.

Gott hat dich nicht errettet, um dich zu zähmen

Gott offenbart sich uns nicht als unbegrenzt, um uns dann zu begrenzen. Ganz im Gegenteil. Er möchte sein Herz in uns pflanzen. Meine Freundin Christine drückt es am besten aus. Sie sagt: „Gott hat dich nicht errettet, um dich zu zähmen!"

Gott sucht nicht Menschen, die wie Christen handeln. Er möchte, dass wir Christen *sind!* Das Wort *Christ* bedeutet „Gesalbter" oder „Christusähnlicher". Jesus ging nicht herum und „war gut". Er ging herum und „tat Gutes". Er setzte alle frei, die unterdrückt waren. Wozu hat er dich gesalbt?

*Der Geist Gottes ist auf mir; er hat mich erwählt, die Botschaft der guten Nachricht den Armen zu predigen, Er hat mich gesandt, den Gefangenen ihre Begnadigung auszusprechen und die Wiederherstellung des Sehvermögens den Blinden, um die Beladenen und Zerschlagenen freizusetzen, zu verkünden: **„Dies ist das Jahr, in dem Gott handelt!“***

Lukas 4, 18–19 (*The Message*, aus dem Englischen übersetzt)

Wenn der Geist Gottes auf Jesus war, damit er all diese Dinge tun konnte, und wenn wir vom selben Geist geboren sind, dann sollten wir auch tun, was er tat – die gute Nachricht den Armen predigen, die Beladenen und Zerschlagenen freisetzen und verkünden: „Dies ist das Jahr, in dem Gott handelt!“ Ich glaube, dass Gott in jedem einzelnen Jahr handelt und dass er immer noch darauf wartet, dass wir uns in seinem Namen in Bewegung setzen.

Frauen, die sich zu benehmen wissen, machen selten Geschichte.
Laurel Thatcher Ulrich

Wenn wir an diese Aufgabe denken, fällt es uns leicht, zu verstehen, dass Gott keine Schar häuslicher Mädchen braucht, die ihre Tage damit verbringen, zu backen und sich gut zu benehmen. Es ist nicht falsch, zu backen, aber wenn das alles ist, was wir tun, wird Gott uns nicht gebrauchen, um den Lauf der Geschichte zu verändern.

Es ist mir bewusst, dass dieses Zitat einige herausfordern wird. Es hat mich herausgefordert, als ich es zum ersten Mal gelesen habe. Es handelt sich dabei nicht um eine Aufforderung zum Ungezogensein. Vielmehr geht es darum, zu erkennen, dass Veränderung oft dann geschieht, wenn man den Status quo infrage stellt.

In den Augen ihrer Südstaatenkultur und in den Augen der Busgesellschaft benahm sich Rosa Parks ganz und gar nicht gut, als sie sich weigerte, ihren Platz zu räumen und sich in den für Schwarze ausgewiesenen Bereich hinten im Bus zu begeben. Die Entscheidung einer einzelnen Frau, ihren Platz zu behaupten, anstatt sich einen anderen zu suchen, veränderte die Sichtweise des amerikanischen Volkes in Bezug auf Rassentrennung. Ich bezweifle ernsthaft, dass ihr in diesem Moment klar war, dass sie Geschichte schrieb. Die Zeit allein hat die Macht, die Beweggründe und Auswirkungen unserer Entscheidungen zu offenbaren. Vielleicht hatte Rosa es einfach nur satt, an den Rand gedrängt und ihres gottgegebenen Rechts auf Menschenwürde beraubt zu werden.

Was ist mit Debora, Jael, Tamar, Ester, Batseba, Abigail, Rahab und auch Maria? (Dies ist nur eine stichprobenartige Auswahl aus der Bibel – es gibt noch viele mehr.)

Benahm sich Debora gut, als sie ihr Volk gegen einen dominanten Unterdrücker aufbrachte und mit den Männern in den Krieg zog? Die Anführer ihrer Zeit waren nicht dieser Ansicht. Eine Armee erhob sich, um ihre Rebellion niederzuschlagen, musste aber klein beigeben. Als Barak, der von Gott erwählte männliche Anführer, zögerte, führte Debora Gottes Anweisungen aus, so gut sie es konnte.

Was ist mit Jael? Musste sie einen Zeltpflock benutzen, um ihren Feind zu töten? Hätte sie ihn nicht einfach den Behörden übergeben können, während er schlief? Vielleicht, aber das tat sie nicht. Für Gott war ihre Entscheidung in Ordnung, und man komponierte ein Lied, das ihre Tapferkeit verkündete.

Dann war da Tamar. Diese zweifache Witwe gab vor, eine Prostituierte zu sein und schlief mit ihrem verwitweten Schwiegervater, dem Patriarchen Juda. Ihr Benehmen ist schockierend, und das in vielerlei Hinsicht. Es gibt keine Anzeichen dafür, dass Gott sie zu einem solchen Verhalten anwies. Es war ihre Entscheidung, auf diese Art zu handeln. Doch der Sohn dieser hartnäckigen Frau ist in der Ahnenreihe Christi zu finden, und sie wurde für gerecht erklärt.

Ester missachtete den Befehl, nicht unaufgefordert zum König zu kommen. Wasti, Xerxes' erste Frau, wurde wegen ihres Ungehorsams hinausgeworfen. Ester hätte es besser wissen sollen! Doch ihre Entscheidung, sich am Hof schlecht zu benehmen, rettete ihr Volk.

Batseba war eine Ehebrecherin und die Mutter des weisen Salomo. Rahab war eine Prostituierte, die ihren König belog und feindliche Spione versteckte. Was sie aus Glauben tat, rettete ihre Familie, als Jericho zerstört wurde. Darüber hinaus befindet sich ihr Sohn in der Ahnenreihe von David und Jesus. Abigail handelte hinter dem Rücken ihres Mannes. Ihre Entscheidung rettete die Menschen in ihrem Haus und ließ ihr das Herz von König David zufallen.

Maria schien ein uneheliches Kind unter ihrem Herzen zu tragen und brachte den Sohn Gottes auf die Welt. Was, wenn sie gesagt hätte: „Unverheiratet und schwanger sieht nicht gut aus. Kann das warten, bis ich verheiratet bin, damit ich anständig wirke?"

Allein die Geschichte rechtfertigt die Entscheidungen dieser Frauen. Ihre Herzen waren erweckt und bewegt.

Wie wirst du reagieren, wenn du vollständig und gefährlich wach bist? Welche Geschichte wirst du schreiben? Wirst du, wie die wilde Löwin, aus der Betäubung erwachen und dich erheben, um deine Familie, deine Gemeinde, deine Welt zu verteidigen? Bist du erwacht? Was ist es, das gerade jetzt dein Herz bewegt?

4

DIE SUMME AUS FURCHT UND STAUNEN

Ich danke dir dafür, dass ich erstaunlich und wunderbar gemacht bin; wunderbar sind deine Werke.

Psalm 139, 14 (Schlachter)

Löwinnen sind stark und geschmeidig. Sie bewegen sich mit Muskeleinsatz auf ihr Ziel zu, immer im Bewusstsein, dass ihr Leben und das ihrer Jungen von ihren angeborenen Fähigkeiten und ihrer Stärke abhängt. Wenn sie gehen, scheinen schimmernde Wellen über ihr Fell zu laufen. Anders als wir kümmern sie sich nicht darum, ob ihre Haut schlaff wird oder ob ihr Schwanz zu lang ist. Es ist ihnen auch egal, dass sie alle gleich aussehen. Sie fühlen sich wohl in ihrer Haut.

Löwinnen sind atemberaubend.

Nachdem ich sie in freier Wildbahn beobachtet habe, glaube ich, dass sie das tatsächlich *wissen.* Wir könnten den Unterschied zwischen unserer Selbstwahrnehmung und dem der Löwin begreifen, wenn Menschen und Löwinnen miteinander sprechen könnten. Lass uns für einen Moment so tun, als könnten wir miteinander reden.

„Löwin, du bist ein atemberaubendes Wesen.“

Die Löwin antwortet: „Ich weiß. Willst du sehen, was ich tun kann?“

Begeistert antworten wir: „Ja!“

„Schaue auf meine Pfote“, lädt sie uns ein. „Sieh zu.“

Voller Ehrfurcht beobachten wir, wie die Löwin ihre Krallen aus ihrer nach oben gerichteten Pfote ausfährt.

„Mit dieser Pfote kann ich eine Gazelle reißen, von der sich meine Jungen ernähren können und die mein Rudel sättigen wird. Und jetzt pass gut auf.“ Sie zieht ihre Krallen ein und ihre Pfote ist wieder samtig weich. „Mit dieser Pfote spiele ich mit den Jungen und trainiere sie, damit sie stark werden.“

Wir nicken und sehen auf unsere Fingernägel. Unser Nagellack blättert etwas ab.

Wieder spricht die Löwin: „Sieh auf meine Zähne!“

Wir weichen voller Ehrfurcht zurück und bestaunen ihre Zähne, die so unterschiedlich in ihrer Form und sehr scharf sind.

„Mit diesen Zähnen kämpfe ich zur Verteidigung, töte und fresse. Und doch tragen dieselben Zähne die Jungen von einem Ort zum anderen, ohne sie zu verletzen.“

Wir erkennen die Gegensätzlichkeit und nicken.

An dieser Stelle seufzt unsere Löwin zufrieden und fasst ihre Schönheit mit folgenden Worten zusammen: „Ich bin erstaunlich und wunderbar gemacht.“

Und wir können wirklich zustimmen. Sie versetzt uns in ehrfurchtsvolles Staunen.

Doch warte mal – das gilt doch genauso für dich!

> *Ich danke dir dafür, dass ich erstaunlich und wunderbar gemacht bin; wunderbar sind deine Werke.*
>
> Psalm 139, 14 *(Schlachter)*

Ich fordere dich heraus, diesen Psalm laut auszusprechen – nun, da du ihn im Zusammenhang mit der Löwin verstehst. Ganz ehrlich, meine Liebe, du bist Gottes wunderbares Werk, genau wie die Männer und Frauen um dich herum. Es ist nur so, dass zu viele von uns vergessen haben, dass wir nicht aufhören, wunderbar zu sein, wenn wir den Mutterleib verlassen.

Wann hast du das letzte Mal ein Gespräch mit einer Frau geführt, das dem mit unserer Löwin auch nur entfernt ähnlich war?

Der folgende Dialog steht schon eher beispielhaft für das, was man zu hören bekommen kann, wenn zwei Frauen miteinander reden.

„Du bist wunderschön."

„Danke, aber ich habe es immer noch nicht geschafft, all die Kilos wieder loszuwerden, die ich beim letzten Kind zugenommen habe."

Jede Frau, die ein Kind zur Welt gebracht hat (oder gesehen hat, wie eine Frau ein Kind auf die Welt bringt), sollte erkennen, dass wir in der Tat erstaunlich und wunderbar gemacht sind. Irgendwie haben wir die Sicht dafür verloren – aber nicht die Löwin. Sie weiß, dass ihre Schönheit sich in ihrer Stärke offenbart. Ihre Schönheit steckt in dem, was ihr Körper tatsächlich zu leisten vermag, nicht nur in ihrem Aussehen. *Ihre Attraktivität ist nicht zu leugnen, weil ihre Kraft außer Frage steht.* Sie weiß, wozu ihr Körper fähig ist, und sie ist voller Staunen darüber. Das Staunen der Löwin ehrt ihren Schöpfer. Sie ist voller Stärke und Geschicklichkeit, und sie bringt den Jungen ihres Rudels bei, genauso zu sein.

Es ist wichtig, dass wir uns an die Schönheit von zielgerichteter Stärke erinnern. Ich rede hier nicht von einem schlankeren Körper. Ich rede davon, ein körperliches und geistliches Bewusstsein zu haben und stark und zielgerichtet zu sein. Dann werden wir für jede Aufgabe, die Gott für uns hat, gerüstet sein. Wenn wir wahre Löwinnen sein wollen, müssen wir Stärke besitzen. Vor nicht allzu langer Zeit habe ich entdeckt, wie leicht wir uns immer wieder irren, wenn wir einschätzen sollen, wie stark wir sind.

Schlaff oder durchtrainiert?

Hier ist die Geschichte, wie ich einer Illusion verfiel, die mehrere Wochen anhalten sollte. Nach einer Reihe von Veranstaltungen im fernen Australien war ich müde. Die fünf Veranstaltungen waren vorbei, es war Sonntagabend und somit Zeit, wieder ruhig zu werden. Ich war zu einem Treffen mit dem Team eingeladen, das die Konferenz leitete. Diese Leute hatten unermüdlich gearbeitet, um die Veranstaltung zu organisieren. Wir waren alle ein wenig albern und übermütig, wohl wegen der berauschenden Kombination von zu wenig Schlaf, zu vielem Essen und der Güte Gottes.

In dieser entspannten Atmosphäre teilte eine der Leiterinnen ihre Mahlzeit und ihre Einsichten mit mir. Sie sagte: „Weißt du, hier bei uns behaupten die Leute von mir, ich würde den Nagel immer auf den Kopf treffen. Und heute während des Morgengottesdienstes ist mir eingefallen, an wen du mich erinnerst."

„An wen?", fragte ich.

Ohne auch nur einen Moment zu zögern, erklärte sie: „Du siehst aus wie die *echte* Sarah Connor aus dem Terminator-Film."

Ich brauchte eine längere Pause, um diese Aussage zu verarbeiten.

„Moment mal – war sie nicht blond?", entgegnete ich, ohne recht überzeugt zu sein.

„Ja, ja, aber es liegt nicht an ihren Haaren." Sie schüttelte den Kopf und machte eine abwehrende Handbewegung. „Es ist ihre Gesichtsstruktur und ihre Haltung und ihre … ihre Muskulösität", erklärte sie, während sie sich übers Kinn strich und eine Haltung einnahm, die irgendwie einschüchternd wirkte.

Hatte sie gerade „Muskulösität" gesagt?

Okay, das ist nicht einmal ein richtiges Wort, aber sie hatte meine volle Aufmerksamkeit. Auch wenn der Vergleich überzogen war, wollte ich nun wie diese Sarah Connor aussehen! Ich nickte. Auf keinen Fall wollte ich irgendeinen Gedanken oder ein Bild, das mich als muskulös darstellte, einfach verwerfen. Ich ließ es vorläufig dabei bewenden, und als ich zurück in die Staaten kam, wollte ich mir diese muskulöse Frau aus „Terminator" ansehen.

Zu Hause angekommen, bat ich meinen Sohn Alec, den Medienexperten, um Hilfe.

„Kannst du die echte Sarah Connor für mich finden? Ich muss sie mir ansehen. Die Leute sagen, ich sehe aus wie sie", erklärte ich.

Er zweifelte zwar daran, doch er fand ein Bild von Sarah Connor. Sie trug ein Tanktop und eine Sonnenbrille mit kleinen, runden Gläsern und schwenkte ein Gewehr. Tatsächlich. Sie schaute wild und überaus durchtrainiert aus. Ich kann nicht sagen, dass ich ihre mütterliche Seite auf den ersten Blick erkannte. (Das war ein wichtiger Faktor für mich, weil ich über Themen wie Mutterschaft und Fürsorge spreche.) Aber kommt es bei mütterlichem Verhalten nicht auf die jeweilige Situation an? Was könnte mütterlicher sein, als deine Muskeln spielen zu lassen und zu lernen, wie man mit einem Gewehr umgeht, wenn es dein Lebenszweck ist, den eigenen Sohn vor mörderischen Robotern zu beschützen?

Alec fand auch eine Sammlung von Videoclips. Ich fürchte, diese billigen Szenen aus den 1980erjahren gaben mir den Rest. Die Ausschnitte zeigten Sarah Connor, wie sie Motorrad fuhr, wie sie mit einer Hand ein Gewehr lud und wie sie in ihrem Zimmer in der psychiatrischen Klinik an ihrem aufgestellten Einzelbett Klimmzüge machte. In diesem Moment identifizierte ich mich mit ihr!

Ich hätte diesem Verwirrspiel an Ort und Stelle ein Ende setzen können. Dazu hätte es nur eine einfache Frage gebraucht: Lisa, hast du jemals einen Klimmzug gemacht?

Aber ich stellte mir diese Frage nicht. Stattdessen ließ ich meine Fantasie mit mir durchgehen. Während ich Sarah Connor bei ihren Klimmzügen beobachtete, stellte ich mir vor, dass meine Arme genauso stark seien wie ihre und dass ich – mit der richtigen Motivation – eben solche Klimmzüge machen könnte wie sie. Sicher war ich *beinahe* so muskulös wie sie es zu sein schien – ohne Rücksicht auf *die Tatsache,* dass ich es selbst in körperlicher Bestform kaum geschafft hatte, für den staatlichen Fitnesstest an der Highschool mit angewinkelten Armen an einer Stange zu hängen. (Ich hielt nur kurz aus, indem ich mir vorstellte, unter mir befände sich eine Horde Krokodile.)

Irgendwie hatte ich vergessen, dass ich mir jede meiner Schultern schon einmal verletzt hatte – die eine beim Skifahren, die andere bei einem Zwischenfall, der eigentlich nicht der Rede wert ist.

Wenn man darüber nachdenkt, habe ich noch nie einen einzigen Klimmzug gemacht! Aber darauf kam es nicht an. Wenn Sarah es konnte, konnte ich es auch.

Ich wollte nicht nur wie sie aussehen. Jetzt wollte ich auch noch wie sie handeln. Warum trainierte die erste weibliche Actionheldin? Sie wollte stark sein und bereit, ihren Sohn zu beschützen, wenn der Moment ihrer Freilassung gekommen war. Wow! Ich liebe Frauen, die wissen, wie man harte Zeiten dafür nutzt, stärker zu werden. Sarah und ich? Naja, wir waren fast wie Schwestern.

Mitten in dieser Illusion tat ich etwas, das ich noch nie zuvor getan hatte.

Ich wählte die Nummer von *Gold's Fitnessstudio.*

Ich erinnerte mich, von einem hervorragenden Trainer gehört zu haben, und fragte nach ihm. Die Rezeptionistin des Fitnessstudios stellte mich durch. Ich konnte mein Entzücken kaum verbergen, als ich fragte, ob Robert an diesem Tag noch Zeit für mich hätte. Ich dachte an ein paar private Trainingsstunden – drei, vielleicht höchstens vier – und Sarah und ich wären Zwillinge. Ja, Zwillinge mit verschiedener Haarfarbe, denn es wäre mir doch zu weit gegangen, mich blond zu färben. Aber ich war sehr wohl dazu bereit, so zu trainieren, dass sich unsere fein gemeißelten, muskulösen Arme gegenseitig ineinander spiegeln konnten.

Robert stimmte zu, mich in ein paar Stunden zu einem Einstufungstest zu empfangen.

Das Wort „Einstufungstest" hätte mir zu denken geben sollen, aber das tat es nicht. Ich legte den Hörer auf und bat Alec voller Enthusiasmus, mir ein paar saubere Songs mit mitreißenden Rhythmen fürs Training zusammenzustellen. Als das geschehen war, kündigte ich an: „Ich gehe ins Fitnessstudio. Wer möchte mitkommen?"

Zwei überraschte Söhne tauchten auf und wir machten uns auf den Weg zum Studio. Mit den neuen Songs auf meinem iPod schlenderte ich wippend ins Fitnessstudio. Das nächste Mal würde ich vielleicht ein Tanktop anziehen, damit mein Trainer die Ähnlichkeit mit Sarah Connor leichter erkennen konnte.

Vor Aufregung war ich ein bisschen zu früh da und sah meinen zukünftigen Trainer aus der Ferne. Was für eine Freude es doch für ihn sein würde, seinem neuen Schützling zu begegnen. Zweifellos würde er begeistert und erleichtert sein, jemanden zu trainieren, der bereits so nahe an seinem Ziel war.

So ähnlich stellte ich mir das jedenfalls vor.

Robert arbeitete gerade mit einer Kundin und winkte mich zum Aufwärmen ans Laufband heran. Von diesem Gerät aus konnte ich gut hinüberblicken, und ich bemerkte, dass seine Kundin eine Frau in ungefähr meinem Alter war. Und alles, was ich zu sein glaubte … war sie tatsächlich!

Sie hatte nicht nur fein gemeißelte Konturen, sie war auch noch braun gebrannt. In ihrem Tanktop und ihren Hosen im Militärstil sah sie sehr nach Sarah aus. In diesem Moment wurde mir das erste Mal in dieser Geschichte bange ums Herz. Viele weitere solcher Momente sollten folgen. Unter dem harten Licht der Leuchtstoffröhren des Fitnessstudios betrachtete ich meine Arme. Mir fiel auf, dass sie schlaff, blass und leicht grünlich wirkten.

Moment mal! Ich würde mich nicht einschüchtern lassen. Wenn mein Terminplan es zuließe, könnte auch ich braun gebrannt sein. Trotzig stellte ich das Laufband ein paar Stufen schneller. In mir war ein muskulöser Körper verborgen, der nur darauf wartete, hervorzukommen. Ein paar Trainingsstunden, etwas Zeit in der Sonne, und ich wäre diese Frau. Hatte Sarah denn Gelegenheit, in ihrer Gefängniszelle zu bräunen?

Ich schaute in eine andere Richtung, schaltete meinen iPod ein und begann, ernsthaft zu laufen.

Bald darauf kam mein Trainer vorbei und lächelte ermutigend. „Mach weiter so. In fünfzehn Minuten treffen wir uns, um deine Ziele zu besprechen. Ich bin immer noch mit einer Kundin beschäftigt."

Fünfzehn Minuten? Meinte er das ernst? Ich erinnerte mich, gelesen zu haben, dass acht Minuten für jedermann absolut ausreichend waren. Aber ich wollte meinen Trainer an unserem ersten gemeinsamen Tag weder enttäuschen noch ihm widersprechen. Also lächelte ich und fügte mich.

Als meine fünfzehn Minuten um waren, glitt ich von meinem Gerät und machte mich auf den Weg zum Damenumkleideraum, um die Waage zu suchen. Ich hatte vergessen, mich zu wiegen, und dachte, mein Trainer würde diese Information benötigen. Das bedeutete, dass ich an dieser wirklich durchtrainierten Frau vorbeigehen musste. Als ich sie erreicht hatte, rief sie mich.

„Hey, trainierst du mit Robert?“, fragte sie ganz außer Atem.

Ich nickte, während ich lässig einen Schluck aus meiner Wasserflasche nahm.

„Er bringt mich noch um!“, keuchte sie, während sie ihren Marsch auf dem Treppenstepper fortsetzte. „Ich bin ja an hartes Training gewöhnt, aber Robert geht von ganz anderen Maßstäben aus.“

Ich hielt verwundert inne. „Aber du bist durchtrainiert ...“

Sie schüttelte ihren Kopf und es schien, als würde sie eine Antwort mehr Kraft kosten, als sie im Moment aufbringen konnte.

Robert rief meinen Namen von der anderen Seite des Studios und winkte mich zu seinem Büro. Ich folgte seiner Aufforderung etwas weniger zuversichtlich, als ich beim Betreten des Studios gewesen war.

„Ich wollte mich nur wiegen gehen“, murmelte ich.

Doch mein Gewicht interessierte ihn überhaupt nicht. Robert wollte wissen, wie stark ich war.

„Hast du ein Handtuch dabei?“, fragte er.

„Nein“, antwortete ich und erklärte, dass ich beim Trainieren selten schwitzte. Im Nachhinein muss ich sagen, dass es wohl zutreffender gewesen wäre, zu sagen, dass ich selten trainierte.

Skinny Fat – Schlank, aber schlaff

Ich kann mich an den Ablauf der darauffolgenden demütigenden Erfahrungen nicht mehr so ganz genau erinnern, aber ich versuche, ihn hier so gut wie möglich wiederzugeben. Ich hatte angenommen, dass die Einstufungstests in einem getrennten Raum stattfinden würden, doch stattdessen geleitete man mich zum Epizentrum des Fitnessstudios. Wir erreichten eine freie Bodenfläche und Robert wies mich an, ihm „zehn zu geben".

Mir war klar, dass er von Liegestützen sprach. Ich war mir nur nicht ganz sicher, welche Art er meinte.

„Du meinst die Damenliegestützen auf den Knien, nicht wahr?"

„Nein, ganz normale", antwortete er teilnahmslos, während er sein Klemmbrett nahm und drohend seinen Bleistift hob.

Ich ließ mich fallen und machte zehn schlampige, wackelige, schlecht ausgeführte Liegestützen.

Ohne sich Zeit für eine kurze Pause, ein aufmunterndes Lächeln oder ein „Weiter so" zu nehmen, meinte er nur: „Jetzt fünfundzwanzig Hampelmänner."

Ich erschrak. Ich wusste, dass Hampelmänner leicht waren, aber ich konnte mich nicht daran erinnern, wie man sie genau machte.

„Müssen sich meine Hände über meinem Kopf berühren?", fragte ich.

Robert antwortete nicht.

Ich machte das, was ich für fünfundzwanzig Hampelmänner hielt. Während ich ungelenk auf- und abhüpfte, bemerkte ich, dass die anderen Besucher des Fitnessstudios auf mich aufmerksam wurden. Selbst meine Söhne schüttelten ihren Kopf und lachten, wenn sie in meine Richtung sahen.

„Geh wieder runter und gib mir noch mal zehn!", sagte Robert.

Außer Atem versuchte ich, auf Zeit zu spielen und fragte: „Meinst du dieses Mal Liegestütze oder Ausfallschritte oder etwas anderes?"

„Liegestütze", antwortete er.

Ich legte mich auf den Boden, aber diesmal war es noch anstrengender. Meine schwer in Mitleidenschaft gezogenen Arme zitterten, während sie meinen Bauch mehr oder weniger weit vom Boden hochstemmten.

Robert gab keinen Kommentar ab. „Noch fünfundzwanzig Hampelmänner."

Weil ich sie diesmal korrekt machen wollte, fragte ich wieder: „Müssen sich meine Hände über meinem Kopf berühren?" Meine Stimme klang überraschend gestresst.

„Das ist egal … fang einfach an", befahl er.

Nun, mir war es nicht egal! Und meinen Söhnen, die beschämt im Boden versinken wollten, während ihre Mutter vor der versammelten Mannschaft Hampelmänner machte, war es auch nicht egal.

Doch das war nur der Anfang meines Leidenswegs. Weiter ging es zum nächsten öffentlichen Bereich, wo auf einem Gerät das Beinheben trainiert werden sollte. Ich wusste, wie das ging. Ich erklomm das Gestell und wartete auf Anweisungen.

„Ich möchte fünfzehn Beinhebungen sehen."

Ich hob meine Knie bis auf Taillenhöhe und hielt mich noch für ausgezeichnet in Form.

„Nein, nicht so", befahl Robert. „Ich möchte, dass du deine Beine ausstreckst … und sie bis auf diese Höhe hebst." Er streckte seine Hand aus und deutete eine Höhe an, die über meiner Taille lag.

Ich schwang meine Beine, so hoch ich konnte, aber ich kam nicht an seine Hand heran.

„Höher", sagte er.

Sollte das ein Scherz sein? Fünfzehn? Ich brachte nicht einmal eine einzige zustande. Doch dann schaffte ich es, seine Hand ein paar Mal zu erreichen. Okay, vielleicht eher null Mal – aber ich glaube, er hat seine Hand auch nach oben bewegt!

Ich denke, dass als Nächstes die freien Gewichte kamen, aber ich erinnere mich nur mehr sehr verschwommen daran. Ich setzte mich auf die Bank, während Robert ein Paar freie Gewichte für mich aussuchte. Er kam mit einem Paar eineinhalb Kilo schweren

Gewichten zurück. Ich lächelte. Diesmal würde er staunen, wie stark ich war.

„Robert, ich verwende normalerweise sechs Kilo schwere Gewichte", erklärte ich.

„Lass uns die hier nur einmal ausprobieren", erwiderte Robert.

Ich nahm die Gewichte in meine verschwitzten, zitternden Hände.

„Hebe sie einmal für mich hoch."

Ich nickte wissend.

Ich hob sie mühelos.

„Nein, nicht so. So!", sagte er, während er meinen Arm ein wenig bewegte, um ihn in die richtige Position zu bringen.

„Ganz nach oben und wieder ganz nach unten."

Irgendetwas stimmte nicht. Ich konnte die Gewichte nicht mehr als ein paar Zentimeter bewegen. Wahrscheinlich lag es an den Liegestützen, dass meine Arme mir den Dienst versagten. Ich senkte meine Arme und versuchte es erneut, aber ich konnte die Gewichte immer noch nicht mehr als höchstens fünf Zentimeter anheben. Entsetzt schaute ich zu Robert, doch er machte sich gerade auf den Weg, um ein Paar leichtere Gewichte zu holen – die leichtesten, die das Fitnessstudio überhaupt besaß. Wie konnte das sein?

„Ehrlich, normalerweise hebe ich sechs Kilo schwere Gewichte … manchmal sogar sieben Kilo schwere", stotterte ich.

„Du hast sie falsch gehoben", schloss er.

Nach dieser leidvollen Erfahrung führte mich Robert zurück in sein Büro. Mein Atem ging stoßweise, meine Beine zitterten und meine Vorstellung, ich hätte Ähnlichkeit mit Sarah Connor, war restlos zerstört!

Ich hatte bei keinem einzigen Teil des Fitnesseinstufungstests gut abgeschnitten.

Feierlich begann Robert, eine neue Kundenkarte auszufüllen. Er fragte mich nach meinem Gewicht und trug die Zahlen ein. Er fragte nach Verletzungen und markierte die entsprechenden Stellen an einer gezeichneten Figur auf der Karte. Ich erklärte ihm, dass mir mein linkes Knie und meine linke Schulter Probleme bereiteten. Meine Verletzungen wurden notiert. Dann drückte er mir etwas in die Hand, das mir den Rest geben sollte. Es war ein kleines Gerät, das wie ein harmloser Nintendo-Controller aussah.

„Halte das mit beiden Händen vor deinem Körper“, wies mich Robert an. „Es wird einen elektrischen Strom durch deinen Körper schicken und seinen genauen Fettanteil anzeigen.“

Er drückte auf den Startknopf und nach einer kurzen Pause erschien eine Zahl auf dem LED-Bildschirm.

Ich war nicht ganz so überrascht, aber Robert erschrak, als er sah, wie hoch mein Fettanteil tatsächlich war.

„Vielleicht habe ich es nicht richtig gehalten“, warf ich ein.

Wir wiederholten den Vorgang und irgendwie lag der Fettanteil nun noch ein Prozent höher.

„Vielleicht ist es kaputt oder ich bin zu dehydriert.“

Ungefähr zu dieser Zeit spazierte Alec in das Büro.

„Kann ich es versuchen?“, fragte er.

Bumm! Sein Fettanteil betrug fitte 5,2 Prozent.

„Wie hoch war deiner, Mama?“

Ohne zu antworten, winkte ich ihn aus dem Büro heraus.

Robert schüttelte den Kopf und zog ein Blatt Papier hervor, auf dem zwei Bilder zu sehen waren. Sie sahen aus wie die Querschnitte von zwei Steaks. Eines war mager, das andere nicht. Ich entsprach dem zweiten.

„Du bist das, was wir liebevoll ‚skinny fat‘ nennen“, sagte er.

Ich war entsetzt und begann sofort, zu protestieren. Schließlich war ich eine sehr aktive, vielleicht sogar zu beschäftigte Frau. Ich würde nicht einfach in diesen Plastikstuhl hier sinken und mich als „Stubenhocker“ abstempeln lassen!

Robert nickte wissend: „Eben weil du aktiv und die ganze Zeit in Bewegung bist, nimmst du wahrscheinlich nicht genug Eiweiß zu dir, um deinem Körper die Energie zu liefern, die er braucht. Er verbrennt eher deine Muskelmasse, um an Energie zu kommen, als dein Fett."

Er bemerkte meine Bestürzung und fuhr fort: „Es ist, wie wenn du ein Steak isst. Was machst du? Du schneidest das Fett weg und isst dann das Fleisch. Dein Körper macht es genauso. Er isst das Fleisch, also deine Muskelmasse, und wenn du Muskelmasse abbaust, verlierst du an Kraft. Der einzige Weg, sie zurückzubekommen, ist Krafttraining, das deine Muskeln wieder aufbaut."

Um dem ganzen die Krone aufzusetzen, zeigte er mir ein paar Frauen, die eindeutig voluminöser waren als ich, und erklärte mir, dass mein Fettanteil wahrscheinlich höher war als ihrer, auch wenn jeder das Gegenteil annehmen würde. Er stellte auch fest, dass der größte Teil meines Körperfetts (und es kostet mich einiges, das zuzugeben!) nicht in meiner Körpermitte oder meinen Hüften gespeichert war, sondern in meinen Armen!

Es war traurig, aber der Teil meines Körpers, den ich für den am besten trainierten gehalten hatte, war in Wirklichkeit der schlaffste.

Jede Vorstellung davon, wie Sarah Connor und ich zusammen Klimmzüge machten, war gestorben. Nun musste ich eine echte Entscheidung treffen. Wollte ich weiter Muskelmasse verbrennen und mein zukünftiges Kraftpotenzial noch mehr beschneiden? War ich glücklich mit dem Etikett „schlank und schlaff" oder „unechter Muskeltyp", oder war ich bereit, wirklich stark zu werden? Mitten in dieser peinlichen Situation beschloss ich, alles zu tun, um stark zu werden! Für mich ging es nie darum, in Kleidern gut auszusehen. Das ist kein Problem, wenn man schlank und schlaff ist. Es ging mir vielmehr darum, Schwachstellen zu orten und gefährdete Körperzonen vor Kraft und Energie nur so strotzen zu lassen.

Ich musste nicht an Gewicht verlieren; ich musste an Kraft gewinnen.

Mir wurde bewusst, dass das Gewicht allein mir keinen Aufschluss über die Beschaffenheit meines Körpers gab. Woraus bestand ich? Wäre ich im Ernstfall stark genug, um mich zu bewähren? Ich war in der Lage, Kurzstrecken zu laufen, so lange es keine Steigung gab. Doch auf längeren Strecken oder bei höheren Schwierigkeitsgraden sackte ich in mich zusammen. Warum? Weil ich zu schwach war, eine zusätzliche Belastung auszuhalten.

Ich konnte nur leichte Gewichte in bestimmten Haltungen heben. Deshalb versagte ich, als Robert das Gewicht in eine andere Position rückte. Ich hatte keine Kraft, als er eine Muskelgruppe isolierte, die schwach und anfällig war, weil sie zu wenig beansprucht worden war.

Seitdem hat sich meine innere Einstellung so geändert, dass ich mich, während ich diese Zeilen schreibe, fast beherrschen muss, um nicht wieder sofort mit irgendeinem Training zu beginnen. Ich ging ins Fitnessstudio, um bestätigt zu bekommen, dass ich durchtrainiert war – nicht, um zu hören, dass ich schwach war. Was ich zu hören bekam, gefiel mir gar nicht. Aber wie schön ist es, die Wahrheit zu kennen und ihr zu erlauben, in mein Leben hineinzuwirken, damit ich meine Schwachstellen stärken kann! Jetzt gibt es etwas in mir, das meine Schwächen erkennen und dann herausfinden *will,* wie ich stark werden kann.

Ich werde meine Schwachstellen nicht alleine entdecken. Ich brauche eine Art Trainer. Das bedeutet, dass es ein bisschen etwas kosten und viele Schmerzen verursachen wird.

Ein unbesiegbares Volk

Nach diesem Erlebnis begann ich mich zu fragen, wie viele von uns schlank, aber schlaff sind – nicht körperlich, sondern geistlich. Wir sehen fit aus, aber wenn uns zu viel aufgeladen wird, können wir es nicht tragen. Wir kommen in der Ebene mit bequemer Schrittgeschwindigkeit voran. Aber das Leben ist kein Laufband, das wir kontrollieren können. Wir sind auf dem Weg mit Gott, und ich fühle, wie sich Steigung und Geschwindigkeit erhöhen.

Warum habe ich all das mit euch geteilt? Weil ich glaube, dass der Leib Christi kurz vor einer Ganzkörperstraffung steht und sich mit unbesiegbarer Kraft erheben wird. Doch das ist nicht allein meine Idee. Gott sagt:

Auf deine Füße, Tochter Zion! Lass die Spreu von dir dreschen und dich von Schlacke läutern. Ich mache aus dir ein unbesiegbares Volk.

Micha 4, 13 (*The Message*, aus dem Englischen übersetzt)

Beachte, dass Gott nicht „unsichtbar" sagte. Er sagte „unbesiegbar". Die Gegenwart seiner Töchter soll eine Macht auf dieser Erde sein. Wann hast du dich zum letzten Mal unbesiegbar gefühlt? Vielleicht ist das schon sehr, sehr lange her, als du als kleines Mädchen herumliefst und spieltest. Du bist nicht dazu geschaffen, dich im Dunkeln zu verstecken und auf einen Ausweg zu hoffen. Du bist dazu geschaffen, Licht und Hoffnung zu bringen. Du bist geschaffen als unschlagbare, uneinnehmbare und unerschütterliche Tochter Zions. Gerade jetzt höre ich: „Erhebe dich, Tochter, stelle dich wieder auf deine Füße! Gott möchte, dass du ihm gehörst – und dass du unbesiegbar bist."

Meistens entwickeln wir geistliche Stärke in Zeiten des Dreschens und Läuterns. Micha 4 hilft uns zu verstehen, wie dieses Gewichthebetraining aussehen könnte:

Gott wird euch wieder neues Leben geben. Er wird euch vor euren Feinden erretten. Doch jetzt gerade rotten sie sich gegen euch zusammen, viele gottlose Menschen, die sagen: „Tritt sie, wenn sie am Boden liegt! Tu ihr Gewalt an! Wir wollen Zion im Staub kriechen sehen." Diese Gotteslästerer haben keine Ahnung, was Gott dabei denkt und wirkt. Sie wissen nicht, dass dies Gott ist, der sein Volk bereitet, dass es wie Weizen gedroschen, wie Gold geläutert wird.

Micha 4, 10–12 (*The Message*, aus dem Englischen übersetzt)

Ich liebe die Verheißung in dieser Schriftstelle. Wenn du am Boden liegst, wenn es scheint, als würden deine Feinde dich umzingeln, um dir den Todesstoß zu versetzen, ist Gott am Wirken und läutert dich wie Gold. Gott benutzt Bedrängnis als Katalysator, um sein Volk zu reinigen, zu veredeln und zukunftsfähig zu machen.

Manchmal, wenn die Medien oder einzelne Personen Christen kritisieren, ist in ihrer Kritik ein Körnchen Wahrheit enthalten.

Wir sollten dieser Kritik mit Demut begegnen, sie prüfen und diese Wahrheit herausfiltern. Wenn jemand sagt, dass wir hart, verurteilend oder lieblos sind, sollten wir uns im Licht des Wortes Gottes betrachten, anstatt diese Einschätzung gänzlich zurückzuweisen. Wir sollten uns prüfen und uns, falls notwendig, entschuldigen.

Dann gibt es da noch die unverschämten Anschuldigungen von unserem Feind, dem Teufel. Manchmal sind seine Attacken komplette Lügen, zum Beispiel wenn unser Herr dadurch gelästert wird. Manchmal sind seine Attacken auch einfach nur böse, zum Beispiel, wenn Gottes Kinder vor die Wahl gestellt werden, ihren Herrn zu verleugnen oder zu sterben (man denke hier nur an die Inquisition). Im Falle solcher Angriffe geht es nicht mehr darum, irgendetwas auszuhandeln. Wir müssen sie überwinden, indem wir kühn die Wahrheit und die Treue Gottes verkünden. Im Buch der Offenbarung sehen wir das beschrieben:

> *Sie überwanden ihn durch das Blut des Lammes und das kühne Wort ihres Zeugnisses. Sie liebten nicht zuerst sich selbst; sie waren bereit, für Christus zu sterben.*
>
> Offenbarung 12, 11 *(The Message,* aus dem Englischen übersetzt)

Als ich Micha 4, 13 las, war mir, als hörte ich Gott schreien: „Genug! Du hast gedacht, du hättest mein Volk zerstört, aber das hast du nicht. Stattdessen hast du es vorbereitet!" Israel ist unser Beispiel. Als die Israeliten von Gottes Wegen abirrten, wurden ihre Feinde stark und erhoben sich gegen sie. Diese Bedrängnis sorgte für einen Läuterungsprozess in ihrem Leben. In dem Moment, in dem die Feinde dachten, sie hätten gewonnen, ließ Gott alle erkennen, dass er selbst an seinem Volk gewirkt und es siegreich gemacht hatte.

Betrogen durch Geschäftigkeit

Wie sollen wir nun unser Krafttraining beginnen? Wir beginnen mit einer ehrlichen Einschätzung unseres allgemeinen und individuellen geistlichen Zustands. Der Ausdruck „schlank und schlaff" scheint fast noch nett im Vergleich zu den Worten unseres Trainers, Jesus. Hast du seine Einschätzungen im Buch der Offenbarung gelesen? Nur zwei der sieben Gemeinden schnitten positiv ab, als er ihre Stärke einem strengen Test unterzog. Hier sind zwei der Beurteilungen der Gemeinden, die nicht bestanden hatten:

> *Ich sehe durch dein Werk hindurch. Man sagt, dass du schwungvoll und dynamisch bist, aber du bist tot, absolut tot.* ***Steh auf! Atme tief durch! Vielleicht ist da noch Leben in dir, aber ich kann es nicht erkennen, wenn ich auf deine Geschäftigkeit schaue; nichts von dem, was Gott wirken will, ist vollbracht. Dein Zustand ist hoffnungslos.*** *Denke an die Gabe, die du einmal in deinen Händen gehalten hast, die Botschaft, die du mit deinen Ohren gehört hast – ergreife sie wieder und kehre um zu Gott.*
>
> Offenbarung 3, 1–3 *(The Message,* aus dem Englischen übersetzt)

So wie all meine körperliche Aktivität meine Muskelkraft eher abals aufbaute, so baut geistliche Geschäftigkeit nicht unsere geistliche Kraft auf. Sie laugt uns aus und lenkt uns von Gottes Werk ab. Wieder zeichnet Jesus ein Bild des Zustandes der Gemeinde:

> ***Ich kenne euch von innen und von außen, und es gibt nur wenig, das mir gefällt.*** *Du bist nicht kalt, du bist nicht heiß – es ist viel besser, entweder heiß oder kalt zu sein! Du bist lau. Du bist träge. Wenn ich das sehe, möchte ich mich übergeben. Du brüstest dich: „Ich bin reich, ich habe es geschafft, ich brauche nichts und niemanden." Dabei vergisst du, dass du in Wahrheit ein bedauernswerter, blinder Bettler in verschlissenen Kleidern und heimatlos bist.*
>
> Offenbarung 3, 15–17 *(The Message,* aus dem Englischen übersetzt)

Was soll das heißen? Gott nennt Menschen, die in Häusern leben, heimatlos und reiche Leute lau und träge? Beide Gruppen sahen sich selbst auf eine gewisse Art, doch Jesus schockierte sie mit einer Offenbarung über ihren wahren Zustand. Warum sollte unser guter Hirte so … nun, so hart sein? Er beantwortet diese Frage selbst:

> *Die Menschen, die ich liebe, ziehe ich zur Rechenschaft – ich stoße sie an, korrigiere und leite sie, damit das Beste in ihnen zum Vorschein kommt. Steh also auf! Mache eine Kehrtwendung! Jage Gott nach!*
>
> Offenbarung 3, 19 *(The Message,* aus dem Englischen übersetzt)

Gott spricht ehrlich über unseren geistlichen Zustand, weil er uns liebt. Er trainiert uns, damit wir auf die bestmögliche Art leben können. Jesus ist bereit, uns mit einem heilsamen Schock wachzurütteln, damit er uns verändern kann. Wir sollten auf diese Ermahnung weder mit Scham noch mit Schuld- oder Verdammnisgefühlen reagieren. Stattdessen wollen wir zusehen, dass wir wieder auf die Beine kommen, uns umdrehen und so gut wir können hinter Gott herlaufen.

Die Last ausgleichen

Wie ich bereits erwähnt habe, machten mir meine linke Schulter und mein linkes Knie Probleme. Bei meinem Einstufungstest erfuhr ich, warum. Sie spielten verrückt, weil ich jedes Mal, wenn ich auf Reisen ging, mein Gepäck fast ausschließlich auf der linken Seite trug. Meine Schulter und mein Knie konnten heilen, weil sie Ruhe bekamen; meine linke Seite wurde stärker, weil sie Training bekam. Indem ich beide Seiten meines Körpers benutzte, um meine Taschen und den Computer zu tragen, brachte ich meinen Körper wieder ins Gleichgewicht. Wie viele von uns sind geistlich angeschlagen, weil wir Gepäck schleppen oder immer nur eine Seite unseres Körpers benutzen, um die Last zu tragen? Dieses Beispiel zeigt nicht nur, dass es Männer und Frauen oder beide Seiten des Leibes Christi braucht, um die Last zu schultern. Es zeigt auch, dass wir als Einzelpersonen uns als Ganzes stärken sollten – unseren Geist, Verstand und Körper. Es ist Zeit, nicht länger auf alte Verletzungen zu achten, sondern mit Gott vorwärtszugehen.

In Psalm 144 zeichnet Gott ein wunderschönes Bild davon, wie es aussieht, wenn seine Söhne und Töchter – geistlich gesehen – ein Gewicht gemeinsam stemmen, eine Last gemeinsam tragen.

> *Unsere Söhne seien wie Pflanzen, die aufschießen in ihrer Jugendkraft – unsere Töchter wie Säulen, geschnitzt für Paläste.*
>
> Psalm 144, 12 *(Luther)*

Die *Neues-Leben*-Übersetzung sagt: „Unsere Söhne sollen *in ihrer Jugend* wie wohlgenährte Pflanzen *gedeihen.*“ Denke einmal darüber nach: eine Generation von Söhnen, die gedeihen. Das bedeutet, dass sie wachsen, aufblühen, erfolgreich sind und die Güte Gottes richtiggehend zur Schau stellen – und das schon in jungen Jahren. Was für ein Gegensatz zu dem, was wir zu erwarten geschult sind: Junge Männer in ihren Zwanzigern oder noch davor, die den Elan und die Kraft ihrer Jugend vergeuden.

Töchter werden hier als Säulen beschrieben. Ich habe nachgeschaut, wie „Säule" definiert ist. Es geht dabei sowohl um das *Stützen* als auch um die *Basis,* die etwas bildet.

Ich glaube, dass Gott in dieser Schriftstelle ein architektonisches Bild seines Hauses zeichnet. Sind wir Frauen bereit, uns für mehr gebrauchen zu lassen als für die Dekoration? Sind wir bereit, das Dach des Hauses Gottes hochzuhalten?

Das bringt uns zurück zu unserem Thema: Kraft und das Training, das man braucht, um sie zu erlangen.

> ***Laufe, um zu gewinnen. Alle guten Athleten trainieren hart.*** *Sie tun es für eine Goldmedaille, die matt und trübe wird. Du tust es für eine, die ihren Glanz für immer behält. Ich weiß nicht, wie es bei dir ist, aber ich laufe so schnell ich kann auf die Ziellinie zu. Ich gebe alles, was ich habe. Für mich gibt es kein unordentliches Leben! Ich bleibe wachsam und in Topkondition. Man wird mich nicht beim Mittagsschlaf erwischen. Ich werde nicht anderen das alles predigen und mich dann selbst nicht daran halten.*
>
> 1. Korinther 9, 24–27 *(The Message,* aus dem Englischen übersetzt)

Frühere Begrenzungen zurücklassen

Ich war niemals eine gute Athletin. In der Highschool war ich im Schwimmteam, weil ich eine Vorliebe für Wasser, Lasagne und Übernachtungspartys hatte, aber ich schwamm nie, um zu gewinnen. Ich schwamm nur, um die Ziellinie zu erreichen. Mit dem dritten oder vierten Platz war ich vollkommen zufrieden. Ich wollte nur nicht Letzte werden. Ich hasste Schwimmveranstaltungen so sehr, dass mir vor jedem Wettkampf schlecht wurde. Um mich zu beruhigen, sagte ich mir immer: „Du schwimmst jetzt einfach eine

Minute lang richtig schnell. Dann ist es vorbei und du kannst zurück zu deinen Freunden."

Leider wurde mir nie bewusst, dass mein Team mich brauchte. Ich dachte nur an mich selbst – meine Ängste und meinen Mangel an Antrieb. Weil ich nie an meine Teamkameraden dachte, gab ich mir auch nie übermäßig viel Mühe. Ich erwartete niemals, zu gewinnen – also gewann ich auch nie. Ich war nicht gerade eine Bereicherung für mein Team. Ich war eine Belastung. Wenn ich heute zurückblicke, glaube ich, dass ich mehr Angst vor dem Gewinnen hatte als vor dem Verlieren. Ein hervorragendes Ergebnis hätte bedeutet, dass ich weitere hervorragende Ergebnisse hätte liefern müssen. Ich war aber nicht bereit, den Preis dafür zu bezahlen. Ich fürchtete mich auch vor dem Schmerz, den es bedeutet hätte, alles zu geben und nicht gut genug zu sein. Deshalb gab ich 70 bis 80 Prozent, aber nicht mehr. Ich weiß nicht, warum ich damals diese Entscheidungen traf, aber ich weiß jetzt, dass Gleichgültigkeit – insbesondere geistliche Gleichgültigkeit – für mich nicht länger akzeptabel ist. Als ich mir der Tatsache bewusst wurde, dass es in meinem Leben um mehr ging als nur um mich selbst, begann ich, gegen all meine früheren Begrenzungen anzukämpfen.

Um dich als Löwin zu erheben, musst du dasselbe tun. Vielleicht schlagen deine ersten Versuche, Stärke zu entwickeln, fehl. Doch auch das gehört zum Lernprozess. Ich weiß von niemandem, der jemals auf Anhieb eine Meisterleistung vollbracht hätte.

In 2. Petrus 3, 1+7 heißt es:

> *Bleibt aufmerksam und lasst euch von nichts ablenken … Gott ist bereit, sein Wort erneut zu sprechen, er ist bereit, das Signal zu geben.*
> (*The Message,* aus dem Englischen übersetzt)

Beachte, dass *du* dafür verantwortlich bist, aufmerksam zu bleiben. An jedem einzelnen Tag hast du die Macht, zu entscheiden, ob du aufmerksam und auf dein Ziel ausgerichtet oder abgestumpft und abgelenkt sein willst. Es ist Zeit für höchste Alarmbereitschaft, weil unser Gott bereit ist. Er ist in der Position, das, was in dieser Welt schiefläuft, in Ordnung zu bringen. Er hat sämtliche Vorkehrungen getroffen und ist bereit und siegessicher. Wirst du, wie die Löwin, stark, beweglich und sprungbereit sein, wenn Gott das Signal gibt?

Erlaube dem Heiligen Geist, deine Stärke im Licht des Wortes Gottes einzuschätzen. Nutze jede Bedrängnis als Trainingseinheit und sei dir bewusst, dass du aus ihr unbesiegt hervorgehen kannst. Erlaube dem Gewicht des Wortes Gottes und der Arbeit und dem Training des Heiligen Geistes, die Schwachen oder verletzten Stellen in deinem Leben zu heilen und stark zu machen. Richte dein Augenmerk nicht mehr darauf, wie du in deinen Kleidern aussiehst, sondern darauf, wer du im Geist bist. Fürchte dich vor allem nicht vor deiner Stärke. Sei wie die Löwin und ehre Gott damit. Denke daran: Wenn sich die ganze Erde ängstigt und sich fragt, was vor sich geht, ruft der Gott des Himmels und der Erde, der Schöpfer aller Dinge, nach dir, damit du durch dein Leben seine Ehrfurcht gebietenden Wunder sichtbar machst.

Glaubst du das? Was ist an dir, das Wunder anzieht? Kannst du mit deinem Herzen „hören"? Weißt du, wie man strategisch vorgeht? Bist du geschickt oder kreativ? Bist du Mutter oder Lehrerin? Kannst du ein Seminar oder ein Familientreffen planen? Kannst du aus einem unordentlichen, überladenen Zimmer einen wunderschönen Raum machen? Oder bist du eine Seite, die darauf wartet, geschrieben zu werden?

Wir werden niemals wahre Erfüllung finden, wenn wir nicht erkennen, dass wir geschaffen sind, um vielen anderen Stärke zu geben. Liebe Löwenschwester, wir brauchen deine furchtlose Stärke. Sie ist tatsächlich wunderbar und schön.

5

DER ZWECK DER STÄRKE IST DER DIENST

Jeder Einzelne von uns muss danach trachten, den Leuten in seiner Umgebung Gutes zu tun. Wir müssen uns fragen: „Wie kann ich helfen?"

*Römer 15, 2 (**The Message**, aus dem Englischen übersetzt)*

In der Welt der Löwin gibt es eine leidenschaftliche Gelassenheit, die wir nur selten zu sehen bekommen – außer in freier Wildbahn. Ich wurde daran erinnert, als ich diesen Dokumentarfilm über die Auswilderung von Raubkatzen in einer bestimmten Region Südafrikas sah. Zu Beginn des Berichts erzählte der Kommentator in groben Zügen die Geschichte zweier Gruppen von Löwen, die in einem Reservat ausgewildert wurden. Die erste Gruppe bestand aus zwei jungen Löwinnen und einem jungen Löwen.

Die drei Löwen hatten in einem kleinen, abgeschlossenen Bereich gelebt, der dann vorübergehend an ein weitläufiges Gebiet angegliedert wurde. Dieses Gebiet umgab ein elektrischer Zaun, der das ganze Reservat umschloss. Die Wärter hatten einen Teil des Zauns zurückgerollt, wodurch die Löwen Zugang zu einem riesigen, fremden und unerforschten Stück Land bekamen. Von der plötzlichen Freiheit eingeschüchtert, war sich das Löwentrio nicht so ganz sicher, wie es reagieren sollte.

Die Wärter hatten diese Reaktion erwartet und eine Strategie entwickelt, mit der sie die jungen Löwen motivieren wollten, sich in das neu geöffnete Territorium zu wagen. Sie beschlossen, die Löwen einige Tage lang nicht zu füttern. Ihr Appetit sollte sie dann aus ihrer Beengtheit in ihr neues Zuhause locken, das die Option auf frisch Erlegtes bot.

Interessiert sah ich zu, wie die Wildhüter den Kadaver einer großen Antilope von der Ladefläche ihres Lasters luden und ihn außerhalb des kleinen Bereiches, aber praktisch mitten im neuen Zuhause der Löwen ablegten. Die Löwen sahen aufmerksam zu und hoben die Köpfe, als sie die Antilope witterten.

Die jungen Löwen waren zwar hungrig, reagierten aber trotzdem vorsichtig. Der männliche Löwe war nicht bereit, seinen sicheren Platz im afrikanischen Unterholz zu verlassen. Er sah zu, wie die zwei Löwinnen sich der Öffnung im Zaun näherten und sich ihre Wege kreuzten, während sie misstrauisch ein paar Schritte nach vorne und dann wieder zurück machten. Es schien, als würden sie versuchen, die Grenze, an der der elektrische Zaun verlaufen war, wiederherzustellen. Gemeinsam schnupperten sie in der Luft und am Boden und zogen sich dann hinter einen Abschnitt des Zaunes zurück – um bald darauf wieder zurückzukehren und vor der Öffnung zu verharren. Es schien, als würden sie versuchen herauszufinden, was passiert war. Warum war da plötzlich diese offene Stelle direkt vor ihnen? War das eine List?

Schließlich wagte eine der Löwinnen den Schritt. Ihr Hunger siegte über ihre Unentschlossenheit. Mutig überschritt sie die Grenze und näherte sich der toten Antilope. Auf halbem Wege schaute sie zurück zu ihrer Schwester, als ob sie sie einladen wollte, ihr auf der anderen Seite des Zaunes Gesellschaft zu leisten. Die zweite Löwin blieb noch einen Moment lang unbeweglich an der Schwelle stehen, dann folgte sie ihrer Schwester. Gemeinsam umkreisten die beiden die Antilope und beschnüffelten sie, um sich zu vergewissern, dass alles in Ordnung war. Der Löwe jedoch blieb, wo er war. Er beobachtete, wie die Löwinnen vorsichtig zu fressen begannen. Das Beutetier war in Ordnung, das Fleisch war frisch, doch anstatt sich in ihr Festmahl zu vertiefen, taten die Löwinnen etwas

Merkwürdiges. Sie packten die Antilope am Genick und an einem Bein und schleppten den Kadaver gemeinsam in den abgegrenzten kleinen Bereich, damit auch der Löwe seinen Anteil an der gemeinsamen Mahlzeit bekam. Was sie taten, ließ mich aufmerken. Ich war beeindruckt, weil sie den zögerlichen Löwen in ihre Mitte nahmen. Es begeisterte mich, dass sie ihr Festmahl nicht ohne ihn abhalten wollten.

Es ist schön, wenn Frauen wissen, wie man so etwas macht.

Den Zögernden helfen

Sind wir bereit, vom guten Vorbild unserer Löwenschwestern zu lernen? Werden wir unser Handeln, die Art, wie wir mit anderen umgehen, und unsere Reaktionen davon inspirieren lassen? Werden wir die Frauen sein, die weder Zeit noch Mühe scheuen, um das Gute, das sie in den Bereichen finden, die Gott seinen Töchtern eröffnet, zurückzubringen?

Ja, ich weiß, dass man langsamer wird, wenn man sich umdreht oder auf andere wartet – aber nur vorübergehend. Wenn wir uns anderen gegenüber aus freien Stücken gütig, großzügig und weise verhalten, wird uns das am Ende immer den Sieg bringen. Immer wenn Gott beginnt, seinem Volk neues Leben und Freiheit einzuhauchen, werden einige von uns das mit Freude und froher Erwartung erleben. Andere werden zögern und abwarten, was passiert. Und wieder andere werden es ablehnen.

Es ist meine Hoffnung und mein Gebet, dass alle Töchter Gottes sich erheben und in die Freiheit und die Bestimmung eintreten, die Gott uns vorlegt. Und dass die, die stärker, freier oder fester in der Wahrheit gegründet sind, sich umdrehen und alle ermutigen, die noch an der Schwelle stehen.

Ich bin begeistert davon, wie Römer 15 es ausdrückt.

> *Wer von uns stark ist und im Glauben fest steht, muss für die eintreten, die zögern, anstatt einfach nur zu tun, was für sich selbst am bequemsten ist.* ***Stärke ist uns zum Dienen gegeben, nicht, um unser Ansehen zu steigern.***
>
> Römer 15, 1–2 (*The Message*, aus dem Englischen übersetzt)

Wer stark und fähig ist, soll für die anderen eintreten, denen helfen, die zögern, und die unterstützen, die stehen bleiben, zögern, schwanken oder ihre Entschlossenheit verlieren. Ich liebe es, diese Dynamik in Aktion zu sehen. Es gibt viele jüngere und auch ältere Frauen, die fühlen, dass da etwas Größeres in ihnen steckt. Sie wollen vorwärtsgehen und in den Raum eindringen, der sie jetzt umgibt. Sie stehen an der Schwelle, schauen auf das Große, in das Gott sie hineinruft, und doch zögern sie.

Kürzlich kam nach einem Vortrag ein ernsthaftes junges Mädchen auf mich zu. Der Traum, den Gott in sie hineingelegt hatte, war so groß, dass unser beiläufiges Treffen ihr nicht genug Zeit und Raum gab, all das zu sagen, was sie mir mitzuteilen versuchte. Also ging sie nach Hause und schrieb mit großer Sorgfalt eine E-Mail von epischen Ausmaßen, in der sie all ihre Gefühle zum Ausdruck brachte, und schickte sie mir. Hinterher war es ihr peinlich, aber das musste es nicht sein. Als ich ihre Worte las, verstand ich ihre Angst. Ich war sprachlos, weil viele ihrer Worte meine eigenen Gefühle widerspiegelten, die aufkamen, als ich ähnliche Übergangszeiten durchmachte. Und das sagte ich ihr auch.

Oft reicht es uns schon, zu wissen, dass andere den Weg schon vor uns gegangen und sicher ans Ziel gekommen sind. Manchmal brauchen die Zögernden nur einen Blick von einer Schwester, die bereits gut angekommen ist. Dieser Blick zurück reicht aus, um zu vermitteln: „Hey, Schwester! Ich bin hier draußen und es ist nicht nur alles in Ordnung … es ist alles wirklich gut!“

Die Last der Religion abnehmen

Andere Frauen zögern, weil sie ins Wanken geraten. Obwohl immer mehr Frauen die Freiheit entdecken, die Gott ihnen zugedacht hat, stolpern manche immer noch unter der Last der Religion. Erst im letzten Jahrzehnt hat man Frauen dazu eingeladen, vor gemischten Versammlungen von Männern und Frauen zu sprechen. Viele Frauen und viele Gemeinden haben immer noch Schwierigkeiten damit, diese Freiheit zu akzeptieren. Ich war eine davon.

Ich hatte keine Angst, vor Gottes Töchtern zu sprechen, aber sobald sich ein paar Männer dazugesellten, begann ich, zu schwitzen – im wahrsten Sinn des Wortes. Nervös und voller Angst, einen Fehler zu machen, stand ich mir ständig selbst im Weg. Dann kam der Tag, an dem mich der Pastor, der mich eingeladen hatte, und eine meiner furchtlosen Freundinnen baten, damit aufzuhören. „Warum benimmst du dich vor Männern nicht genauso wie vor Frauen?“, forderten sie mich heraus.

Wahrheitsgemäß antwortete ich: „Ich weiß es wirklich nicht …“

„Nun, kannst du dich ein bisschen beeilen und dir darüber klar werden? Wir brauchen dich, und deshalb ist es uns wichtig, dass du damit aufhörst, so zögerlich zu sein!“

Ihre Worte trafen mich. Ich glaube, dass eine Gemeinde die Stimmen beider Geschlechter braucht, um gesund bleiben zu können. Meine Zögerlichkeit arbeitete tatsächlich unbewusst gegen diesen Glauben. Ich erhob meine Stimme nicht in Kraft. Vor Männern hatte ich fast immer das Gefühl, mich rechtfertigen zu müssen – nicht wegen der Bibelstellen, sondern wegen meines Geschlechts. Sobald man mir mein Zögern vor Augen geführt hatte, begann ich, daran zu arbeiten.

Ich spreche immer noch lieber vor Frauen, aber ich entschuldige mich nicht mehr, wenn man mich bittet, vor Männern zu reden. Meiner Erfahrung nach ist es so: Wenn ein Mann dich bittet, zu sprechen, möchte er, dass du dein Bestes gibst. Du weißt, dass du unter wahren Freunden bist, wenn sie dir Auftrieb geben, dich ermutigen, korrigieren und dich dann anfeuern. Leider ist viel zu oft das Gegenteil der Fall.

> *Anstatt euch das Gesetz Gottes als Essen und Trinken zu geben, mit dem ihr Gottes Festessen abhalten könnt, verpacken sie es in Bündeln von Regeln, mit denen sie euch wie die Lastesel beladen. Sie scheinen sich zu freuen, wenn sie euch unter diesen Lasten wanken sehen, und denken nicht einmal daran, auch nur einen Finger zu rühren, um euch zu helfen.*
>
> Matthäus 23, 4 (*The Message*, aus dem Englischen übersetzt)

Die religiösen Leiter zur Zeit Jesu genossen es, zu sehen, dass sich andere mit Regeln abmühten. Warum, denkst du, empfanden sie so? Ich denke, dass sie sich überlegen fühlten, wenn sie sahen, wie sich andere unter den Gesetzen abmühten, die sie erlassen hatten. Sie waren dann zufrieden mit sich selbst und fühlten sich Gott irgendwie näher.

Die oben genannte Schriftstelle verdeutlicht einen wichtigen Punkt. Das Gesetz Gottes sollte ein Bankett sein, keine Last. Nahrung gibt Kraft, Mühe erschöpft. Wir sind dazu berufen, Gott zu repräsentieren, und das, was er tut, und das, was er uns anbietet, als ein Festessen darzustellen, zu dem jeder eingeladen ist. Wir sollen anderen aus der Fülle der Güte Gottes dienen. Das wird manchmal bedeuten, dass wir uns von dem religiösen Ballast befreien müssen, der Gottes Söhnen und Töchtern aufgeladen wurde.

Vielleicht denkst du: „Du meinst, ich kann einen leitenden Dienst im Reich Gottes haben, obwohl ich alleinstehend bin?“ Ja! Lass uns diesen Ballast abwerfen, der sagt, dass man verheiratet sein muss, um im Leib Christi einen leitenden Dienst haben zu können. Paulus war nicht verheiratet. Lass uns mit der Lüge aufräumen, die sagt, dass man Frauen zwar mit Kindern arbeiten lassen kann, aber nicht mit Erwachsenen. (Sollte es uns nicht wichtiger sein, wer mit unseren Kindern arbeitet?) Können wir endlich auch mit dem Unsinn Schluss machen, der besagt, dass wir perfekt zu sein haben, bevor wir Gottes Verheißungen im Glauben aussprechen können? Niemand ist perfekt und unserer Umgebung wird schlecht davon, wenn wir vortäuschen, es zu sein. Keine Fassaden mehr. Lasst uns unsere Fehler zugeben, aus ihnen lernen, vorwärtsgehen und so Jesus erheben.

Sind wir bereit, unsere Freiheit dazu einzusetzen, die Last von denen zu nehmen, denen die Religion sie zu Unrecht aufgebürdet hat? Immer wenn Gott uns dazu beruft, etwas Neues zu tun – Neuland zu betreten, in unbekanntes Gelände vorzudringen –, neigen wir dazu, ordentlich ins Stolpern zu geraten. Die Gemeinde hat in den letzten zehn Jahren viele Fortschritte gemacht. Das ist großartig, aber noch nicht alle haben damit Schritt gehalten. Doch Gott ist an der Arbeit, öffnet vormals verschlossene Türen und schenkt den Hunger in den Herzen der Menschen, damit sie ihre Ängste überwinden.

Neulich erhielt ich ein E-Mail von einer Frau, die mich vor drei oder vier Jahren lehren gehört hatte, dass hingegebene, gesalbte Frauen eine Stimme im Hause Gottes haben können und sollen. Dieser Gedanke ließ bei ihr anfangs die Alarmglocken läuten, denn es widersprach allem, was sie bis dahin gehört hatte. Sie verließ die Versammlung verwirrt und besorgt über das, was ich gesagt hatte. Die Zeit verging. Als sie in ihrer Bibel las und betete, begann Gott, ihr meine Lehre zu bestätigen und ihr dieselbe Türe aufzutun. An diesem Punkt wurde ihr klar, dass der Konflikt, den sie in ihrem Inneren spürte, als sie mich sprechen hörte, von Gott war. Ihr Unbehagen war das Ergebnis davon, dass Gott zu ihr über dieses Thema sprach. Die Worte, die ich Jahre zuvor gesagt hatte, waren im Leben dieser Frau zu Samen geworden, die erst jetzt zu einer Ernte heranwuchsen.

Wir haben den Auftrag, die Wahrheit in Liebe zu sagen und so zu leben, dass andere dazu engeladen werden, den Weg mit uns zu gehen. Wir sollen die Schwachen und Hungrigen nicht hinter uns zurücklassen.

Hesekiel 19, 2 wirft die Frage auf: „Was ist deine Mutter? Eine Löwin unter Löwen!“ *(Neues Leben).*

Als ich diese Stelle zum ersten Mal las, dachte ich: „Was bedeutet das?“ Um mehr darüber zu erfahren, betrachtete ich den Kontext von Hesekiel 19. Er zeichnet das Bild einer Löwin, die zwei Junge zu starken, mächtigen Löwen heranzieht. Ich dachte: „Ich möchte lernen, eine Löwin unter Löwen zu sein!“ Wer möchte nicht eine Frau sein, deren Leben und Entscheidungen die Kraft haben, starke Töchter und Söhne aufzuziehen? Ich fühle mich geehrt, von so vielen Frauen in ihrer Welt willkommen geheißen zu werden, aber ich möchte auch für die Männer in meinem Leben eine Bereicherung sein. Ich möchte *allen* aufhelfen, die ängstlich und schwach sind oder sich abmühen. Und weißt du was? Du möchtest das auch. Gott hat das Verlangen, andere aufzurichten, in seine Töchter hineingewoben.

Hoffnung für die Hoffnungslosen

Wenn man den Zögernden helfen will, bedeutet das manchmal einfach nur, ihnen Hoffnung zu geben. Kürzlich reiste ich mit *Life Outreach* nach Kambodscha. Ich streifte nachts durch die Straßen und redete mit Mädchen, die in die Fänge der Prostitution geraten waren. Immer wenn ich mich diesen Mädchen auf ihren nächtlichen Touren näherte, reagierten sie misstrauisch und fast spöttisch auf mich. Dieses Verachtung ausdrückende Verhaltensmuster zeigten sie immer, egal ob ich an ein einzelnes Mädchen oder an eine ganze Gruppe herantrat. Sie beantworteten meine Fragen so kurz wie möglich und grinsten sich gegenseitig an. Ich bin mir sicher, dass sie sich fragten, warum eine weiße Amerikanerin mittleren Alters sie ansprach. Aber im weiteren Verlauf des Gesprächs fragte ich sie dann nach ihren Träumen.

„Was wünschst du dir für dein Leben? Wenn du alles tun oder sein könntest, wie würde das aussehen?"

Ohne Ausnahme habe ich gesehen, wie die Einladung, zu träumen und zu hoffen, dass ihr Leben mehr bedeuten könnte, ihre Gesichter veränderte. Inmitten eines Albtraums, bat sie da tatsächlich jemand, zu träumen? Plötzlich kamen die Antworten so schnell, wie sie meine Dolmetscherin gerade noch übersetzen konnte.

„Ich möchte eine Friseurin sein!"

„Ich möchte ein eigenes Restaurant haben."

„Ich möchte meinen eigenen Stand am Marktplatz haben und schöne Sachen verkaufen."

„Ich möchte irgendetwas arbeiten, wofür mich die Leute nicht verachten."

„Ich möchte genug Geld verdienen, damit ich meiner Familie etwas nach Hause schicken kann."

Die Mädchen konnten gar nicht mehr aufhören, zu reden. Sie legten ihre verführerischen Posen ab und schauten für ein paar kurze Minuten wie die jungen Teenager aus, die sie waren.

Diese Mädchen wussten, was sie wollten, wenn ihr Käfig nur eine offene Tür gehabt hätte! Wo immer es möglich war, boten wir ihnen an, ihnen bei der Flucht aus ihrem Gefängnis zu helfen, und einige wenige nahmen unser Angebot an. Doch nur diejenigen, die ihre Scham hinter sich ließen, waren in der Lage, vorwärtszugehen. Schuld und Scham hielten viele dieser Mädchen genauso gefangen wie ihre Zuhälter.

In hoffnungslosen Situationen wie diesen ist es nicht genug, zu träumen und zu wissen, was man will. In vielen Fällen wird sich jemand, der derart in der Falle sitzt und am Boden liegt, in seinem Gefängnis verstecken, auch wenn die Tür weit aufgerissen wird. Deshalb boten wir diesen Mädchen nicht nur an, ihnen auf ihrem Weg aus der Prostitution behilflich zu sein, wir brachten auch Gottes Güte in ihr Gefängnis. Wir stellten ihnen Jesus vor. Wir sagten ihnen, dass er auf ihrer Seite stehe und dass er allein die ultimative Hoffnung der Hoffnungslosen sei.

Ob sie ihn in ihre Herzen einladen wollten, war ihre Entscheidung. Du und ich, wir können andere begleiten und sie ermutigen, vorwärtszugehen, aber die letztendliche Entscheidung liegt zwangsläufig bei ihnen.

Eine Löwenweisheit

Lass uns für einen Moment zu den Löwinnen in dem Dokumentarfilm, den ich am Beginn dieses Kapitels erwähnt habe, zurückkehren Warum brachten sie dem Löwen den Kadaver zum Fressen? Sie hätten sicherlich andere Möglichkeiten gehabt. Es war umständlich, die große Antilope in das Gehege zurückzuschleifen, damit der Löwe sich an ihrem Festessen beteiligen konnte. Es wäre viel bequemer für sie gewesen, sich satt zu fressen und dem Löwen die Reste zu überlassen, wenn er sich dazu entschlossen hätte, von selbst herauszukommen. Sie hätten sich auch satt fressen und ihm dann die Überreste bringen können. Es wäre sehr viel einfacher gewesen, nur einen Teil der Antilope zu schleppen als den ganzen Kadaver. Ihr Verhalten scheint das Gegenteil von dem zu sein, was wir angesichts des Gesetzes des Dschungels erwartet hätten. Wenn das Tierreich auf Überleben ausgerichtet ist, warum waren diese Löwinnen dann so großzügig? Schließlich bedeutete es weniger Futter für sie, wenn sie es mit einem hungrigen Löwen teilten.

Vielleicht wussten diese Löwinnen etwas, das wir vergessen haben. Obwohl sie jung und unreif waren, verstanden sie instinktiv, dass ihre Zukunft und das Überleben ihrer Kinder mit der Art, wie sie den Löwen behandelten, eng verbunden waren. Sie entschieden sich, ihm auf eine Weise zu begegnen, an die er sich in der Zukunft erinnern würde, wenn er zu einem großen, starken Tier herangewachsen war. Sie erwiesen dem mächtigen Löwen, der er einst sein würde, Ehre, und blickten darüber hinweg, dass er noch im Busch kauerte. Der Tag würde kommen, an dem er ausgewachsen und furchtlos wäre. Er würde sich daran erinnern, dass die Löwinnen ihm Nahrung brachten, als er noch jung und zu verängstigt war, um das in Anspruch zu nehmen, was ihm zustand. An diesem Tag würde er wissen, dass er ihnen vertrauen und ein gemeinsames Leben mit ihnen aufbauen konnte. Der Instinkt der Löwinnen würde helfen, das Rudel zu bewahren und die Zuneigung des Löwen zu gewinnen.

Wie viele von uns teilen ihre Einstellung?

Oder besser: Teile *ich* ihre Einstellung?

Oder haben wir eine weniger großmütige Haltung eingenommen, weil unser eigenes Überleben den Vorrang hat? Ist unsere Einstellung: „Hey, tut mir leid für euch da hinten. Ich habe hier draußen etwas Tolles entdeckt. Gott bereitet ein Fest für seine Töchter vor. Wenn du nicht dabei sein willst, bleibe einfach in deinem Verschlag und mache so weiter wie bisher!"?

Es wäre weise von uns, die Wahrheit zu lernen: *Wenn wir jetzt weniger nehmen, bedeutet das nicht, dass uns in der Zukunft weniger zur Verfügung stehen wird.* Ehrenvolles Handeln wird immer seine Auswirkungen haben.

Stärke wird uns zum Dienen verliehen, nicht, um unser Ansehen zu heben (siehe Röm. 15, 2). Ich frage mich, wie viele Probleme der Welt insgesamt erspart blieben, wenn jeder dieses Prinzip kennen und sich daran halten würde. Was, wenn wir wüssten, dass unsere Stärke dazu dienen soll, den Schwachen, den Ängstlichen und den Zaghaften zu helfen? Alles wäre gut! Ich glaube, dass wir am Ende dieses Lebens alle Jesus sagen hören wollen: „Gut gemacht, du guter und treuer Knecht."

Beginne deinen großartigen Dienst

Das Wort „Dienst“ hat mehrere Bedeutungen. Das Verb „dienen“ bedeutet „für jemanden arbeiten“, „jemandem behilflich sein“, „sich für jemanden einsetzen“, „nützlich sein“.[1] Jesus erwies uns durch sein Opfer einen großen „Dienst“ und machte uns fähig, vor einem heiligen Gott zu stehen. Wir leben auf eine Weise, die diesen Leben spendenden Dienst widerspiegelt. Er wurde zerbrochen, damit wir ganz gemacht werden konnten. Das Hauptwort „Dienst“ bedeutet „regelmäßige Arbeit“, „Beistand“, „Betrieb“ sowie „die Gesamtheit von Personen, die für dieselbe Sache arbeiten“.[2] Manchmal befürchte ich, dass wir vergessen haben, dass es der Sinn und Zweck eines „Gottesdienstes“ ist, zu lernen, wie wir Gott und einander richtig *dienen.* Viel zu viele Christen versammeln sich mit falschen Erwartungen. Sie kommen, um zu hören, wie Gott ihnen dienen will. Lasst uns stattdessen zusammenkommen, um uns nach denen auszustrecken, die zögern – ob sie sich nun innerhalb oder außerhalb unserer Gemeindegebäude befinden.

Mit der Verheißung von Freiheit, Gunst und neuen Möglichkeiten, die sich uns eröffnen, wollen wir im Reich Gottes vorwärtsgehen, damit niemand zurückbleibt. Ich liebe diesen Auftrag:

> *Haltet uns Leiter nicht für etwas, das wir nicht sind. Wir sind Diener Christi, nicht seine Herren. Wir sind Führer, die die Menschen in die erhabensten Geheimnisse Gottes hineinführen, und nicht Wachposten, die diese Geheimnisse unter Verschluss halten. Zuverlässigkeit und genaue Kenntnisse sind die Voraussetzungen für einen guten Führer.*
>
> 1. Korinther 4, 1–2 *(The Message,* aus dem Englischen übersetzt)

Wir sollen Führer sein, keine Wachposten. Wir sollen andere in das Reich Gottes einladen, nicht sie vom Geheimnis Gottes fernhalten. Unser Auftrag ist es, zuverlässige Führer mit genauen Kenntnissen zu sein. Lass uns darauf achten, vor den Öffnungen zu warten, die Gott für uns bereitet hat, und uns, falls notwendig, umzuwenden, damit andere nicht zurückbleiben.

Als Tochter des Höchsten solltest du dich anderen gegenüber sowohl großzügig als auch edelmütig verhalten. Das Leben Gottes macht frei, während das Gesetz Lasten aufbürdet. Du bist von der „Auge-um-Auge-Zahn-um-Zahn-Mentalität" freigesetzt worden. Dennoch laufen im Leib Christi viel zu viele Blinde und Zahnlose herum.

Vergiss niemals, wer du bist – stark, majestätisch, furchtlos, wild, beschützend, ausgeglichen und sorglos. Gott vergleicht die Stärke seiner königlichen Kinder mit denen von Löwinnen und Löwen.

> *Wie ein Löwe legt Israel sich nieder und liegt da wie eine Löwin; wer wagt es, Israel aufzustören?*
>
> 4. Mose 24, 9 *(Neues Leben)*

Wenn du deine starke und furchtlose Natur vergisst, befinden sich alle, die auf deinen Schutz und deine Führung vertrauen, in Gefahr. Der Leib Christi besteht aus edlen, starken Wächtern, die sich der Tatsache bewusst geworden sind, dass Gott vor ihnen ein weites Land aufgetan hat.

Liebe Schwestern, Löwinnen und Freundinnen …

> *Ich kann euch gar nicht sagen, wie sehr ich mich danach sehne, dass ihr in dieses weit offene, geräumige Leben eintretet. Wir haben euch nicht eingezäunt. Die Enge, die ihr fühlt, kommt aus euch selber. Euer Leben ist nicht eng, ihr lebt es nur auf enge Art und Weise. Ich spreche so einfach wie möglich und mit großer Zuneigung. Öffnet euer Leben. Lebt offen und ausgedehnt!*
>
> 2. Korinther 6, 11–13 *(The Message,* übersetzt aus dem Englischen)

Hörst du das? Wir sind eingeladen, in die wilden, weit offenen Gebiete Gottes einzutreten. Dies ist eine Aufforderung, hier und jetzt in der Weite zu leben. Du musst nicht auf den Himmel warten, wenn du sehen willst, wie seine Kraft auf der Erde freigesetzt wird. Gott ist nicht derjenige, der dich einzäunt.

Allerdings bewegten sich die Löwinnen erst aus ihrem Gehege heraus, als ihr Hungergefühl stärker wurde als ihr Sicherheitsbedürfnis. Ebenso kann uns unser Mangel an Vision oder Hunger begrenzen und uns davon abhalten, in die Wildnis vorzustoßen. Das Bild, das wir von uns selbst, unserer Umwelt und unserem Gott haben, macht uns mutig oder hält uns gefangen. Die Welt „da draußen" kann einschüchternd wirken, wenn wir sie für einen dunklen, furchterregenden Ort halten.

Öffne deine Augen und denke daran, wer du bist – die Trägerin eines goldenen Lichts, ausgestattet mit der Macht, die Dunkelheit zu vertreiben, wohin sie auch geht. „Der Geist in dir ist viel stärker als irgendetwas in der Welt" (1. Jo. 4, 4; *The Message,* übersetzt aus dem Englischen). Nichts ist auch nur annähernd so stark. Der Geist in dir *übertrifft bei Weitem* jeden Widerstand, mit dem du dich in dieser Welt konfrontiert sehen magst! Gott, der Höchste, ist es, der dich herausruft. Er sandte seinen Sohn, um an einem Kreuz zu sterben, damit du aus dem Tod ins Leben treten kannst – und aus den engen Grenzen dieser Welt in die ewige Weite. Er begrenzte sich freiwillig und teilte unser kleines, eingezäuntes Leben mit uns, damit wir in der weitläufigen Freiheit seines Königreiches mit ihm zusammen sein können.

Jetzt ruft er jeden von uns zu: „Komm herüber und tritt ein!"

6

IN GLEICHER MISSION

Jedes Mal, wenn wir eine Frau befreien,
befreien wir einen Mann.

Margaret Mead

In der Welt der Löwen gibt es keine Verwirrung bezüglich der Geschlechter. Löwen versuchen nicht, Löwinnen zu sein, und Löwinnen versuchen nicht, sich wie Löwen zu benehmen. Kein Geschlecht ahmt die Rolle des anderen nach oder streckt sich danach aus. Beide fühlen sich wohl in ihrer Haut und freuen sich an den einzigartigen Stärken ihres Geschlechts. Innerhalb des Rudels wird nicht nur zwischen männlich und weiblich unterschieden. Es gibt auch noch den Alphalöwen, den Anführer, und die Alphalöwin, die Anführerin. Doch dieser Status fällt gewöhnlich nur bei den Mahlzeiten ins Gewicht.

Löwen sind die einzigen Mitglieder der Katzenfamilie mit einem auffallenden und sofort sichtbaren Unterschied zwischen den Geschlechtern. Der Fachausdruck für diesen Unterschied heißt Geschlechts-Dimorphismus. Das bedeutet schlicht und einfach, dass es mehr als einen Indikator für das Geschlecht gibt.

Löwen haben eine lange Mähne, die ihren Hals umgibt und ihr Gesicht umrahmt. Diese Mähne betont die eindeutige und besondere Rolle, die der Anführer im Rudel spielt. Sie lässt den Löwen in der afrikanischen Ebene bedrohlich aussehen. Die Löwin hat keine Mähne, wodurch ihre Körperfarbe nahtlos mit der ihrer Umgebung verschmilzt. So kann sie sich praktisch ungesehen an ihre Beute heranschleichen. Ohne das zusätzliche Gewicht einer Mähne ist sie in der Lage, mitzuhalten und eine Last auch über weitere Entfernungen zu tragen.

Gesunde Löwinnen und Löwen wissen, dass sie einander brauchen. Sie würden nicht im Traum daran denken, sich ohne den anderen durchs Leben zu schlagen. In ihrer Welt ist die eine Stärke nicht weniger wichtig als die andere. Der Löwe beschützt; die Löwin versorgt. Dieses Gleichgewicht ist ausschlaggebend dafür, dass gesunde, kräftige Alphalöwen niemals versuchen würden, ohne die Hilfe einer Gruppe starker Löwinnen zu leben. In der Welt der Löwen kämpfen die männlichen Löwen, um eine Gruppe von Löwinnen für sich zu gewinnen und so Zutritt zu ihrem Revier zu erhalten. Warum ist das so? Nicht die Löwen, sondern die zusammengehörigen Löwinnen kontrollieren das Land. Der Verbund der männlichen Löwen, die das Rudel anführen, wechselt alle zwei bis drei Jahre, aber die Löwinnen bleiben.

Der Alphalöwe weiß, dass er in den Augen der Löwinnen stark sein muss, wenn er ein gutes, erfolgreiches Leben führen (und nicht nur einfach existieren) möchte. Damit seine Nachkommen einmal im Revier des Rudels bestehen können, braucht er die Hilfe von starken, fähigen Löwinnen. Er umgibt sich nicht mit den Schwachen und Passiven, in der Hoffnung, sie sich leicht unterwerfen zu können. Er sucht Löwinnen, die in einem hoch spezialisierten Verbund zusammenarbeiten.

Er begrüßt ihre Stärke und wählt bewusst solche aus, die bewiesen haben, dass sie fähig und ausdauernd genug zum Jagen und Versorgen ihrer Jungen sind und so ihr Territorium erhalten und vergrößern können. Er sucht solche, die Stärke zeigen, weil er weiß, dass sie letztlich das gesamte Rudel besser versorgen und als Mütter seine Jungen gut erziehen werden. (Nicht, dass männliche Löwen besonders fürsorglich wären; das sind sie nicht.) Ein zusätzlicher Vorteil von gesunden, starken Löwinnen ist, dass sie öfter bereit sind, sich fortzupflanzen, was dem Löwen vermehrt die Möglichkeit gibt, sich zu paaren und eine größere Familie zu gründen.

Die Löwin wird sich nicht fortpflanzen, wenn sie befürchtet, dass sie nicht für ihre Jungen sorgen kann oder dass sie nicht richtig beschützt werden. Deshalb fühlt sich die Löwin eher zu den starken Alphalöwen hingezogen als zu den schwächeren. Der oder die Anführer (oft handelt es sich um eine Gruppe von Brüdern) muss sich das Recht verdienen, in den Genuss der Versorgung, der Stärke und der Fürsorge zu kommen, die die Löwinnen in das Rudel mit einbringen. Die einzelnen Löwengruppen erwerben sich dieses Vorrecht, indem sie ihre Stärke offen zur Schau stellen.

Der Kampf ist zu Ende, wenn die schwächeren Löwen von einem stärkeren verjagt werden. Manchmal tötet der Alphalöwe den Herausforderer. Wenn der schwächere Löwe überlebt, wird er vertrieben; er muss das Gelände des Rudels verlassen und verliert so seinen Anspruch auf das Jagdgebiet. Er zieht dann entweder weiter und sucht sich an einem anderen Ort ein Rudel Löwinnen oder er muss allein auf der Suche nach Nahrung umherstreifen.

Die Löwinnen schauen aus sicherer Entfernung zu. Sie möchten, dass der stärkste Löwe der Vater ihrer Jungen wird und das Rudel vor Angriffen und Belästigung beschützt. Man weiß, dass sie schon Löwen gegeneinander aufgehetzt haben, um sicherzustellen, dass nur der stärkste als Sieger hervorgeht – der dann ihre Gunst gewinnt. Indem er die Herrschaft über das Revier erlangt, beweist der Löwe, dass sein Genpool es wert ist, zu überleben, da seine Nachkommen am ehesten dem harten Leben in der Wildnis gewachsen sind.

Sobald die Löwinnen die Dominanz eines Löwen erkannt haben, hat dieser ihre Loyalität gewonnen. Alle übrigen männlichen Mitglieder des Rudels können verjagt werden. Der Alphalöwe ist bereit, auf ihre Gesellschaft zu verzichten. Seine „Mädels“ hingegen wird er auf keinen Fall aufgeben. Er braucht sie nicht nur zur Vermehrung seines Rudels. Sie sind es auch, die die Nahrung heranschaffen und Gemeinschaft bauen. Je stärker und beeindruckender seine Löwinnen sind, desto mächtiger und sicherer ist der Löwe, der große König der Tiere.

Wenn die Umgebung weiß, dass er alles in seiner Macht Stehende tun wird, um sie zu beschützen, besteht nicht die Notwendigkeit, sie zu beherrschen. Für die Löwin und ihre Jungen bedeutet die Kraft des Löwen Sicherheit. Nur wer sich seiner Macht nicht sicher ist, versucht, andere zu beherrschen.

Wenn er erst einmal seine Position eingenommen hat, sieht der mächtige Löwe keinen Grund, die Löwinnen zu unterdrücken, um seine Kraft zu demonstrieren. Was sollte er auch beweisen müssen? Er hat gesiegt. Wer sollte über ihm stehen? In gleicher Weise beherrscht auch unser König – unser Löwe von Juda – uns nicht. Vielmehr erhebt er uns.

Unterwegs in gleicher Mission

Der Löwe lädt die Löwin ein, im Schatten seines Schutzes zu rasten. Im Gegenzug lädt sie ihn ein, an all dem Guten und an der Verheißung, die sie mit einbringt, teilzuhaben. Er beschützt ihr Leben; sie verschafft ihm ein Vermächtnis.

Denke einmal einen Moment lang über das Wort „Unterordnung" nach. Was fällt dir dabei ein? Wahrscheinlich Epheser 5, 22, wo es darum geht, dass sich Ehefrauen ihren Ehemännern unterordnen sollen. Interessanterweise haben viele Christen diesen Vers genommen und eine extreme und einengende Definition für dieses Wort geschaffen. Ich glaube, dass das Wort „Unterordnung" so verdreht benutzt worden ist, dass es heute nicht mehr das bedeutet, was Gott gemeint hat. Viele christliche Frauen glauben, dass ihr Wert in erster Linie in ihrer Fähigkeit besteht, dem Mann zu dienen. Sie haben noch nicht erkannt, dass in der Gemeinde zu sprechen, seine Meinung respektvoll zu äußern oder die Verantwortung einer leitenden Aufgabe zu übernehmen, im Grunde *ein Dienst* ist.

Ich habe eine Definition von „Unterordnung" gehört, die es auf den Punkt bringt und mit Gottes Plan für alle Christen – nicht nur für die verheirateten – übereinstimmt. „Unterordnung" bedeutet, dass wir „unter gleicher Flagge segeln", in gleicher *Mission* unterwegs sind. Bei John und mir ist es so, dass wir in derselben Mission unterwegs sind. Wir setzen unsere Kräfte dafür ein, unsere Kinder zu gläubigen Menschen zu erziehen und eine gesunde, dynamische

Ehe zu leben. Im Bereich der Gemeinde ist es unsere Mission, Pastoren zu unterstützen und Gemeindeglieder zu stärken.

Aber denke darüber nach. Ist es nicht unser aller Auftrag, Versöhnung zu bringen – Gottes Botschafter für die Verlorenen zu sein? Die folgenden zwei Verse beschreiben unsere Mission als Gottes Botschafter und Botschafterinnen.

> *Gott hat die Welt durch den Messias mit sich versöhnt und ihr einen Neubeginn gegeben, indem er ihr die Vergebung der Sünden anbietet. Gott hat uns mit der Aufgabe betraut, jedem davon zu erzählen, was Gott gerade tut. Wir sind die Vertreter Christi.* ***Gott gebraucht uns, um auf Männer und Frauen mit unseren Worten Einfluss zu nehmen, damit sie ihre Streitigkeiten hinter sich lassen und in Gottes Versöhnungswerk eintreten.***
>
> 2. Korinther 5, 19–20 (*The Message*, übersetzt aus dem Englischen)

Fazit: Sie werden erkennen, dass unser Jesus wirklich lebt, wenn wir uns lieben und gut zusammenarbeiten. Das sollte das gemeinsame Ziel aller Männer und Frauen sein, ob verheiratet oder nicht, ob Leiter oder Laie. Der Sündenfall hat seine Wucht verloren. Gottes Vergebung steht für alle zur freien Verfügung. Wir brauchen keine Schuldzuweisungen mehr, wenn sein Opfer uns von aller Schuld befreit hat. Gott möchte, dass wir alle – Männer wie Frauen – jedem erzählen, was *Gott gerade tut.* Doch wir waren viel zu beschäftigt damit, uns gegenseitig zu erklären, was wir tun – oder nicht tun – können.

Gott möchte, dass wir zusammenarbeiten und auf Männer und Frauen mit unseren Worten Einfluss nehmen, damit sie ihre Konflikte (welcher Art sie auch immer sein mögen) hinter sich lassen und in sein Werk eintreten. Diese Art der Konfliktlösung sollte in jedem Bereich menschlicher Beziehungen und Interaktionen Anwendung finden. Diese Aufforderung gilt nicht nur in Bezug auf Probleme zwischen den Geschlechtern, sie gilt auch in Bezug auf Rassenkonflikte, sozialökonomische Probleme sowie im Bereich der Familie, der Gemeinde und der Geschäftswelt. Gott möchte Versöhnung für uns alle!

> *Nun haben wir Einsicht und was wir sehen, ist, dass jeder, der mit dem Messias vereint ist, neu beginnen kann und zu einer neuen Schöpfung wird. Das alte Leben ist vergangen, ein neues Leben keimt auf. Sieh es an! All das kommt von dem Gott, der die Beziehung zwischen uns und sich selbst wieder hergestellt hat, und uns dann berufen hat, unsere Beziehungen untereinander wiederherzustellen.*
>
> 2. Korinther 5, 17–18 *(The Message,* übersetzt aus dem Englischen)

„Jeder" bedeutet, nun, eben „jeder". Jeder Mann, jede Frau, jedes Kind, das mit Christus vereint ist, ist von Neuem geschaffen. Das alte Leben verschwindet. Das Wort „aufkeimen" im oben genannten Vers ist ein Verb, das bedeutet, dass etwas wie Pilze aus dem Boden schießt. Diese Wortwahl ist interessant, denn Pilze wachsen explosionsartig – sie vermehren sich, wachsen schnell und gedeihen überaus gut an Orten, an denen zuvor alles nur verrottet war. Unser neues Leben in Christus ist mehr als ein Austausch. Es bedeutet, dass das Leben im Inneren vermehrt wird und jedem zur Verfügung steht.

Löwen und Löwinnen haben ihre Beziehungen untereinander in Ordnung gebracht. Löwinnen verstehen, dass sie in derselben Mission unterwegs sind wie der Löwe. Was ist ihre Mission? Es ist ihre Mission, eine starke Löwengeneration heranzuziehen und ihnen ein Vermächtnis mitzugeben. Sie ziehen ihre Jungen groß und beschützen und versorgen sie gut, um dieses Ziel zu erreichen. Sowohl der Löwe als auch die Löwin haben bei dieser Mission eine wichtige Rolle zu erfüllen, und keine der Raubkatzen erhebt irgendwelche Ansprüche auf die Rolle der anderen.

Ich habe gesehen, wie das, was der natürlichen Ordnung entsprochen hätte, in zwei entgegengesetzte Extreme abgedriftet ist. Am einen Ende des Spektrums sind Frauen im Namen der Unterordnung unterdrückt worden. Am anderen Ende haben Frauen ihre Weiblichkeit in den Himmel gehoben. Darauf will ich etwas später genauer eingehen. Zuerst möchte ich noch ein Beispiel dafür anführen, wie man das Prinzip der Unterordnung verdrehen kann.

Twitter Twist

Wahrscheinlich hast du schon von der abgekürzten Form der elektronischen Kommunikation gehört, die *Twitter* genannt wird, oder vielleicht nutzt du sie sogar selbst. Man kann damit kurze Informationen weitergeben, und bestenfalls stellt sie ein Fenster dar, durch das man Lebensfragen und Gedanken betrachten kann.

Eines Tages postete ich einen Gedanken, mit dem ich mich in meinem Buch *Kämpfe wie eine Frau* genauer auseinandergesetzt hatte. Es war ein Zitat über Leitung: „Das Geschlecht allein qualifiziert einen Mann nicht für eine leitende Position. Genauso wenig sollte das Geschlecht allein eine Frau disqualifizieren.[1] Es ist die Tugendhaftigkeit, die sowohl Männer als auch Frauen qualifiziert." Bitte beachte, dass ich mich mit diesem Satz nicht auf Gemeinde und Ehe beschränkt habe. Ich habe nur festgestellt, dass Tugendhaftigkeit eine für Leiter notwendige Eigenschaft ist, ob sie nun männlich oder weiblich sind.

Das schickte ich an Twitter, von wo es auf meine Facebookseite gelangte. Dann ging ich zu meinem Tagesgeschäft über. Ich meinte nicht, etwas gesagt zu haben, über das man streiten konnte. Für meine Begriffe verstand es sich von selbst. Ich hatte keine Ahnung, wie viel Staub meine Aussage aufwirbeln sollte.

Als ich mehr als einhundert Antworten erhielt, wusste ich, dass ich einen Nerv getroffen hatte. Während ich meiner täglichen Arbeit nachging, war auf Facebook eine Debatte entbrannt. Einige christliche Frauen waren aufgebracht.

„Wie kannst du es wagen, zu sagen, eine Frau kann die Leitung über ihren Mann haben, wenn sie sich für tugendhafter hält als er!", schrieb eine Frau.

Okay … habe ich das wirklich gesagt?

Andere beschuldigten mich, die Schriftstellen unbeachtet zu lassen, die besagten, dass nur ein Mann ein Ältester in der Gemeinde sein konnte. Hatte ich den Ältestenrat in der Gemeinde erwähnt? Dann folgte eine Diskussion über Leiterschaft im Allgemeinen. Einige Frauen erklärten dem Facebookpublikum, dass eine Frau *niemals* die Leitung übernehmen sollte.

Ein nachdenkliches junges Mädchen, das nach klaren Antworten suchte, warf die Frage auf: „Sagst du damit, dass die Frau eines leitenden Pastors keine Leiterin ist?“ Die durchschlagende Antwort lautete: „Nein, sie ist keine Leiterin! Sie hat die Ehre, ihren Ehemann zu unterstützen.“

Jetzt war ich verwirrt! Während die Meinungen hin- und hergingen, verwandelte sich der Dialog in eine Diskussion über Unterordnung. Einige meinten, ich sei eine Leiterin, andere verneinten das – aus dem einfachen Grund, weil ich eine Frau war. Dann wurden mir gewisse Zugeständnisse gemacht, weil ich meinem Mann untergeordnet und folglich eine Leiterin unter seiner Leitung war.

Lass uns hier innehalten und gemeinsam überlegen: Warum scheint jede Diskussion über die Aufgabenverteilung der Geschlechter auf eine Debatte darüber hinauszulaufen, dass sich die Frau dem Mann unterordnen soll? Wenn ich eine Leiterin bin, dann deshalb, weil Gott mich zu einer solchen gemacht hat. Es ist ganz einfach: Leiter sind Menschen, denen andere nachfolgen. Einige von uns sind Leiter, ob wir uns nun für diesen Job gemeldet haben oder nicht. Gott helfe uns allen dabei, mit unserem Vorbild zu leiten. Um Licht in die Verwirrung zu bringen, wollen wir den Leitungsauftrag des Paulus an Timotheus betrachten.

> *Ein Leiter muss angesehen und seiner Frau hingegeben sein, einen kühlen Kopf behalten, zugänglich und gastfreundlich sein. Er muss wissen, worüber er spricht, nicht zu sehr dem Wein zugetan, nicht aufdringlich, sondern sanft, nicht empfindlich, nicht geldgierig. Er muss sich um seine eigenen Angelegenheiten vorbildlich kümmern, gut für seine eigenen Kinder sorgen und ihren Respekt besitzen. Denn wenn jemand nicht in der Lage ist, sich um seine eigenen Angelegenheiten zu kümmern, wie kann er dann für die Gemeinde Gottes sorgen? Er darf kein Neubekehrter sein, damit sein Amt ihm nicht zu Kopf steigt und der Teufel ihn nicht zum Stolpern bringt. Außenstehende müssen ihn achten, sonst wird der Teufel einen Weg finden, ihn in seine Falle zu locken. Dasselbe gilt für alle, die in der Gemeinde dienen wollen: Sie sollen aufrichtig sein, nicht hinterlistig, nicht zu locker im Umgang mit der Flasche, nicht auf ihren Vorteil bedacht. Sie müssen*

> *Ehrfurcht vor dem Geheimnis des Glaubens haben und dürfen ihre Position nicht dazu benutzen, die Dinge selbst zu lenken. Gib ihnen erst eine Zeit, in der sie sich bewähren können. Wenn sie zeigen, dass sie den Dingen gewachsen sind, kannst du ihnen mehr anvertrauen.*
>
> 1. Timotheus 3, 2–10 *(The Message,* aus dem Englischen übersetzt)

In den genannten Versen listet Paulus die Anforderungen auf, die ein männlicher Leiter erfüllen muss. Er sagt weiter:

> *Für Frauen sollen keine Ausnahmen gemacht werden – sie müssen* ***dieselben Anforderungen*** *erfüllen: aufrichtig, zuverlässig, nicht scharfzüngig, dem Wein nicht zu sehr zugetan. Diener in der Gemeinde müssen ihrem Ehegatten hingegeben sein, gut für ihre eigenen Kinder sorgen und sich gewissenhaft um ihre eigenen Angelegenheiten kümmern. Wer dient, wird schließlich hoch geschätzt werden und dem Glauben an Jesus Ehre machen.*
>
> 1. Timotheus 3, 11–13 *(The Message,* aus dem Englischen übersetzt)

Warum sollte Paulus uns ein Anforderungsprofil für Frauen in Leitungspositionen geben, wenn schon ihr Geschlecht sie dafür disqualifizieren würde? Wenn John und ich jemanden für unser Büro einstellen, gehen wir nach einem Anforderungsprofil vor. Wenn ein Bewerber nicht qualifiziert ist, stellen wir ihn nicht ein. Es kommt nicht darauf an, ob der Bewerber männlich oder weiblich ist. Paulus sagt nicht, dass man nur einem männlichen Leiter etwas anvertrauen solle. Er sagt, dass man niemanden – ob Mann oder Frau – zum Leiter machen solle, wenn er nicht qualifiziert sei. Die Betonung liegt auf Qualifikation wie hier beschrieben. Paulus sagt, dass für Frauen keine Ausnahmen gemacht werden sollen. Sie müssen denselben Anforderungen gerecht werden. Vielleicht wunderst du dich über die Anforderung, dass ein Ältester Mann einer Frau sein soll? Nun, Frauen waren nie mit mehreren Männern verheiratet, deshalb richtet sich diese Anweisung ausschließlich an die Männer.

In Timotheus 3, 11–13 erklärt Paulus Timotheus, welche Anforderungen Frauen in Leitungspositionen erfüllen müssen. Dann geht er auf die Frauen ein, die in der Gemeinde dienende Aufgaben übernehmen oder als Diakone wirken. Woher ich das weiß? Lass uns die Verse 1 und 2 lesen und sehen, was über die detaillierte Beschreibung geschrieben steht, die den Männern gegeben wird.

> *Wenn* ***jemand*** *ein Leiter in der Gemeinde sein will, ist das gut! Aber er muss bestimmte Voraussetzungen mitbringen.*
> 1. Timotheus 3, 1–2 (*The Message*, aus dem Englischen übersetzt)

Siehst du das Wort „jemand"?

Warum nur können Frauen überall in Leitungspositionen sein, außer in der Gemeinde? Wenn Gott kein Problem damit hatte, Frauen vor und nach dem Sündenfall mit Autorität auszustatten, warum sind wir dann so zurückhaltend, wenn es darum geht, ihnen nach ihrer Erlösung Autorität einzuräumen?

An einem Punkt lieferten sich die Frauen auf Facebook eine derart heftige Debatte, dass sich ein Mann einschaltete und fragte: „Warum argumentiert ihr Frauen ständig gegeneinander? Wir brauchen eure Mitarbeit, aber ihr bremst euch gegenseitig aus!" Es steckt viel Wahrheit in seinen Worten. Wir bremsen einander oft aus und machen uns gegenseitig klein. Statt einander in der Sache Christi zu unterstützen und zu ermutigen, helfen wir mit, die Unterdrückung aufrechtzuerhalten, die uns behindert. So werden wir niemals das sein, was wir als Frauen und als Christinnen sein sollen.

Dieser unerwartete Vorfall erinnerte mich daran, dass geschlechtsspezifische Themen nicht nur in der Familie angesprochen werden müssen, sondern auch in der Gemeinde. Die Welt, in der wir leben, muss das wahre Herz Gottes und seinen ursprünglichen Plan in jeder Facette des Lebens und der Leiterschaft der Söhne und Töchter Gottes zu sehen bekommen.

Sexistische Einstellungen

Ich würde gerne glauben, dass es nicht länger notwendig ist, sexistische Einstellungen in der amerikanischen Gemeinde zu thematisieren. Ja, ich spreche hier ganz bewusst speziell von meinem eigenen Land. Auf meinen Reisen habe ich die Möglichkeit, eine umfassendere Sicht der Welt zu gewinnen, und ich sehe, dass unser traditioneller Mangel an Einbeziehung von Frauen in anderen Teilen der Welt gar nicht funktionieren würde. In manchen Ländern gäbe es ohne den Beitrag der Frauen überhaupt keine Gemeinde.

> ***Alles****, was Gott geschaffen hat,* ***ist gut*** *und soll mit* ***Dank angenommen werden.*** *Nichts soll verspottet und verworfen werden. Das Wort Gottes und unsere Gebete machen jedes Teil der Schöpfung heilig.*
>
> 1. Timotheus 4, 4–5 *(The Message,* aus dem Englischen übersetzt)

Wenn *alles,* was Gott geschaffen hat, gut ist und empfangen, angenommen und dankbar willkommen geheißen werden soll, wie viel mehr sollten wir *Menschen* auf diese Art begegnen? Männer und Frauen sind *gut.*

Wenn etwas von Gott geschaffen ist, dann haben wir Anweisung, es nicht zu verspotten oder zu verwerfen. Etwas zu *verspotten*, bedeutet, es zu verachten, zu verhöhnen, die Nase darüber zu rümpfen oder es zu verlachen. All das setzt den Wert einer Sache, eines Menschen, seiner Rolle oder seines Beitrags herunter.

Das Wort „verwerfen" scheint sich selbst zu erklären, aber lass uns einen der Unterpunkte seiner Bedeutung genauer betrachten. „Werfen" bedeutet schleudern, stoßen oder schmeißen. Wenn etwas aber ins Schleudern gerät, dann wird es aus der Bahn geworfen, durcheinandergebracht und führt zu Verwirrung. Füge die Vorsilbe *ver-* dazu, die bedeuten kann, dass man sich einer Sache entledigt – und man hat das Bild von *Ablehnung*. Ich fürchte, dass es das ist, was Frauen in der Gemeinde viel zu oft passiert. Sie werden zur Seite gestoßen, nicht willkommen geheißen, und ihre Stimme, ihr Wert und ihr Beitrag fehlen in der Gemeinde. *Beide* Geschlechter geben einem solchen Verhalten im Namen der Unterordnung Raum.

In der Folge leiden sowohl die Männer als auch die Frauen unter einer erheblichen Minderung ihres Wertes. Offensichtlich steht den Männern der Weg in die höheren Führungspositionen in der Gemeinde weiter offen als den Frauen. Manchmal aber mangelt es den Frauen an Einsicht, was wiederum die Männer lahmlegt. Doch sind wir dankbar für die Männer? Sehen wir sie, wie Gott sie sieht – als gut?

Oder verspotten wir sie wegen ihres Benehmens? Ich spreche nicht davon, gemeinsam zu lachen. Es ist unmöglich, nicht über das Erheiternde im menschlichen Wesen zu lachen. Unsere bloße Existenz spricht Bände über Gottes Sinn für Humor. Ich warne an dieser Stelle nur davor, Menschen wegen ihres Geschlechts zu verspotten und herabzuwürdigen. Ich wette, das geschieht öfter, als du dir dessen bewusst bist. Unsere Unterhaltungsindustrie entehrt Männer und sexualisiert Frauen regelmäßig.

Wir haben einer sexistischen Haltung erlaubt, uns so weit zu beeinflussen, dass wir es normal finden, wenn Frauen, die sich abgewertet fühlen, Groll gegen Männer hegen. Und was jetzt? Leider haben manche Frauen daraufhin den Weg in ein schreckliches Extrem gewählt.

Die göttliche Weiblichkeit

Während ich mit der Arbeit an diesem Buch beschäftigt war, wurde ich bei Amazon zufällig auf zwei andere Titel aufmerksam, die dort direkt neben einem meiner früheren Bücher auftauchten. Beide Autorinnen vertraten die Theologie der „göttlichen Weiblichkeit“ – einen Glauben an weibliche Gottheiten oder an eine sich selbst verwirklichende Göttin. Ich hörte Gott flüstern: „Kaufe diese Bücher, die rechts und links von deinem stehen, und finde heraus, warum wir ihre Stimmen verloren haben.“

Während ich die Seiten durchblätterte und die Einträge und Fragen las, spürte ich Angst und tiefe Betrübnis. Hier waren zwei starke und einflussreiche Frauen, die von der Gemeinde tief verletzt und enttäuscht worden waren. Angesichts ihrer verloren gegangenen Genialität war mir zum Heulen zumute.

Warum dachten sie, sie hätten keine andere Wahl, als außerhalb des Hauses Gottes die Anbetung einer Göttin zu etablieren?

Waren ihre Fragen so scharfsinnig oder gezielt, dass sie den Status quo infrage stellten? Waren sie so überaus intelligent, dass sie die Leiter der Gemeinde einschüchterten? Wurde der Begriff der

Unterordnung zu eng definiert oder kam der Aspekt der Erlösung in dieser Gemeinde zu kurz, sodass man ihre Stimmen zum Schweigen brachte?

Ich zweifle nicht daran, dass diese Frauen sowohl Männern als auch Frauen mit ihren Fragen Angst einjagten.

Vielleicht hast du nie eine so angestrengte Suche und solche Enttäuschungen erlebt wie sie – ich allerdings schon! Ich weiß, dass ich nicht alleine bin. Ich bekomme Briefe und E-Mails mit Fragen, die ständig um dasselbe Thema kreisen: „Sag mir noch einmal, warum ich als Tochter des Höchsten wertvoll bin."

Der folgende vielsagende Auszug stammt aus dem Buch *The Dance of the Dissident Daughter* (Der Tanz der anders denkenden Tochter) von Sue Monk Kidd. Mit ihren eigenen Worten öffnet sie ein Fenster, durch das wir sehen können, was viele Töchter in evangelikalen Gemeinden erleben.

> *„Die Frau sündigte als Erste und wurde als Zweite geschaffen", sagte er. Dann ging er dazu über, von Eva zu sprechen – wie sie zum Nutzen des Mannes geschaffen worden war und dass sie unwürdig war, weil sie Gott ungehorsam gewesen war und Adam die verbotene Frucht angeboten hatte ...*
>
> *Mein Herz wurde schwach. Wenn ich dieses Gefühl in Worte hätte fassen können, hätte ich gesagt: „Gott, wie* ***konntest*** *du nur?"*[2]

Die Autorin erklärt weiter, wie schwierig es für sie war, ihre Wahrnehmung von Gott mit der Sicht der Gemeinde in Einklang zu bringen. Ich stimme mit ihr überein. Gott würde niemals eine solch pauschale und trostlose verallgemeinernde Aussage über irgendjemanden von uns machen – egal ob männlich oder weiblich.

Wenn wir sagen, dass Frauen der Zugang zu leitenden Positionen verwehrt bleiben soll, weil Eva und ihre Töchter so leicht in die Irre zu führen sind, dann müssen wir auch Adam und seinen Söhnen die Tür vor der Nase zuschlagen. Er sündigte *wissentlich* und verriet das, was Gott ihm anvertraut hatte.

Man könnte den Unterschied zwischen Adams und Evas Vergehen mit dem Unterschied zwischen einem Verbrechen in der Hitze des Moments und einem vorsätzlichen Mord vergleichen. Eva wurde überrascht, Adam wusste ganz genau, was auf dem Spiel stand.

> *Wenn du sündigst, ohne zu wissen, was du tust, wird Gott das berücksichtigen. Wenn du aber sündigst und genau weißt, was du tust, ist das eine ganz andere Geschichte.*
> Römer 2, 12 *(The Message,* aus dem Englischen übersetzt)

Was für eine religiöse Welt haben wir uns eigentlich zurechtgezimmert, wenn intelligente Frauen auf der Suche nach der Wahrheit bei uns keine Antworten finden? Und was wird mit unseren eigenen Töchtern geschehen, sollten sie es einmal wagen, solche Fragen zu stellen, wenn wir nicht einen Schritt nach vorne tun, um die nötigen Antworten zu finden?

Und Gott helfe den Männern, wenn wir diesen Kurs beibehalten! Männer werden nicht dadurch stark und gesund, dass die Frauen den Mund halten. Männer werden stärker, wenn unsere Stimmen mitklingen, weil die Fragen der Töchter die Männer herausfordern. So dringen sie auf eine höhere Ebene vor, auf der sie größere Freiheit erfahren. Die Perspektive der Frauen führt dazu, dass sich die Männer weiterentwickeln und ausgeglichener werden, während sie wiederum eine Umgebung schaffen, in der die Frauen aufblühen können.

Als ich die Ausführungen derer las, die den Ansatz der göttlichen Weiblichkeit vertreten, musste ich feststellen, dass mich nicht eine ihrer Fragen überraschte. Was mir das Herz brach, waren die leeren Antworten, die sie erhielten.

Es kommt mir vor, als seien wir durch ein Meer von Tränen getrennt, die diese Frauen geweint haben. Ich sehe sie am weit entfernten anderen Ufer und bin traurig. Diese Frauen bezeichnen sich selbst als Andersdenkende oder Göttinnen, aber ich würde sie lieber Freundinnen und Töchter des Höchsten nennen. Doch ihre Anschuldigungen klingen laut in meinen Ohren, denn ich habe in ihren Klagen mehr Wahrheit gefunden als in den Antworten, die man ihnen gab.

Die Geschichten, die ich las, waren ebenso ergreifend wie traurig. Eine davon war der Bericht einer Frauenärztin, die wiederholt beobachtet hatte, wie amerikanische Frauen sich bei ihren Männern entschuldigten, wenn sie eine Tochter geboren hatten. Als Mutter von vier Söhnen ist so etwas für mich unvorstellbar. Ich bin dankbar für das kostbare Geschenk, einen Ehemann zu haben, der Frauen liebt. Obwohl er sich über die Geburt jedes einzelnen Sohnes sehr freute, hoffte er doch auf eine Tochter. Als ich ihm von dieser Geschichte erzählte, war er schockiert. Wenn wir jemals die Gelegenheit gehabt hätten, eine Tochter in unserer Welt willkommen zu heißen, hätten wir klargestellt, dass sie wunderbar und lang ersehnt ist!

Da sie innerhalb der religiösen Grenzen weder Antworten noch Wertschätzung noch Raum für ihren Beitrag fanden, erschlossen sich diese Töchter einen Anbetungsbereich außerhalb dessen, was sie als patriarchalische Tyrannei wahrnahmen. In Wäldern und an Stränden begaben sie sich in das Reich der Himmelskönigin, die sie als freundlicher und sanftmütiger empfanden.

Atme mal ganz tief ein und wieder aus. Ich will mit alledem *nicht* sagen, dass wir es ihnen gleichtun sollen. Ich möchte weder ihrer Himmelskönigin noch dem zornigen König der Religion nachfolgen. Ich möchte unserem Schöpfer, dem allerhöchsten Gott, nachfolgen.

Auf der Suche nach der göttlichen Bestimmung

Lies die folgende hoffnungslose Einladung von Marianne Williamson, einer Vorkämpferin der göttlichen Weiblichkeit, aus ihrem Buch *A Woman's Worth* (Der Wert einer Frau):

> *Wenn ich sage: „Gehe und rede mit Maria", dann meine ich damit* ***wirklich*** *„Gehe und rede mit Maria". Ich meine: Gehe in eine Kirche, zünde eine Kerze an, sitze in einer Bankreihe und sei ernsthaft bei der Sache. Sage ihr: „Maria, ich möchte gerne wissen, wer ich als Ehefrau oder Freundin, als Mutter oder Tochter bin. Ich möchte die Frau sein, die zu sein ich fähig bin. Ich möchte deine*

> *Reinheit und Klarheit und deine Ebene der Erleuchtung haben. Möge das Wesen meiner Weiblichkeit heller leuchten als mein äußeres Selbst.“*[3]

Es ist nicht falsch, zu beten und zu bitten, dass du die Frau wirst, die zu sein du fähig bist. Es geht darum, wen sie als den Adressaten dieses Gebets vorschlägt. Als Nächstes macht Williamson all denen Zugeständnisse, denen der Katholizismus nicht behagt.

> *Wenn du dich mit Maria nicht wohlfühlst, ist das auch in Ordnung. Suche dir eine griechische Göttin oder einen weiblichen indischen Avatar, zu dem du einen Bezug hast, oder irgendein anderes Symbol göttlicher Weiblichkeit, und beginne, mit ihr eine Beziehung aufzubauen.*[4]

Eine Beziehung mit ihr? Unmittelbar nach diesem Vorschlag teilt sie uns den Grund für ihren Zorn mit.

> *Die Welt hat sehr wenig Verwendung für deine Weiblichkeit. Du wirst als das schwächere Geschlecht angesehen und als Sexualobjekt behandelt. Du bist völlig entbehrlich, wenn es nicht gerade darum geht, Kinder auf die Welt zu bringen. Deine Jugend ist das Maß deines Wertes, und dein Alter ist das Maß deiner Wertlosigkeit. Suche deinen Unterhalt oder deine Identität als Frau nicht in der Welt, weil du sie dort nicht finden wirst. Die Welt verachtet dich. Gott liebt dich über alles.*[5]

Ich bin sehr dankbar dafür, dass sie mit der wahren Aussage endet, dass Gott dich liebt. Aber man kann ihren Schmerz nicht missverstehen. Sie streckt sich nach einer realen Verbindung mit einer weiblichen Gottheit aus. Sie geht hier so weit, eine griechische Göttin vorzuschlagen. Indem sie sich an ein Bild göttlicher, bleibender weiblicher Schönheit und Kraft wendet, hofft sie, wiederzuerlangen, was wir in unseren eigenen Beziehungen so schmerzlich vermissen. Ich bete, dass sie die Wahrheit findet, die sie sucht.

Als ehemalige Katholikin verstehe ich ihren Vorschlag. Ich spreche mich hier keinesfalls für irgendeine Art von Marienverehrung aus, aber als der Protestantismus Maria als Göttin (die sie nicht ist!) abschaffte, schaffte er damit tatsächlich auch jemanden ab, der den Frauen als Vorbild diente.

Maria ist nicht Gott, aber sie war gottesfürchtig. Sie ist keine Statue, vor der man Votivkerzen anzünden sollte, aber sie war eine Frau, deren Beispiel unseren Weg erhellt. Sie war eine Vorbotin dessen, was kommen sollte – eine Tochter, die mit Gott zusammenarbeiten und Jesus offenbarte.

Sagte ich eben Jesus? Ein interessanter Punkt. Ich durchsuchte die Seiten von *A Woman's Worth* und fand den Namen von Marias Sohn Jesus fast nicht erwähnt. Wie kann Maria ohne Jesus von Bedeutung sein? Um was also geht es bei dieser Einladung wirklich?

Es geht nicht buchstäblich um Maria, Athene oder Aphrodite. Es geht um einen namenlosen Geist, den wir uns selber machen!

Die Autorinnen der göttlichen Weiblichkeit sprachen von Gott und von Göttinnen, von Religion und Männern, aber kaum über den wunderbaren Retter, den Sohn Gottes, Jesus, den Christus. Sie sprachen über Königinnen, Zauberinnen und mütterliche Schildkröten, aber nicht über einen Sohn, der von den Toten auferstand. Warum sollten Mütter versuchen, einen Sohn zu verbergen? Ihre Worte tanzten um Jesus herum, borgten sogar seine Worte, erwähnten aber nicht einmal seinen Namen.

Auch das sollte uns eigentlich nicht überraschen. Wenn ich mich selbst auf die göttliche Ebene erheben kann, warum sollte ich einen Retter brauchen?

Die Position der Göttin hat nicht einfach nur mit Macht zu tun. Sie verlangt nach Anbetung. Doch wir dürfen weder Mann noch Frau noch den Rest der Schöpfung anbeten. Wir sollen Gott allein anbeten. Wir müssten keine weibliche Gottheit schaffen, die den Frauen Wert verleiht, wenn die Gemeinde die Wahrheit und den ursprünglichen Plan Gottes predigen würde.

Der Gott des Himmels und der Erde, der Herr über alles, hat den Wert der Frau in seinem Heilsplan offen verkündet. Gott brachte seinen Sohn ohne den Samen des Mannes hervor. Josefs Auftrag war es, Maria und das heilige Kind, das sie in sich trug, zu beschützen. Der Geist Gottes ließ Leben im jungfräulichen Leib eines jungen, leicht verängstigten jüdischen Mädchens heranwachsen. Sie verbrachte ihre Zeit nicht damit, zu singen und sich selbst als

Göttin zu bezeichnen. Maria war bereit, Gottes Willen zu tun, falls sie dazu in der Lage wäre, – was sie selbst bezweifelte! Mögen wir ihre Worte nachsprechen und sie zu unseren eigenen machen. „Himmlischer Vater, uns geschehe nach deinem Willen. Wir glauben, dass du alles tun wirst, was du zu tun versprochen hast. Richte die Unterdrückten auf der Erde auf und offenbare deinen Sohn durch unser Leben."

Unsere Suche nach der göttlichen Bestimmung wird nicht dadurch von Erfolg gekrönt werden, dass wir uns über die Männer erheben und so versuchen, die Göttin in uns zum Vorschein zu bringen. Die Männer erlangen weder wahre Stärke noch Freiheit, indem sie die Frauen beherrschen. Und Frauen sind nicht effektiv, wenn sie zulassen, dass ihre Stärke von überzogenen Lehrmeinungen vereinnahmt wird. Beide Geschlechter sind Verbündete und Wächter, nicht Feinde und Götter.

Das Verlangen, angebetet zu werden, ist ein Test für jeden von uns. Es ist der Test, den Luzifer nicht bestand. Der Wunsch nach Macht ist nicht böse. Jeder von uns (ob Mann oder Frau) verwaltet ein Maß an Glauben, Macht und Einfluss.

Der Mensch ist nicht für absolute Macht geschaffen. Sie ist ein Konzept, das selbst für Engel zu schwierig ist. Selbst Jesus, Gottes eigener Sohn, wagte es nicht, sich Gott gleichzustellen. Im Brief an die Philipper erhalten wir den Auftrag, nicht die heidnischen Machtstrategien zu verfolgen.

> *Denkt so über euch selbst wie Jesus über sich selbst dachte. Er war Gott gleich, aber er hielt nicht so viel von sich selbst, dass er sich an die Vorrechte, die seine Position mit sich brachte, klammern musste. Als die Zeit gekommen war, legte er die göttlichen Vorrechte ab und nahm die Stellung eines Sklaven an, wurde* ***Mensch!*** *Nachdem er Mensch geworden war, blieb er Mensch. Es war ein unglaublich demütigender Prozess. Er beanspruchte keine besonderen Vorrechte. Stattdessen lebte er ein selbstloses, gehorsames Leben und starb einen selbstlosen, gehorsamen Tod – und zwar auf die grausamste Art: am Kreuz. Wegen dieses Gehorsams erhob Gott ihn und ehrte ihn weit über jeden anderen und alles andere, sodass alle geschaffenen*

Wesen im Himmel und auf Erden sich vor Jesus Christus in Anbetung beugen werden und laut preisend verkünden werden, dass er der Herr über alles ist – zur herrlichen Ehre Gottes, des Vaters.

Philipper 2, 5–11 (*The Message*, aus dem Englischen übersetzt)

Unsere Welt braucht Diener. Ich kann mir nicht vorstellen, dass mein Jesus – der sich erniedrigte, um alle anderen zu erheben – so fordernd gewesen wäre wie manche von uns es sind. Ich befürchte, dass wir unseren König nicht richtig repräsentiert haben. Wie sonst könnten weltweit anerkannte Anführer der Friedensbewegung mit Fug und Recht behaupten, dass sie an Christus glauben würden, wenn da nicht die Christen wären. Wie könnten sie sonst, wie zum Beispiel Mahatma Gandhi, sagen: „Ich mag deinen Christus. Deine Christen mag ich nicht. Sie sind so anders als dein Christus."[6]

Hörst du, wie man nach dir ruft und wie ungeduldig man darauf wartet, dass du dich erhebst als eine Frau, die furchtlos nach der Wahrheit sucht? Wir haben den Auftrag, bewusst zu lieben, uns über unsere sterile Unfruchtbarkeit hinwegzusetzen und uns nach den Verlorenen und Leidenden auszustrecken.

Wenn die Gemeinde dir keinen Raum gibt, bringe Gottes Liebe in die Straßen und Gassen. Außerhalb unserer Mauern gibt es mehr als genug zerbrochene und verletzte Menschen, die sich über dein Engagement freuen würden. Investiere dich in deiner Stadt oder deinem Dorf, in das Leben der Menschen, die dort obdachlos sind oder dort arbeiten, in das Schulsystem … Lass dein Leben einen so weiten Raum einnehmen und so hell leuchten, dass es unwiderstehlich wird.

Es ist an der Zeit, eine Gestalt anzunehmen, zu der die Menschen aufschauen können.

Was sollen wir jetzt tun? Werden wir immer weiter über Fragen diskutieren, die Gott längst beantwortet hat? Können wir ausgewogen genug denken, um nicht den Extremen der Unterordnung oder der sogenannten göttlichen Weiblichkeit zu verfallen? Können wir die Männer ehren? Lass uns dem Beispiel des Löwen und der Löwin folgen und gemeinsam aufstehen, mit den Männern zusammen, weder als unterwürfige Befehlsempfänger noch als zornige Göttinnen.

Der Wert starker Frauen

Ob ich Bücher schreibe, Botschaften über Twitter und Facebook versende oder vor Frauen stehe, ob ich vor Versammlungen spreche oder in Fernsehsendungen, ich nehme ständig jede Gelegenheit wahr, um den Wert der Frauen zu proklamieren. Ich erinnere sie bewusst daran, dass ihre Stimme und ihr Engagement in der Gemeinde, außerhalb der Gemeinde und weltweit auf verschiedenen Ebenen gebraucht werden. Es ist mein Gebet, dass sie das nicht nur glauben und sich darüber freuen, sondern dass sie es leben.

Nach meinen Vorträgen höre ich immer wieder dieselbe Frage: „Kannst du das bitte den Männern sagen?" Dann flüstern sie ihre Vorschläge, als wäre es gefährlich, wenn jemand sie hörte und entdeckte, was sie hier gewagt hatten. Mir vorzuschlagen, einen solchen Gedanken öffentlich weiterzugeben!

Früher dachte ich, es sei genug, nur die Frauen zu ermutigen. Es ist eine unglaublich wertvolle Gelegenheit, wenn man in einem persönlichen, sicheren Rahmen zu Frauen sprechen kann. Doch auf dem Weg mit den Töchtern Gottes habe ich gelernt, dass es nicht genug ist, diese Art von Ermutigung nur den Frauen zuzusprechen. Es ist so wie bei einer Münze, die nicht ihren vollen Wert hat, wenn nicht beide Seiten intakt sind.

Während der letzten Jahre hat sich meine Welt vergrößert und meine Botschaft wurde in der Welt der Gemeinde am Sonntagmorgen erbeten und begrüßt. Das schließt natürlich auch die Männer ein. Wenn ich vor einem gemischten Publikum spreche, lasse ich die Menschen wissen, dass Frauen einfach großartig sind.

Ich erlebe selten, dass Männer diese Aussage anfechten. Ich teile ihnen bewusst mit, dass meiner Meinung nach auch Männer einfach großartig sind! In den letzten Jahren habe ich viele Tränen in Männeraugen gesehen. Ich habe gesehen, wie Ehemänner und Ehefrauen sich in den Armen lagen und ihre Ringkämpfe abbrachen. Ich liebe zu erleben, was geschieht, wenn sie sich gegenseitig um Vergebung für ihre törichten Machtkämpfe bitten.

Liebe Löwenschwester, unser Problem sind nicht die Männer. Das Thema reicht viel tiefer. Satan ist unser Feind und ein Verführer, der beide Geschlechter ihrer Würde beraubt. Obwohl sie nicht das Problem sind, können und sollen Männer ein Teil der Antwort sein. Etwas Dynamisches geschieht, wenn Männer ein Stück der Verantwortung für die Wiederherstellung von Würde und Kraft an der Seite der Frauen übernehmen.

Manchmal ist die Schlacht schon mehr als halb gewonnen, wenn man eine Position erreicht hat, in der man gehört wird. Die Männer in deiner Welt müssen dich hören können und sie müssen auch andere hören, die Männer und Frauen ermutigen, sich gemeinsam zu erheben. Wenn es Veränderung geben soll, muss das, was wir sagen, auf einer Linie liegen. Lasst uns immer wieder aussprechen, was auf Gottes Herzen liegt.

Um das zu tun, möchte ich einen genaueren Blick auf 1. Korinther 11 werfen. Ich werde dieses Kapitel in einzelne, gesonderte Abschnitte aufgliedern und es dann in seiner Gesamtheit betrachten.

> *Ihr solltet hier übrigens nicht zu viel in die Unterschiede zwischen Männern und Frauen hineininterpretieren.*
>
> Vers 10 *(The Message,*
> aus dem Englischen übersetzt)

Paulus gab allen Nachfolgern den Auftrag, die Unterschiede zwischen den Geschlechtern nicht zu sehr hochzuspielen und nicht zu viel hineinzuinterpretieren. Ja, es gibt Unterschiede, aber sie sollten uns nie auseinanderbringen. Sie sind dazu da, uns zu vereinen.

> *Weder der Mann noch die Frau können im Alleingang handeln oder eine Vorrangstellung beanspruchen.*
>
> Vers 11 *(The Message,*
> aus dem Englischen übersetzt)

Mit dieser Aussage erklärt er die gegenseitige Abhängigkeit der Geschlechter. So wird weder den Männern noch den Frauen irgendein Vorzug gegeben.

> *Der Mann wurde zuerst erschaffen, als wunderbares, strahlendes Abbild Gottes – das ist wahr. Aber das Haupt*

> *auf dem Körper einer Frau übertrifft klar das Haupt ihres „Hauptes", ihres Ehemannes, an Schönheit.*
>
> Vers 11 (*The Message,*
> aus dem Englischen übersetzt)

Der Mann wird zuerst als Abbild Gottes erschaffen – das stimmt alles. Dann kommt das „Aber". Die Schönheit der Frau überstrahlt ihren Ehemann. Beachte, dass sich dies jeweils an den Ehemann und an die Ehefrau richtet.

> *Die erste Frau kam vom Mann, das ist wahr– aber seitdem kommt jeder Mann von einer Frau!*
>
> Vers 12 (*The Message,*
> aus dem Englischen übersetzt)

Wiederum trifft es zu, dass die erste Frau, Eva, vom Mann, Adam, kam. Dann benutzt Paulus das Wort „aber" erneut, um die Waage mit „seitdem kommen alle Männer von den Frauen" ins Gleichgewicht zu bringen.

> *Und weil ohnehin praktisch alles von Gott kommt, lasst uns einfach damit aufhören, ständig danach zu fragen, wer irgendwo der Erste ist.*
>
> Vers 12 (*The Message,*
> aus dem Englischen übersetzt)

Nun, da die Waage im Gleichgewicht ist, erhebt sich Paulus über das Hin und Her der Geschlechterdebatte und vermittelt uns, wie die Dinge aus der Sicht Gottes aussehen: Alles kommt von Gott, also hört auf, darüber zu streiten, wer dem anderen überlegen ist! Das sollte vieles klären. Gott allein ist der Erste. Er allein ist heilig und gerecht. Er ist die Liebe, die Wahrheit und das Leben, der Anfang und das Ende.

Lass dich niemals zu dem Gedanken hinreißen, Gott würde sich von den Vorschriften unserer Denominationen beeinflussen lassen. Unsere Richtlinien, was wir erlauben oder verbieten, das lässt ihn gänzlich unbeeindruckt. Gott handelt, wenn er sieht, dass Menschen unter seiner Herrschaft und in der richtigen Beziehung zueinander stehen. Dorthin befiehlt er seinen Segen.

> *Wie wunderbar, wie schön, wenn Brüder und Schwestern gut miteinander auskommen! ... Ja, dorthin befiehlt Gott den Segen, bestimmt ewiges Leben.*
>
> Psalm 133, 1+3 *(The Message,* übersetzt aus dem Englischen)

Die ganze Kirchengeschichte hindurch haben diese Fragen die Gemeinde Gottes gespalten. Was mich betrifft, bin ich jedoch nicht bereit, diese Streitpunkte zu einem Teil unseres Vermächtnisses werden zu lassen. Allerdings ist das, was ich fühle und denke, unbedeutend im Vergleich zu dem, was Gott sagt. Er bestimmt, wie die Dinge aussehen werden. Vieles wird sich ändern.

> *„In den letzten Tagen", sagt Gott, „werde ich meinen Geist ausgießen auf alle Arten von Menschen: Eure Söhne werden prophetisch reden, und auch eure Töchter; eure jungen Männer werden Visionen haben, und eure alten Männer Träume. Ich werde meinen Geist ausgießen auf die, die mir dienen, Männer und Frauen, und sie werden prophetisch reden. Ich werde Wunder oben am Himmel tun und Zeichen unten auf der Erde, Blut und Feuer und Rauchdampf."*
>
> Apostelgeschichte 2, 17–19 *(The Message,* übersetzt aus dem Englischen)

In den letzten Tagen wird Gott sich einschalten. Dieses Bild von Blut, Feuer und Rauchdampf klingt sehr nach dem alten hebräischen Opferaltar. Dort versammelten sich die Menschen, um Gott das zu bringen, was in seinen Augen annehmbar war. Sie boten ihr Opfer dar und Feuer versetzte es in den himmlischen Bereich.

In dieser neutestamentlichen Vision geht es nicht um Böcke, Jungkühe und Ochsen, die am Altar verbrannt werden sollen. Stattdessen erfahren wir, dass Söhne und Töchter, Alte und Junge als weise, prophetische Diener des Höchsten ihre Stimmen erheben werden. Unser Feuer brennt nicht auf dem Altar der Anbetung. Unser Feuer wohnt in uns, während wir von seinem Geist verzehrt und getrieben werden.

In früheren Jahren habe ich es unter Umständen nicht gewagt, geschlechterspezifische Themen anzuschneiden. An diesem Punkt meines Lebens jedoch bin ich bereit, wenn notwendig, an die

Grenzen zu gehen. Mein Ehemann hat keine Angst vor meiner Stärke – er begrüßt sie. Meine Söhne finden Bilder von schwachen, sprachlosen, unterdrückten Frauen nicht anziehend. Aber ist es in Ordnung, dass ich mich derartiger Unterstützung erfreue, während sie anderen Frauen verwehrt bleibt? Unsere Welt braucht Frauen, die ihre Stimme für die erheben, die überall auf der Welt unterdrückt werden. Das bedeutet, dass sich jede einzelne von uns ganz einfach mit dem, wozu sie geschaffen ist, wohlfühlen sollte.

Es ist an der Zeit, dass wir die Streitigkeiten zwischen den Geschlechtern beenden und uns von den Extremen zurückziehen, die uns sämtlicher Kraft berauben. Es ist Zeit, aufzuwachen und zu erkennen, wie Gott uns geplant hat – stark in ihm, eine Bereicherung für die Männer und eine Stimme, die den Verlorenen und Verletzten in der Welt die Erlösung verkündet.

7

DIE FÜRSORGLICHE BEGRÜSSUNG

Für attraktive Lippen, sprich freundliche Worte.
Für liebliche Augen, sieh auf das Gute in den Menschen.
Für eine schlanke Figur, teile dein Essen mit den Hungrigen.
Für schönes Haar, lass einmal täglich
ein Kind mit seinen Fingern hindurchgleiten.
Für eine gute Haltung, lebe in dem Bewusstsein,
dass du keinen Schritt alleine gehst.

Sam Levenson

Wenn Löwinnen sich gegenseitig ablecken, gehört das zu ihrer Begrüßung. Das Ablecken beginnt schon bei den Löwenbabys. Hat eine Löwin erst einmal ein Junges erblickt, gibt es für das Kleine kein Entkommen vor ihren obligatorischen Küssen. Kein Löwenjunges darf „unbeleckt" bleiben. Ich stelle mir dabei folgende Szene vor: Ein Löwenjunges hat eine Zeit lang gespannt beobachtet, wie die großen Löwen nach Nahrung jagen und kehrt nun in den vertrauten Kreis des Rudels zurück. Plötzlich bleibt es stehen und denkt: „O nein, da kommt sie! Meine Tante wird mich ablecken und ihren Speichel in meinem ganzen Gesicht verteilen!" Klingt ganz nach dem, was passiert, wenn eine Nichte oder ein Neffe in ein Zimmer voller italienischer Tanten spaziert, die gerade zu Besuch gekommen sind, nicht wahr?

Kleine Löwen sind nicht die Einzigen, denen man diese innige Art der persönlichen Begrüßung angedeihen lässt. Auch erwachsene Löwinnen lecken sich gegenseitig das Gesicht. Anhand dieses Begrüßungsrituals können sie einander erkennen. Wie alle Löwinnen für uns gleich aussehen, so sehen sie auch für sich untereinander alle gleich aus. Eine Löwin kann nur dann sicher sein, dass eine andere Löwin zum eigenen Rudel gehört und kein Eindringling ist, wenn sie sie am Geruch erkennt. Wie wir alle wissen, kann der äußere Schein trügen, aber der Geruch verrät dir meist die Wahrheit.

Jede Löwin hat im Bereich ihrer Augenbrauen unmittelbar über ihren Augen Drüsen, die den Geruch des Rudels absondern. Wenn Löwinnen sich umgruppieren, stellen sie einen innigen, sozialen Kontakt her, indem sie ihre Wangen aneinanderreiben und sanft mit den Köpfen zusammenstoßen. Diese Begrüßung ist mehr als ein gegenseitiges Vorstellen. Ein Vorstellen findet bei der ersten Begegnung statt und man sagt damit: „Das bin ich – wer bist du?" Im Gruß einer Löwin hingegen steckt die Macht, emotionale Bindungen zu stärken, Bündnisse zu besiegeln und Betrüger zu entlarven, die sich in das Rudel eingeschlichen haben.

Löwinnen riechen erst und erkennen dann. Menschen erkennen erst und riechen dann. Ein Beispiel: Mein Mann holte mich neulich vom Flughafen ab. Ich sah sein Auto kommen und begann, zu winken. Doch erst als er aus dem Auto sprang und ich ihn umarmte, konnte ich ihn auch riechen.

„Du riechst so gut", sagte ich, als ich den Duft seines Eau de Cologne erkannte.

Ich kann mir nicht vorstellen, dass dieser Erkennungsprozess umgekehrt ablaufen könnte: Ich sehe einen Mann aus einem Auto springen und auf mich zukommen. Ich gehe nahe an ihn heran, um an ihm zu schnuppern, erhalte die Bestätigung, dass er wie mein Ehemann riecht und erkläre, dass er zu mir gehört.

Die Löwin misst der Dufterkennung aus verschiedenen Gründen so viel Bedeutung bei. Das Leck- und Begrüßungsritual gibt ihnen wie selbstverständlich die Gelegenheit, festzustellen, ob sich etwas oder jemand Unerwünschtes zum Rudel gesellt hat. Darüber hinaus zeigen sich Löwinnen ihre gegenseitige Annahme und Zusammengehörigkeit, wenn sie sich begrüßen. Als Töchter Gottes müssen wir dasselbe mit den Menschen in unserem Leben machen.

Die fürsorgliche Begrüßung deiner Kinder

Wenn die Löwin ihr Junges begrüßt, sagt sie damit: „Du gehörst zu uns. Wir möchten, dass du dich wohlfühlst, deine Stärken entdeckst und unter uns aufwächst. Hier im Rudel gibt es Nahrung und Sicherheit für dich." Sie nutzt die Begrüßung auch, um festzustellen, wo ihre Jungen gewesen sind. Wenn sie ihr Gesicht an das eines ihrer Jungen drückt, kann sie herausfinden, wo es gesteckt hat, und fragen: „Warum rieche ich da einen Hauch Hyäne an dir?"

Als meine Jungs im Teenageralter waren und anfingen, abends auszugehen, verlangte ich von ihnen, dass sie mir einen Gute-Nacht-Kuss gaben, wenn sie nach Hause kamen. Dieser Kuss erfüllte mehrere Zwecke. Erstens liebe ich es, meine Jungs zu küssen. Zweitens musste ich nicht aufbleiben, um festzustellen, um welche Zeit sie zu Hause eintrafen, und drittens bekam ich dadurch die Gelegenheit, an ihnen zu schnuppern.

Der Vorgang sah ungefähr so aus: Wenn der betreffende Sohn nach Hause kam, öffnete er meine Schlafzimmertür und sagte: „Ich bin zu Hause! Gute Nacht, Mama."

Weil er wusste, dass ich geschlafen hatte, versuchte er, die Tür leise zu schließen. Aber ich sagte dann: „Hast du eine gute Zeit gehabt? Komm und gib mir einen Kuss."

Wenn er dann zögerte, schöpfte ich Verdacht.

Wenn er mir nahe kam und ich den alles überdeckenden Geruch von Pfefferminz in der Nase hatte, wusste ich, dass er etwas von den weniger wünschenswerten Dingen getan hatte. Sobald er in meiner Nähe war, griff ich nach ihm und zog ihn noch näher an mich heran, um vielleicht noch irgendeinen anderen Geruch aufzuschnappen, den er zu verbergen versuchte. Eine Mutter weiß schließlich, wie ihre Kinder riechen.

Meine Jungs hätten es vielleicht merkwürdig gefunden, mir bei einem spätabendlichen Check-in so nahe zu kommen, wenn wir nicht schon vorher unser tägliches Familienbegrüßungsritual entwickelt hätten. In unserer Familie begrüßen wir uns jeden Morgen mit einer Umarmung. Wir umarmen uns auch während des Tages und geben uns abends Gute-Nacht-Küsse. Wir haben viel Körperkontakt miteinander, ob beim Ringen unter Brüdern, bei der Drängelei, wenn wir die Küche sauber machen, oder bei der obligatorischen Umarmung, wenn wir heimkommen oder fortgehen. Diese Begrüßungsroutine nahm ihren Anfang, als meine Söhne noch Babys waren und hat nie aufgehört. Ich wette, bei dir zu Hause geht es ähnlich zu – ihr küsst euch, wenn ihr Gute Nacht sagt, ihr umarmt euch zur Begrüßung, ihr tätschelt gegenseitig eure Schultern, zerzaust euch die Haare, kuschelt euch aufs Sofa …

Später, als mein ältester Sohn aus dem Haus und verheiratet war, bekam ich Geschichten über seine Eskapaden zu hören, die mir damals entgangen waren. Ich fragte ihn: „Wann hast du das gemacht? Warum habe ich nichts davon mitbekommen?“

Er lächelte dann immer verlegen und antwortete: „Das war an dem Abend, als du verreist warst“ oder, „Das war, als ich bei einem Freund übernachtet habe.“

Wäre ich zu Hause gewesen, hätte ich gerochen, was er angestellt hatte! Solche Begrüßungen geben den Müttern die Gelegenheit, herauszufinden, ob ihre Kinder mit etwas Unerwünschtem in Kontakt gekommen sind. So können wir unseren Kindern gegenüber liebevoll reagieren und sie gleichzeitig erziehen und disziplinieren. Wenn ihr euch zu Hause nicht regelmäßig begrüßt, möchte ich dich dazu ermutigen, diesen Brauch einzuführen. Deine Kinder mögen anfangs Widerstand leisten, aber gib nicht auf. Deine Umarmung wird deinem Kind nicht nur sagen, dass du es liebst; sie wird dir auch jeden Geruch an deinem Kind verraten, der nicht aus eurem Haus stammt. Mütter, wenn ein Kind, das euch früher immer umarmt hat, sich plötzlich gegen eure Umarmungen sträubt, müsst ihr den Grund dafür herausfinden. Lass nicht zu, dass dein Kind den Eindruck bekommt, es sei völlig in Ordnung, sich von dir zurückzuziehen.

Höre nicht auf, deine Kinder mit Umarmungen und Küssen zu begrüßen, wenn sie zu Erwachsenen heranreifen. Deine körperliche Zuwendung erinnert sie daran, dass sie immer zu deiner Familie gehören werden. Dieses Wissen gibt ihnen Sicherheit, während sie ins Erwachsenenleben eintreten und ihre eigenen Familien gründen.

Einander begrüßen

Wenn Löwinnen sich gegenseitig begrüßen, sagen sie damit: „Wir sind miteinander verwandt. Ich nehme an dir den vertrauten Geruch meiner Schwestern wahr. Ich bin für dich da, und ich weiß, dass du für mich da bist."

Wir unterscheiden uns nicht allzu sehr von unseren Löwenschwestern. Wenn wir von anderen herzlich empfangen werden, sagt uns das: „Setze dich zu uns. Wir vertrauen dir und heißen dich willkommen." Ein formeller, zurückhaltender Empfang vermittelt uns: „Wir müssen deinen Status erst noch überprüfen. Wir behalten uns jede Stellungnahme vor, bis wir dich besser kennen gelernt haben." Bei dieser Art von zwischenmenschlicher Kontaktaufnahme fühlen sich weder der Grüßende noch der Begrüßte wirklich wohl. Wenn es gar nicht erst zu einer Begrüßung kommt, sollte sich der Besucher in Acht nehmen.

Höre auf die Worte, die der Apostel Paulus an die Korinther richtet und mit denen er sie darüber informiert, auf welche Art sie sich gegenseitig begrüßen sollen:

> *Grüßt einander mit einer heiligen Umarmung. Alle Brüder und Schwestern hier grüßen euch. Die wunderbare Gnade des Herrn Jesus Christus, die überschwängliche Liebe Gottes, die innige Gemeinschaft mit dem Heiligen Geist sei mit euch allen.*
>
> 2. Korinther 13, 12–14 (*The Message*, übersetzt aus dem Englischen)

Wenn du eine Schwester begrüßt, umarme sie als solche. Wenn du auf eine Leiterin triffst, grüße und umarme sie auf eine Art, die ihr deine Wertschätzung vermittelt. Wenn du eine Frau begrüßt, die verletzt ist, umarme sie mit sanfter Anteilnahme. Manchmal braucht man nicht einmal Worte. Mit der Zeit habe ich gelernt, dass eine Umarmung wesentlich heilsamer ist als ein „Hallo".

Paulus verstand es meisterlich, seine Grüße in seine Briefe an die ihm anvertrauten Gemeinden zu verpacken. Wenn es ihm wichtig genug war, seine Grüße schriftlich zu übermitteln, dann sollte es sicherlich auch uns wichtig genug sein, das Grüßen zu praktizieren.

Schauen wir uns seinen Gruß an die Gemeinde in Korinth an:

> *Ich schreibe das alles nicht, um euch zu beschimpfen und zu bewirken, dass ihr euch schlecht fühlt.* ***Meine Kinder, ich schreibe euch als ein Vater. Ich liebe euch und möchte, dass ihr nicht verwöhnt, sondern gut erzogen heranwachst.*** *Es gibt viele, die es nicht erwarten können, euch zu sagen, was ihr falsch gemacht habt, aber* ***es gibt nicht viele Väter, die bereit sind, Zeit und Mühe zu investieren, um euch beim Heranreifen zu unterstützen.***
>
> 1. Korinther 4, 14–15 *(The Message,* aus dem Englischen übersetzt)

Paulus erklärte den Korinthern zuerst, was sein Brief sein sollte und was nicht. Er tadelte sie nicht, um sie zu beschämen. Er definierte vielmehr, welche Art von Beziehung er mit ihnen hatte und was sie ihm bedeuteten. Er war ein Vater und sie waren seine Kinder. Dann sagte er ihnen, dass es zwar viele gab, die darauf warteten, die Gläubigen in Korinth versagen zu sehen, dass er als Vater ihnen jedoch mit all seiner Kraft helfen wolle, ihr Ziel zu erreichen. Seine Grüße stellten klar, wie er zu den Empfängern des Briefes stand und was sie ihm bedeuteten. Sie verdeutlichten, was er sagte, warum er es sagte und warum sie auf ihn hören sollten. All das vermittelten sie, noch bevor irgendeine Botschaft weitergegeben wurde.

Die gegenseitige Fellpflege

Wenn das Begrüßungsritual der Löwinnen sich wunschgemäß entwickelt, wird daraus schnell eine spontane Fellpflegeaktion. Diese gegenseitige Fellpflege festigt die Bindung zwischen den Löwinnen und den größeren Jungen, was wiederum hilft, den Zusammenhalt der Gruppe zu stärken und sie intakt zu halten.

Löwinnen pflegen vor allem den Kopf- und den Nackenbereich der anderen, die diese selbst nur schwer erreichen können. Mit ihrer rauen Zunge reinigen die Löwinnen das Fell ihrer Genossinnen von Blut und Schmutz, während sie es gleichzeitig von Zecken und anderen Parasiten befreien. Wenn irgendetwas deinem Körper Blut und Nährstoffe entzieht, dann stiehlt es damit langsam, aber sicher dein Leben. Es ist sicher gut, dass Blut und Schmutz von unserem Körper entfernt werden, und Gott sei Dank für Tanten und Schwestern, die bereit sind, sich auch um die Zecken und Parasiten zu kümmern!

Das Verb „pflegen" bedeutet „sorgfältig säubern", „instandhalten", „betreuen" und „gut behandeln". „Sich pflegen" bedeutet, sich regelmäßig und sorgfältig zu waschen, frisieren und sauber zu kleiden. Wenn man Beziehungen pflegt, ist man regelmäßig mit anderen Menschen gesellig zusammen.[1] Gemäß dieser Definition könnte und sollte ich also meine Zähne pflegen, meine Küche und die Beziehung zu meinen Kindern.

Wenn wir den Fellpflegeprozess im Einzelnen betrachten, so ist er zuerst als „sorgfältig säubern" definiert. Jesus sprach einmal mit Petrus über dieses Thema. Jesus wollte die Füße von Petrus waschen. Petrus wehrte ab. Also ließ Jesus Petrus wissen, dass dieser keinen Anteil an dem hätte, was er, Jesus, tat, wenn er das Fußbad nicht annehmen würde. Danach änderte Petrus seine Meinung allzu radikal, fiel ins andere Extrem und lud Jesus ein, ihn von Kopf bis Fuß zu waschen. Unser Herr bringt es auf den Punkt:

> *Jesus sagte: „Wenn du am Morgen gebadet hast, müssen nur noch deine Füße gewaschen werden, damit du von Kopf bis Fuß rein bist … Also bist du jetzt sauber."*
>
> Johannes 13, 10 (*The Message*, aus dem Englischen übersetzt)

Weil wir zu Jesus gehören, sind wir rein. Allerdings können unsere Füße im Lauf des Tages schmutzig werden, und manchmal – je nachdem wo wir gewesen sind und was wir getan oder getragen haben – können unsere Füße sogar stinken. Auf unserer Reise durchs Leben können wir in so einiges treten, was schmutzig ist – zumindest weiß ich, dass ich es kann. Am Ende des Tages müssen wir den Staub abwaschen, der uns von unserer Reise durch den Tag anhaftet.

Deshalb sagt Jesus weiter:

> *Wenn also ich, euer Meister und Lehrer, eure Füße gewaschen habe, müsst ihr einander die Füße waschen.* ***Ich habe euch ein Beispiel gegeben. Was ich getan habe, das tut auch ihr.*** *Ich weise nur auf das hin, was ohnehin offensichtlich ist. Ein Diener steht nicht über seinem Herrn. Ein Angestellter erteilt seinem Arbeitgeber keine Befehle. Wenn ihr versteht, was ich euch sage, dann handelt danach – und lebt ein gesegnetes Leben.*
>
> Johannes 13, 14–17 (*The Message*, aus dem Englischen übersetzt)

Jesus wusch seinen Jüngern die Füße und trug uns auf, es ihm gleich zu tun. Ich denke nicht, dass er buchstäblich meinte, mein Mann solle mir jeden Abend eine kleine Pediküre machen (obwohl das sehr nett wäre, Liebling). Aber vielleicht ist die Fußwaschung ein Symbol dafür, dass wir uns gegenseitig erfrischen und auferbauen können, besonders wenn der Weg, auf dem wir gehen, voller Schmutz ist und seine Spuren an uns hinterlässt.

Ich habe an einigen merkwürdigen Fußwaschungen teilgenommen, besonders während der Zeit, als in Amerika Strumpfhosen praktisch als Voraussetzung für den Gemeindedienst galten. Doch zur Zeit Jesu gehörte das Waschen der Füße ganz selbstverständlich zur Begrüßung, wenn Leute dein Haus betraten – so wie heute das Umarmen und Küssen.

Ich schlage nicht vor, dass wir die Fußwaschung wieder einführen. Wir leben im Zeitalter der geschlossenen Schuhe und der gepflasterten Straßen, während die Menschen damals in Sandalen auf staubigen Wegen liefen. Mein Vorschlag ist folgender: Wenn wir das Zuhause eines Freundes oder einen Gottesdienstort betreten, sollten wir uns einen Moment Zeit nehmen, um den Staub des Tages abzuwischen und uns dann auf die Beziehungen einlassen, die wir dort vorfinden.

Wie die Löwinnen brauchen auch wir einander, damit Schmutz, Zecken und andere Parasiten aus unserem Leben entfernt werden.

Halte dich nicht für ganz vorzeigbar, wenn du doch seit Wochen nicht gebadet hast. Sei nicht hochnäsig und denke nicht, du seiest besser als alle anderen. Sei nicht gierig, gnadenlos und grausam wie die Wölfe, die die Armen zerreißen und sich an ihnen satt essen, die die Bedürftigen zerschmettern, nur um sie dann zu verwerfen. Ein Blutegel hat Zwillingstöchter. Sie heißen „Gib mir" und „Gib mir noch mehr".

Sprüche 30, 12–15 *(The Message,* aus dem Englischen übersetzt)

„Gib mir" und „gib mir noch mehr" sind Parasiten, die unsere Nährstoffe abziehen und uns unseres Lebens berauben. Gier und Maßlosigkeit sind wie Vampire. Wenn wir Teil einer Gemeinschaft sind, in der man sich umeinander kümmert, helfen wir uns gegenseitig dabei, unser Leben rein zu halten.

Vor nicht allzu langer Zeit musste ich entscheiden, ob ich das Recht hatte, in das Leben eines jungen Mannes zu sprechen. Er ist ein Leiter mit einer großen Verheißung und ich habe großen Respekt vor ihm. Weil ich mich für Gottes Ruf auf seinem Leben ein bisschen verantwortlich fühle, wollte ich ihm so etwas wie ein paar korrigierende Worte anbieten. Damit das funktionieren konnte, musste ich allerdings erst herausfinden, welche Art von Beziehung wir hatten. Ich musste wissen, ob er mich verstehen würde. Also fragte ich: „Wie siehst du meine Stellung in der Gemeinde?"

Er antwortete ohne zu zögern: „Ich sehe dich als Leiterin."

Seine Antwort sagte mir, dass ich sprechen konnte und er das, was ich zu sagen hatte, richtig verstehen würde. Hätte er anders geantwortet, hätte ich meinen Rat zurückgehalten.

Diese Art Fußwaschung funktioniert in beide Richtungen. Wir sollen nicht nur gegenseitig in unser Leben hineinsprechen. Wir sollen andere auch einladen, uns zu geben, was sie für uns haben. Ich habe eine sehr gute Freundin, die für mich wie eine große Schwester ist. Sie ist eine außerordentliche Pastorin und hat viel Erfahrung darin, die Töchter Gottes zu versammeln. Wir sind schon so lange eng befreundet, dass sie über meine Stärken und Schwächen Bescheid weiß.

Kürzlich hatte ich das Gefühl, ich sollte sie bewusst einladen, in meinem Leben als „Fellpflegerin" zu wirken. Bei einer Tasse Kaffee sagte ich ihr: „Ich brauche dich, damit du in mein Leben sprichst. Wenn du hörst oder siehst, dass ich etwas sage oder tu, das töricht oder nicht in Ordnung ist, dann sage es mir bitte. Ich denke keineswegs, dass ich geistlich schon am Ziel oder über jede Korrektur erhaben bin. Ich brauche jemanden, der qualifiziert ist, Wegweisung und Weisheit in mein Leben zu sprechen."

Liebenswürdigerweise war sie damit einverstanden, sich um eventuelle unansehnliche Bereiche meines Lebens zu kümmern. Damit das funktionieren kann, muss ich eine Beziehung mit ihr pflegen. Ich halte bewusst Kontakt zu ihr und begebe mich unter ihre Lehre, indem ich ihre Bücher lese und ihre Podcasts anhöre. (Es gibt keinen Grund, warum sie für mich wiederholen sollte, was sie bereits klar gesagt hat.) Sie hat kein Verlangen, mich zu kontrollieren. Sie möchte nur sicherstellen, dass mein Gesicht nicht schmutzig ist. Wenn wir alle an einem sozialen „Fellpflegeprozess" beteiligt sind, verstehen wir, dass es auf die anderen Schwestern zurückfällt, wenn wir schmutzig sind.

Wenn du einen Gottesdienstort betrittst und nicht begrüßt wirst oder keine Beziehungen knüpfen kannst, dann ermutige ich dich, eine Gemeinde zu suchen, in der es Anschluss und Beziehung gibt. Freundschaften und Gemeinden ohne Anschluss und Beziehung werden dich nicht für das vorbereiten, was Gott mit dir vorhat. Es wird offensichtlich, wenn wir diese „Fellpflege" brauchen. Ich habe meine Pastorenfreundin eingeladen, in mein Leben zu sprechen, weil ich merkte, dass ich diese Art Pflege brauchte. Ich fühlte mich isoliert und missverstanden. Diese Gefühle sind nicht gerade das, was man schmückendes Beiwerk nennt. Ich wusste, ich brauchte die Hilfe einer anderen Löwin, um den Ballast aus meinem Leben „herauszukämmen" und zu entfernen.

Dieser „Fellpflegeprozess" kann ein wichtiger Anknüpfungspunkt für uns sein. Es scheint, dass unsere Raubkatzenfreundin dabei instinktiv weiß, was wir Menschen oft erst mühsam lernen müssen: Es kann gefährlich sein, sich bei der Fellpflege ausschließlich auf sich selbst zu verlassen.

Heiligkeit, nicht Sauberkeit

Sicherlich weißt du noch, dass Petrus die Fußwaschung zwar abwehrte, sich aber dann für eine Ganzkörperreinigung anmeldete, woraufhin Jesus ihm zu verstehen gab, dass er nicht so penibel zu sein brauchte. Jesus sagte ihm:

> *Mein Anliegen ist die Heiligkeit, nicht die Sauberkeit.*
> Johannes 13, 10 *(The Message,*
> aus dem Englischen übersetzt)

Jesu Anliegen sollte auch unser Anliegen sein: Heiligkeit, nicht Sauberkeit. Schließlich wird es das sein, wofür wir zur Verantwortung gezogen werden. Wenn wir auf uns selbst schauen, greifen Missgunst und Maßlosigkeit um sich. Manche Christen sind sehr beschäftigt damit, heilig zu wirken, während sie gleichzeitig andere beschuldigen, unrein zu sein. Das war es, was Jesus ansprach, als er sagte:

> *Sorgfältig achtet ihr darauf, dass eure Tassen und Teller nach außen sauber sind, doch innerlich seid ihr durch und durch verdorben – voller Missgunst und Maßlosigkeit!*
> Matthäus 23, 25 *(Neues Leben)*

Wir sollten uns an dieser Stelle das ganze Bild vor Augen halten: Bei der Heiligkeit geht es weniger um die Sauberkeit als vielmehr um das Herz. Im Laufe eines gewöhnlichen Tages können zwar unsere Hände und Füße schmutzig werden, nicht aber das, was Gott allein reinigt. Er allein ist der Herr, unser Gott, der uns heilig macht!

Verwirrung setzt ein, wenn wir mehr darauf achten, das Schlechte zu vermeiden, als darauf, das Gute zu tun. Dann besteht nämlich die Gefahr, dass unerwünschte Besucher und Räuber in den leer stehenden Raum in unserem Leben eindringen. Jesus ging umher und tat Gutes. Er ging nicht umher und vermied Böses. Das Gegenteil von Sünde ist die Tugend.

Das Gute überwindet das Böse. Wir können das Böse nicht durch Regeln verdrängen oder uns davor verstecken. Ja, wir sollten Grenzen haben und weise handeln. Ja, wir sollten am Bösen nicht teilhaben und uns nicht mit ihm zusammentun. Aber versuchen wir etwas wegzuschrubben, das gar nicht entfernt werden muss?

Lass uns nicht versuchen, uns selbst und andere von den falschen Dingen rein zu waschen.

Jesu Rat bezüglich der Reinigung des Körpers von Missgunst und Maßlosigkeit war folgender:

> *Deshalb gebt den Bedürftigen, was ihr in eurer Habgier zusammenrafft, und ihr werdet* ***in allem rein sein.***
>
> Lukas 11, 41 *(Neues Leben)*

Gottes Anliegen ist es, dass wir innerlich rein sind. Er hat mich dazu ermutigt, seinen Leib, die Gemeinde, mahnend daran zu erinnern, dass es an der Zeit ist, aus unseren allzu sauberen Gebäuden zu kommen und sich beim Versuch, anderen zu helfen, Hände und Kleider schmutzig zu machen.

Das war die Lektion, die Simon, der Pharisäer, lernen musste.

Die ultimative „Fellpflege"

Simon, der Pharisäer, hatte Jesus zum Essen in sein Haus eingeladen. Eine Menge „sauberer" Menschen waren dort versammelt, als die Stadthure hereinplatzte. Sie hatte gehört, dass Jesus da sein würde und tauchte auf. Als ob das nicht schon schlimm genug gewesen wäre, zog sie auch noch eine Phiole mit teurem Parfüm hervor, kniete vor Jesus nieder und goss es unter Tränen auf seine Füße! Armer Simon. Alles was er wollte, war eine nette Dinnerparty mit Jesus und seinen Freunden – und dann das. Als Simon sah, was passierte, sagte er sich: „Wenn dieser Mann der Prophet wäre, für den ich ihn gehalten habe, dann würde er wissen, was für eine Frau das ist, die sich ihm da zu Füßen wirft" (frei nach Lk. 7, 39).

Dann stellte Jesus Simon eine Frage. Er wollte wissen, wer wohl für die Tilgung seiner Schulden dankbarer wäre: jemand, der eine geringe Summe schuldete, oder jemand, der eine hohe Summe schuldig war. Simon antwortete korrekt, dass der Mensch, dem die größere Schuld erlassen war, dankbarer sein würde.

Plötzlich wandte sich Jesus an das offensichtliche Problem im Raum (also an die Hure):

> ***Während er sich der Frau zuwandte, sprach er zu Simon*** *und sagte: „Siehst du diese Frau? Ich bin zu dir nach*

> *Hause gekommen. Du hast kein Wasser für meine Füße bereitgestellt, aber sie hat ihre Tränen auf meine Füße fallen lassen und sie mit ihren Haaren getrocknet. Du hast mich nicht gegrüßt, aber sie hat seit meinem Eintreffen nicht aufgehört, meine Füße zu küssen. Du hast keine Erfrischung bereitgestellt, aber sie hat meine Füße mit Parfüm übergossen.* ***Ist das nicht beeindruckend?*** *Ihr wurden viele, viele Sünden vergeben, also ist sie sehr, sehr dankbar. Wenn etwas sehr Geringes vergeben wird, ist auch die Dankbarkeit sehr gering."*
>
> Lukas 7, 43–47 (*The Message*, aus dem Englischen übersetzt)

Diese Verse sind eine Aufzeichnung dessen, was Jesus *über diese Frau* in der Gegenwart der religiösen Experten sagte, aber noch bezeichnender sind die Worte, die er *an sie* selbst richtete:

> *Dann sprach er zu ihr: **„Ich vergebe dir deine Sünden."** Daraufhin fingen die Gäste an, hinter seinem Rücken zu reden: „Für wen hält er sich, dass er Sünden vergibt!" Er nahm keine Notiz von ihnen und sagte zu der Frau: „Dein Glaube hat dich gerettet. Gehe in Frieden."*
>
> Lukas 7, 48–50 (*The Message*, aus dem Englischen übersetzt)

Es ist beachtenswert, dass Jesus genau die Person freisprach, die als einzige nicht zu der Party eingeladen war. Warum? Weil sie, anders als Simon, ihn begrüßt und seine Füße gewaschen hatte. Simon hatte sich selbst eine Position eingeräumt, die zu erhaben war, als dass er sich vor Jesus hätte demütigen können – aber diese Frau nicht.

Stand die Vergebung der Sünden auch Simon zur Verfügung? Natürlich. Sie stand jedem der Anwesenden zur Verfügung. Jesus erklärte das in dem Gleichnis, das er erzählte. Doch in diesem Moment war Simon völlig unfähig, zu erkennen, dass er die Herzensreinigung brauchte, die nur Jesus wirken konnte.

Wenn wir denken, dass wir keine Herzensreinigung mehr nötig haben, beginnen wir, andere zu verurteilen. Wenn wir andere verurteilen, enthalten wir ihnen vor, was wir selber brauchen. So war es bei Simon der Fall. Er brauchte eine Fußwaschung. Er brauchte den Friedensgruß. Er brauchte die heilende Wirkung des Salböls. Aber weil er dachte, er hätte diese Dinge nicht mehr nötig, bot er seinen Gästen kein wie auch immer geartetes Begrüßungs- und Reinigungsritual an.

Ein Ehrenplatz

Während ich diese Zeilen schreibe, kann ich nicht umhin, mich zu fragen, ob Jesus sein Gesicht dieser Frau zugewandt hält, während er den gesetzlichen Leitern unserer Zeit ungefähr Folgendes sagt: „Ihr ignoriert diese Frau, weil ihr denkt, ihre Sünde sei zu groß, als dass sie irgendeine Aufmerksamkeit verdient hätte. Ihr meint, dass sie irgendwie nicht gut genug sei, um mir dabei behilflich zu sein, das Evangelium sichtbar zu machen. Doch ich habe diese Frau als Beispiel hervorgehoben – und so die Last von den Frauen genommen. Ihr meint, Evas Sünde sei größer als die Sünde Adams, und deshalb verwehrt ihr ihren Töchtern den Zugang zu meinem Tisch. Doch vergesst nicht, dass die, denen viel vergeben ist, umso dankbarer sind. Diesen Töchtern wird ein Ehrenplatz zugewiesen werden, auch wenn es der Platz ist, an dem sie meine Füße waschen und salben."

Liebe Löwinnen, es ist an der Zeit, dass wir wieder einmal etwas tun, worüber unser wunderbarer Herr gerne berichtet. Dafür bin ich bereit, ein paar Füße zu waschen und auch meine eigenen waschen zu lassen. Wir wollen alles Mögliche tun und an jeden erdenklichen Ort gehen, wenn das Jesus Grund zum Staunen gibt. Simon dachte, dass diese unmoralische Frau einfach über Jesus hergefallen sei, aber Jesus fand ihre unbeholfenen Versuche großartig. Mache dir keine Sorgen, wenn deine Versuche anfangs etwas ungeschickt wirken. Nimm dir nur fest vor, damit anzufangen. Ich möchte, dass der Eindruck, den wir alle auf Jesus machen, ihn dazu bewegt, von uns zu sagen: „Ich bin beeindruckt, weil sie mir so viel Liebe erwiesen haben."

Lass uns etwas Wunderbares und Bedeutendes für unseren Herrn tun. Wir gießen unsere Anbetung über ihm aus, wenn wir unsere Freundlichkeit, unsere Willkommensgrüße und unsere Reinigungsangebote großzügig verteilen. Wir wollen einander für seine

Wiederkunft und unsere Auferstehung salben. Wir wollen einander die Füße waschen, notfalls mit unseren Tränen. Lasse sie ungehindert laufen, bis genug Wasser da ist, um den Staub und den Schmutz von den Füßen der Gemeinde zu waschen. Lass uns über unsere eigenen Sünden weinen und über die Ungerechtigkeit, unter der unsere Schwestern und Kinder auf der ganzen Welt zu leiden haben. Wenn die Gnade, die über dich ausgegossen wurde, nicht genügt, um dich in Tränen ausbrechen zu lassen, dann lasse dein Herz von der unmenschlichen Bedrängnis der gefangenen Töchter bewegen. Deine Tränen waschen die Füße anderer und erheben unseren Herrn.

Der Gruß und das Reinigungsritual der Löwin ist ein Symbol für die Art und Weise, auf die wir einander Annahme und Zugehörigkeit vermitteln sollen. Die Art, auf die wir uns begrüßen, zeigt an, wie wir einander sehen (als Leiter, Gleichrangige oder Jünger). Wie andere dich sehen, bestimmt, auf welche Art die Beziehung mit dir gepflegt wird. Das Beispiel der Löwin zeigt uns, dass wir anderen Wert beimessen, wenn wir die Beziehung mit ihnen pflegen. Wenn wir sie solcherart anerkennen, würdigen wir sie, verhalten uns demütig und respektvoll. Unser Gruß sollte sagen: „Ich kenne dich. Ich schätze dich. Ich bin für dich da. Und was den Schmutz an dieser rauen Stelle hier angeht – lass mich dir helfen, ihn wegzuwaschen."

Ich bin gerade von einem zweitägigen Treffen mit meinen „Löwinnen" zurückgekommen. Wenn wir uns treffen, umarmen wir uns. Wir empfinden es als wohltuend und tröstlich, beisammen zu sein. Wir waren zu sechst und verteilten uns auf zwei Hotelzimmer. Wir schliefen gemeinsam ein und wachten gemeinsam auf. Wir verbrachten den ganzen Tag zusammen, aßen und tranken Kaffee miteinander. Wenn wir abends schon in unsere Pyjamas geschlüpft waren, trafen wir uns noch einmal und setzten unser Begrüßungs- und Reinigungsritual bis spät in die Nacht fort. Wir haben gelernt, offen zu sein und einander frei zu begegnen. Zu diesem harten Kern kostbarer Freundinnen gehören Mütter mit gebrochenem Herzen, eine rastlose Reisende, eine müde Kriegerin und eine begeisterte Visionärin.

Den ersten Abend verbrachten wir damit, uns gegenseitig zu begrüßen. (Ich hab dich lieb. Ich habe dich vermisst.) Als wir am nächsten Morgen aufwachten, begannen wir mit der „Fellpflege". (Wie geht es dir?) Wir kennen die Stärken und Schwächen der anderen. Wir verstehen, dass sie manchmal ein und dasselbe sind. Wir stellen einander schwierige Fragen. Wir lachen, weinen und beten zusammen, wir bekennen einander unsere Ängste, Sünden und Schwächen. Am Ende beten wir füreinander, für unsere Kinder und unsere Zukunft. Wenn ich weggehe, bin ich erschöpft, aber zeckenfrei. Außerdem bin ich gebürstet und meine Füße sind gewaschen.

Ich habe diesen Reinigungsprozess schätzen gelernt, weil ich weiß, dass diese Löwenschwestern mich lieben und für mich da sind. Ich weiß, welche Rolle sie in meinem Leben spielen, und sie wissen, welche Rolle ich in ihrem Leben spiele. Manchmal sind wir geteilter Meinung, aber deshalb löst sich unsere Gruppe nicht auf.

Wer sind die Frauen in deinem Leben, die begrüßt werden müssen? Wen gibt es in deiner Welt, der von ein bisschen sanfter „Fellpflege" profitieren würde? Gibt es jemanden, den du einladen könntest, ein Teil deines eigenen Reinigungsprozesses zu werden?

8

DIE LÖWIN ALS STRATEGIN

Kraft und Gerechtigkeitssinn denen,
die leiten und entscheiden,
Kraft und Können denen,
die wachen und beschützen.

*Jesaja 28, 6 (**The Message**, aus dem Englischen übersetzt)*

Löwinnen sind nicht die stärksten Geschöpfe in der Savanne, aber was ihnen an Kraft fehlt, machen sie durch Strategie und Tapferkeit wieder wett. Unsere Löwenschwestern arbeiten als strategisches Team zusammen, das aus miteinander verwandten weiblichen Tieren besteht. Es gibt im Rudel Schwestern, Tanten, Mütter, Töchter und Cousinen. Sie alle sind mehr oder weniger entfernt miteinander verwandt und daher gut vertraut mit den Stärken und Schwächen der anderen. Wenn es darum geht, Nahrung zu erjagen, ein verirrtes Junges zu suchen oder den Nachwuchs zu erziehen und zu beschützen, hat jede Löwin im Rudel ihre Rolle und kann ihren Beitrag leisten.

Lass uns mit der Dynamik des Jagens beginnen. Wenn Löwinnen jagen, kommen drei bedeutsame Faktoren ins Spiel: Das richtige Timing, Tarnung und Nähe. Für die Löwin ist das richtige Timing nicht nur wichtig – es ist alles. Sie hat eine Fertigkeit erworben, die wir uns besser auch aneignen sollten: Lasse das Timing für dich arbeiten. Timing und Licht sind die Elemente, auf die die Löwin achtet, wenn sie überlegt, wann sie jagen soll. Sie jagt, wenn ihre Umgebung dafür die besten Bedingungen bietet – in der Abend- und in der Vormorgendämmerung. Niemand kann einen Sonnenuntergang beschleunigen oder den Aufgang der Sonne verzögern. Löwinnen planen dementsprechend und sind geduldig. Weniger Licht bedeutet bessere Tarnung, wodurch sie näher an ihre Beute herankommen. Mit dem Einbruch der Dunkelheit verschlechtert sich das Sehvermögen der meisten Tiere in der afrikanischen Ebene, während das der Löwin erhalten bleibt (mehr darüber später).

Wenn die Lichtverhältnisse für sie günstig sind, achtet sie auch noch auf das richtige Timing und die richtige Positionierung.

Löwinnen verstecken sich meist in der offenen Ebene. Am Tage tauchen sie ganz beiläufig auf und lassen sich auf der windabgewandten Seite am Rand der Beutetierherde nieder. Wenn sie den besten Platz gefunden haben, legen sie sich auf die Erde.

Auf die Herde hat die Anwesenheit der Löwin allerdings massive Auswirkungen. Ihre Gegenwart erschüttert die Ebene. Wer sich in nächster Nähe befindet, verfällt in Panik und flieht. Die verängstigten Tiere wenden sich der Löwin zu um zu sehen, ob sie hinter ihnen her ist. Doch die Löwin hat sich nicht bewegt. Noch ist die Zeit nicht gekommen. Sie verharrt still und kaum wahrnehmbar im goldenen Gras. Sie mag in der Wartezeit ein Schläfchen halten, aber es ist kein tiefer Schlaf. Sie sammelt nur ihre Kräfte, während sie auf den richtigen Moment zum Zuschlagen wartet.

Die schreckhafte Herde beruhigt sich und die Löwin ist vergessen. Die Tiere senken ihre Köpfe wieder und grasen weiter. Die Löwin übt sich in Geduld, bis sie zu einem Teil der Landschaft geworden ist. Ihre Beute entspannt sich und fühlt sich in der Gegenwart der Löwin gefährlich sicher. Die Löwin hat erreicht, was sie erhofft hat: eine Atmosphäre der Sorglosigkeit macht sich breit. Nun beginnt die Löwin, ihren Plan auszuführen.

Während die Abenddämmerung hereinbricht, schleicht sich die Löwin näher heran, langsam, knapp über dem Boden. Ihre riesigen Pranken verursachen praktisch kein Geräusch. Mit gesenktem Kopf macht sie wohlüberlegte Pausen, um die Entfernung zu ihrer Beute einzuschätzen. Der Überraschungseffekt und die Nähe sind von entscheidender Bedeutung für den Erfolg ihres Angriffs. Die Impala-Antilope ist ihr an Schnelligkeit überlegen.

Plötzlich stürzt die Löwin aus dem Unterholz. Die zu Tode erschrockene Impala-Antilope springt auf und davon. Ihre Hinterläufe entgehen nur knapp den scharfen Krallen der Löwin. Die Jagd ist eröffnet. In dieser Schrecksekunde merkt die Impala-Antilope nicht, dass sie in einen Hinterhalt läuft. Eine andere Löwin taucht vor ihr auf. Sie macht kehrt, um ihr zu entkommen, und kreuzt den Weg einer weiteren Löwin. Das Töten geht schnell und beinahe menschlich vor sich.

Hat unsere erste Löwin versagt? Vielleicht, vielleicht nicht. Eines aber ist gewiss: Sie war Teil eines sorgfältig ausgeführten strategischen Planes. Löwinnen sind die einzigen Großkatzen, die in Einheit jagen. Tiger, Leoparden, Panther und Geparden jagen allein. Löwinnen hingegen jagen zusammen. Sie sind äußerst begabte Jägerinnen. Jede Löwin nimmt ihre Position ein und perfektioniert ihre Jagdkünste in der Gesellschaft ihrer Schwestern im Rudel. Es ist bekannt, dass männliche Löwen mitten in eine Herde stürzen und versuchen, zu reißen, was sie können. Schließlich ist ein Löwe eine hervorragende Tötungsmaschine. Löwinnen aber eilen nicht ... sie tanzen. Ihre koordinierte Jagd ist atemberaubend. Aus diesem Grund bezeichnet man die Löwin als *die Meisterin der Jagdkunst.*

Kunstfertigkeit

Ich benutze das Wort „Kunstfertigkeit" bereits seit einiger Zeit absichtlich in Gesprächen. Man erntet damit immer hochgezogene Augenbrauen. Es ist noch nicht überbeansprucht und seiner ursprünglichen Bedeutung beraubt, wie das bei vielen anderen Wörtern der Fall ist. Wie die Löwin selbst lässt uns das Wort „Kunstfertigkeit" an etwas Erstaunliches und Mysteriöses denken.

Die jungen Frauen, die mit mir reisen, verwenden dieses Wort in verschiedenen Zusammensetzungen, um zu sehen, wie es passt. Sie sprechen von der Kunstfertigkeit oder der Kunst des Reisens, des Packens, des Betens und des Predigens. Wir wollen *Kunstfertigkeit* zum neuen Modewort machen.

Nun aber ernsthaft: Das Wort *Kunstfertigkeit* beinhaltet Bedeutungen, von denen ich mir wünsche, dass Frauen sie entdecken und ausleben. Ich würde es gerne nicht nur in Verbindung mit der Jagd sehen, sondern auch mit Wörtern wie „Strategie", „Innovation", „Erziehung", „Stil" und „Kommunikation".

Die Möglichkeiten sind schier endlos. Doch die Löwin *spricht* nicht von Kunstfertigkeit – sie *ist* Kunstfertigkeit.

Wenn Kunstfertigkeit eine Form hätte, wäre sie bestimmt katzenhaft. Obwohl ich eine Hundefreundin bin, kann ich mir nicht vorstellen, das Wort *Kunstfertigkeit* in Zusammenhang mit meinem Yorkshireterrier zu verwenden. Wenn Kunstfertigkeit eine Farbe hätte, wäre sie meiner Vorstellung nach golden. Die Beschaffenheit? Leicht wogendes Fell. Für mich geht Kunstfertigkeit mit Bestimmung einher und, wo nötig, auch mit geschmeidiger Schläue. Kunst – oder Kunstfertigkeit – kann nicht erzwungen oder vorgetäuscht werden. Wenn du sie hast, dann gehört sie dir. Kunstfertigkeit ist das, was die Löwin stark macht. Ihre Stärke macht ihr keine Angst. Im Gegenteil, sie beruhigt sie.

Gemäß dem Internet-Synonym-Lexikon „woxikon" umfasst „Kunstfertigkeit" Wörter wie „Fähigkeit", „Geschick", „Können", „Tauglichkeit", „Geschicklichkeit", „Vermögen" und „Technik". Darüber hinaus liebe ich diese Synonyme: „Talent", „Begabung", „Gewandtheit", „Bravourleistung" und „Virtuosität".[1]

Wie die Löwin verfügst auch du über deine eigene Form der Kunstfertigkeit – über außergewöhnliche Fähigkeiten oder Stärken, die nur darauf warten, in deinem Leben sichtbar zu werden. Sie mögen im Verborgenen darauf warten, ans Licht gelockt zu werden, aber zweifle niemals daran, dass sie da sind. Gott verbirgt Talente und Fähigkeiten tief im Inneren einer jeden von uns. Unsere Aufgabe ist es, sie auszugraben und zu kultivieren. Die Kunstfertigkeit könnte sagen: „Ich weiß nicht alles und ich kann nicht alles machen, aber das, was ich kann, mache ich gut." Bereiche, in denen wir mit Kunstfertigkeit begabt sind, werden oft im Spiel entdeckt, im Sport oder beispielsweise beim Erfinden von Fantasiegeschichten. Gibt es da etwas in dir, das herauskommen und spielen will? Der Bereich deiner Kunstfertigkeit kann das sein, was aufgewühlt wird, wenn du Löwinnen furchtlos in Aktion siehst. Ob sie nun jagen, beschützen oder erziehen – sie tun das, worin sie gut sind.

Warum hält man Löwinnen für die Meisterinnen der Jagdkunst? Sie jagen *zusammen,* ohne Konkurrenzdenken und ohne aus der Reihe zu tanzen. Der Beitrag einer Frau ist nicht wichtiger als der einer anderen. Wir sind darauf angewiesen, dass du ganz *du selbst bist.* Die Fähigkeiten eines anderen zu kopieren, ist für niemanden von Nutzen, am allerwenigsten für dich selbst. Individualität kommt nicht vom Vergleichen, Kopieren oder Konkurrenzdenken. Jede Löwin kultiviert ihre eigenen Fähigkeiten. Wir täten gut daran, ihrem Beispiel zu folgen.

> *Da wir nun alle meisterhaft geformte Teile sind, die im Leib Christi wunderbar funktionieren,* ***lasst uns einfach vorwärtsgehen und das sein, wozu wir geschaffen wurden,*** *ohne uns neidisch oder stolz miteinander zu vergleichen oder zu versuchen, etwas zu sein, das wir nicht sind.*
>
> Römer 12, 5–6 *(The Message,* aus dem Englischen übersetzt)

Ich bin auf Konferenzen oft zusammen mit höchst begabten Sprecherinnen. Es kann einschüchternd wirken, eine ihrer Predigten zu verfolgen. Durchs Versuchen (mit den dazugehörigen Fehlern) habe ich gelernt, dass es das Beste ist, einfach nur ich selbst zu sein – und das, so gut ich kann. Denke daran, dass niemand dich in seine Welt einlädt, damit du vorgibst, jemand anders zu sein. Jeder möchte *dich* kennen lernen.

Wenn ich in der oben genannten Schriftstelle „meisterhaft geformt" und „wunderbar funktionieren" lese, denke ich an unser Wort – „Kunstfertigkeit" – und daran, dass die bloße Erschaffung deiner Person sowohl Ehrfurcht gebietend als auch erstaunlich ist. Gott hat dir nicht einen Geist der Furcht eingehaucht, sondern einen Geist der Kraft, der Liebe und der Besonnenheit (siehe 2. Tim. 1, 7; *Luther).* Du bist wunderbar geschaffen, nicht ängstlich und furchtsam. Du, meine Liebe, wurdest in einer Zeit des weltweiten Terrors auf die Erde gesetzt, um die Wunder Gottes zum Ausdruck zu bringen. Du bist dazu berufen, ein wunderbar funktionierendes

Teil zu sein. Das ist meiner Meinung nach ein anderer Ausdruck für Kunstfertigkeit.

Gott lädt jede Einzelne dazu ein, ihre Position einzunehmen wie die Löwin – jede an ihrem Platz, jede in ihrer eigenen Stärke.

Die Überlegenheit der Löwin bei der Jagd wird in vielen afrikanischen Kulturen bewundert. Angesehene Krieger und Jäger erwerben sich den Titel „Sohn der Löwin". Es ist die Löwin, die den Jungen – männlichen und weiblichen – das Jagen beibringt. Die Schrift weist sogar ausdrücklich auf diese Dynamik hin:

> *Welch eine Löwin war deine Mutter unter Löwen! Sie kauerte in einem Rudel junger Löwen. Ihre Jungen wurden groß. Sie erzog eines ihrer Jungen zur Reife, einen kräftigen jungen Löwen. Er lernte, zu jagen.*
>
> Hesekiel 19, 2–3 *(The Message,* aus dem Englischen übersetzt)

Doch die Fürsorge der Löwin beschränkt sich nicht auf ihre Jungen. Viele Tiere tun das. Löwinnen sind bekannt dafür, dass sie sich auch um die älteren oder verletzten Löwinnen im Rudel kümmern. Sie sind das Bindemittel, das das Rudel als gesunde Einheit funktionieren lässt.

Der männliche Löwe ist eine herausragende Figur. Er fürchtet sich nicht davor, andere wissen zu lassen, dass er da ist. Im Gegensatz dazu liegt die Stärke der Löwin darin, dass sie sich fast unsichtbar machen kann. Es wäre ihrem Zweck nicht dienlich, wenn sie auf der Jagd auf sich aufmerksam machen würde. Und wenn es darum geht, die Jungen zu versorgen, ist eine gute Tarnung ein entschiedener Vorteil. Wenn ihre Jungen bedroht sind, liegen die Dinge allerdings anders.

> *Kannst du die Löwin lehren, sich an ihre Beute anzuschleichen und den Hunger ihrer Jungen zu stillen, während sie in ihrer Höhle kauern?*
>
> Hiob 38, 39 *(The Message,* aus dem Englischen übersetzt)

Diese Schriftstelle lässt uns in ein Gespräch zwischen Gott und Hiob hineinhören. Dieser Austausch offenbart, dass Gott der ist, der die Löwin lehrt, zu jagen, sich anzuschleichen und ihre wartenden Jungen zu versorgen. Ich frage mich, wie das funktioniert. Setzt unser wunderbarer Gott Hinweise und Signale in den Lebensraum der Löwin, um ihre Technik ständig zu verfeinern? Lehren die von Gott eingesetzten Elemente der Schöpfung die Löwin, zu jagen und fürsorglich zu sein, so wie das Wunder der Schöpfung unser Verlangen weckt, Gott zu suchen und einander zu lieben?

Eine wilde Jagd

Ich möchte deine Vorstellung von der Jagd erweitern. Die Jagd beschränkt sich nicht auf das *Töten und Fressen. Jagd* beschreibt auch das Verfolgen, das Suchen, manchmal auch das Retten. Das Verb bedeutet „schnell verfolgen und zu fangen suchen", „treiben", „sehr schnell laufen", „sich rasch fortbewegen", „etwas unbedingt und schnell haben wollen".[2] Ich finde es interessant, dass diese Verben herangezogen werden, um zu beschreiben, wie wir Gott nachjagen.

> *Gott! Gott! Ich laufe zu dir um mein Leben; die Jagd ist wild.*
>
> Psalm 7, 1 *(The Message,* aus dem Englischen übersetzt)

Diese Jagd ist aufregend. Ich liebe die Vorstellung von einer „wilden Jagd nach Gott". Dieses Bild beschreibt alles andere als eine morgendliche Stille Zeit, die man im Halbschlaf verbringt. Diese Worte vermitteln Dringlichkeit, Schnelligkeit und zielgerichtetes Streben. Man könnte diese Schriftstelle auch aus einem anderen Blickwinkel betrachten. Sie könnte die Schilderung einer Flucht *vor* etwas Wildem und Gefährlichen sein – oder eine Jagd durch die Wildnis *zu* Gott. Beides ist möglich. Beides ist aufregend, obwohl ich den Gedanken an eine wilde, gefährliche Jagd nach Gott bevorzuge. Ich mag auch den Gedanken, dass er mir nachjagen könnte. Manchmal, wenn ich die Bergkette betrachte, die ich durch mein Vorderfenster sehen kann, flüstere ich: „Gott, wer bist du? Ich möchte mich im Licht deiner wilden Macht sehen!"

Sicherlich wird niemand glauben, dass er Gott jagen könnte. Es wäre lächerlich, auch nur daran zu denken, ihn aus dem Gleichgewicht zu bringen. Doch wir können einen kurzen Blick darauf werfen. Alles, was ich mir wünschen könnte, ist in ihm verborgen. Meine Liebe, ich habe nie zuvor einen so dringlichen Aufruf zur Jagd vernommen. Es ist Zeit für eine stürmische Jagd nach Gott.

So wie die Löwin geduldig wartet, ist eine gut bemessene Wartezeit auch Teil unserer Jagd nach Gott. Der Psalmist schreibt:

> *Höre meine Stimme am Morgen, Herr. Früh am Morgen trage ich dir meine Bitten vor und warte voll Ungeduld.*
>
> Psalm 5, 4 *(Neues Leben)*

Jagd bedeutet auch, etwas rasch und heftig zu verfolgen. Das ist im Einklang mit allem, was wir bereits gesagt haben. Als letzten Punkt bezeichnet *Jagd* auch eine Suche, eine Verfolgung oder eine Expedition.

Als Töchter Gottes, des Höchsten, jagen wir nach Antworten, Weisheit und Stärke. Wir jagen Gott nach, damit er uns fangen kann. Wenn er uns einmal hat, werden wir sein Licht und Leben für andere sichtbar widerspiegeln.

> *Deine Schönheit und Liebe jagen mir nach jeden Tag meines Lebens. Ich bin wieder daheim im Haus Gottes für den Rest meines Lebens.*
>
> Psalm 23, 6 *(The Message,* aus dem Englischen übersetzt)

Weisheit und Ratschluss sind in der Gesellschaft von Frauen zu finden, die nicht nur Gott nachjagen, sondern die auch ihrerseits von Gott gejagt werden. In jeder dieser stürmisch erweckten Frauen befindet sich ein Anteil von Gottes Liebe und Mitgefühl, der anderen gegenüber zum Ausdruck kommt. Die Erde wartet darauf, zu sehen, was geschieht, wenn Gottes Schönheit und Liebe eine Gemeinschaft von Frauen nicht nur gefangen nimmt, sondern auch in Bewegung versetzt. Du, meine Liebe, bist Teil einer Expedition auf der Suche nach Wahrheit und der Offenbarung von Lösungen. Letztlich ist es eine Offenbarung unseres Löwen, Jesus, die uns nach gottgefügten Verbindungen suchen lässt. Es gibt Fragen, die nur Frauen stellen können. Es gibt Antworten, die Gott uns anvertraut hat, damit wir sie offenbar machen. Damit das geschehen kann, kommen wir zusammen.

Bevor unsere Löwenschwestern sich auf die Jagd begeben, kommen sie zusammen. Sie rasten gemeinsam, werden gemeinsam hungrig, sie strecken sich und erheben sich gemeinsam. Gemeinsam nehmen sie ihre Jagdposition ein, und wenn alles vorbei ist, gibt es ein gemeinsames Festessen. Dann wiederholt sich der Kreislauf von Neuem. Die Positionen können sich ändern, aber die Löwinnen sind immer zusammen!

Margaret Mead war eine brillante Kulturanthropologin, die nach vielen Jahren, in denen sie sich intensiv mit verschiedenen Kulturen beschäftigt hatte, die folgende Beobachtung machte: „Schwestern konkurrieren wahrscheinlich am meisten innerhalb der Familie, doch wenn sie erwachsen sind, haben sie auch die stärkste Bindung.“[3]

Als ich diese Worte las, dachte ich: „Genau das passiert! Wir werden erwachsen!“

Während der Arbeit an meinem Buch *Füreinander da sein* fiel mir auf, dass es fast keine biblischen Beispiele für Schwestern gibt, die ihr Leben mit einer gemeinsamen Strategie meistern. Ich war sogar entmutigt und fragte mich, wo ich ein Modell finden konnte, das Frauen als Freundinnen und Vertraute zeigte. Ich musste es einfach finden. Weißt du, wir werden uns nicht wie Löwinnen erheben, wenn uns der Geist Gottes nicht durch diesen Prozess führt.

Während ich die Schrift nach einem Beispiel durchforschte, merkte ich, wie Gottes Geist mir zuflüsterte: „Das Kapitel über die Töchter wird gerade jetzt geschrieben. Sage meinen Töchtern, dass sie gute Geschichten leben sollen!“[4]

Ich möchte nicht riskieren, dich im Unklaren darüber zu lassen, wie überaus wichtig dein Beitrag ist. Verstehst du, was das bedeutet? Sowohl als Einzelpersonen als auch gemeinsam sind wir gerade dabei, die Geschichte der Töchter Gottes zu schreiben – als Gemeinschaft von Schwestern, die zusammenkommen, um gute Geschichten zu leben. Als Schwestern, bei denen jedes Wort, jede Tat und jede Entscheidung zählt. Wenn das geschieht, kann ich sehen, wie sich Gottes Löwinnen in ungestümer Kraft, Anmut und Gewandtheit erheben.

Nach Gerechtigkeit streben

Es ist nicht nur so, dass wir uns gemeinsam erheben, um Gott und seinen Antworten nachzujagen. Es ist Zeit, dass wir uns erheben, um nach Gerechtigkeit zu streben. Gerechtigkeit erfordert kein abgeschlossenes Studium der Rechtswissenschaften. Gerechtigkeit sollte ein Lebensstil sein. Die Demokratie wurde als Zufluchtsort vor verheerender Ungerechtigkeit geschaffen. Unser Rechtssystem hat Gerichtshöfe als Schutzzonen für die Wahrheit aufgestellt. Die Entscheidungen, die dort mittlerweile getroffen werden, lassen uns natürlich mit der Frage zurück, ob sie nicht zu Abenteuerspielplätzen für gerissene Rechtsanwälte geworden sind.

> *Kraft und Gerechtigkeitssinn denen, die leiten und entscheiden, Kraft und Können denen, die wachen und beschützen.*
>
> Jesaja 28, 6 (*The Message,* aus dem Englischen übersetzt)

Diese Schriftstelle vermittelt uns eine bemerkenswerte Einsicht. Gerechtigkeit ist mehr als die Ausführung einer Liste von Regeln. Sie erfordert Nachdenken und Kraft. Wir brauchen weise Einsicht, damit unsere Richter Urteilssprüche fällen, die letztlich ein Volk und das Verhalten seiner Bürger von der Ungerechtigkeit in Richtung der Gerechtigkeit lenken. Die Erhaltung wahrer Gerechtigkeit verlangt starke Beschützer mit hervorragenden Fähigkeiten.

> *Denn zur Gerechtigkeit kehrt das Gericht zurück, und alle von Herzen Aufrichtigen werden ihm folgen!*
>
> Psalm 94, 15 (*Schlachter*)

Wir brauchen eine Wiederbelebung der Gerechtigkeit. Ich fürchte, unser Rechtssystem hat sein Gespür für gerechte Urteilssprüche verloren. Die von Herzen Aufrichtigen streben nach Gerechtigkeit. Wenn dein Herz stimmt, wird dir Ungerechtigkeit zuwider. Das gilt nicht nur für das Rechtssystem. Es sollte auf jeden Bereich des Lebens zutreffen. Während wir auf die Regierung, die Gemeinde oder auf jemanden anders warten, der das, was in unserer Welt schiefläuft, in Ordnung bringt, sterben Frauen und Kinder. Ich denke, wir können zumindest darin übereinstimmen, dass es zur Gerechtigkeit gehört, Kinder vor Schaden zu bewahren.

Löwinnen setzen ihre Gewandtheit ein und arbeiten zusammen, um die Jungen des Rudels zu beschützen. Wenn die Jungen gefährdet sind, wird die Löwin zu einer strategisch arbeitenden Kriegerin. Ich sah einen Dokumentarfilm, in dem eine Kobra es geschafft hatte, mitten in ein Rudel Löwen vorzudringen. Die Löwinnen bewahrten Ruhe, obwohl sich eine tödlich giftige Kobra in ihrer Mitte befand. Sie reagierten, indem sie die Jungen ruhig, geordnet und unverzüglich an einen anderen, sicheren Ort brachten. Jede packte das nächste Junge am Genick und brachte es schnell aus der Reichweite der Giftschlange. Eine Löwin blieb bei den Jungen, während ihre Schwestern zum Rudel zurückkehrten, um die Bewegungen der Schlange zu verfolgen.

Es beeindruckte mich, dass diese Löwinnen so weise waren, sich nicht auf einen Kampf mit der Kobra einzulassen, während die Jungen sich in der Nähe befanden. Es hätte die Jungen nicht nur gefährdet, sie wären auch im Weg gewesen. Sobald die Jungen in Sicherheit waren, konnten sie sich mit der Kobra beschäftigen. Das instinktive Vorgehen der Löwinnen war in höchstem Maße taktisch und strategisch.

Löwinnen verteidigen *alle* Jungen ihres Rudels aufs Heftigste. Eine Löwin wird ein Junges einer anderen Löwin genauso wenig einer Gefahr aussetzen wie ihr eigenes. Löwinnen jagen nicht nur zusammen, sie bemuttern auch ihre Jungen gemeinsam. Ebenso sollten wir es als unsere Aufgabe betrachten, alle Kinder dieser Welt aus der Reichweite dessen zu bringen, was ihr Leben gefährdet oder bedroht. Es ist nicht genug, sich um die eigenen Kinder zu sorgen. Das bedeutet, dass wir innerhalb und außerhalb unseres eigenen Zuhauses Kämpfe auszufechten haben. Lass uns für unsere Nachbarn aufstehen – sowohl für die nahen als auch für die fernen.

Der Drang der Löwin, die Jungen zu beschützen, ist so stark, dass sie schon vor der Empfängnis an die Sicherheit der Jungen denkt. Durch eine gottgelenkte Einrichtung der Natur haben Löwinnen die Fähigkeit, ihren Reproduktionszyklus aufeinander abzustimmen. Das erlaubt ihnen, gemeinsam zu empfangen und zu gebären.

Im Prinzip ist es also so, dass das ganze Rudel schwanger wird. Die Löwinnen wissen, dass gleichaltrige Junge bessere Überlebenschancen haben, weil sie die gleichen Möglichkeiten haben, Nahrung und Unterweisung zu bekommen. Wo sich all die goldfarbenen Babys tummeln, gibt es auch keinen Mangel an Muttertieren mit Milch. Weil das Rudel aus verwandten Weibchen besteht, wird eine Löwin immer auch das Junge einer anderen säugen und unterweisen. Es ist ein großer Vorteil, wenn man im Rudel unter Brüdern und Schwestern aufwachsen kann, die ungefähr dieselbe Größe und Erfahrung haben wie man selbst. Das bedeutet, dass die Rhythmen von Kampf, Fütterung, Ruhepause und Spiel ähnliche Muster aufweisen. Letztlich sorgt dies dafür, dass sich ihre Fähigkeiten ergänzen, was nicht nur die Überlebenschancen der Jungen erhöht, sondern auch die ihres zukünftigen Rudels.

Löwinnen unterweisen ihre Jungen, indem sie ihnen das richtige Verhalten vormachen. In freier Wildbahn gibt es nicht viel Raum für Fehler. Wenn Fertigkeiten nicht weitergegeben werden, ist das Überleben der Jungen gefährdet und das Vermächtnis des Rudels wird aufs Spiel gesetzt.

Löwinnen erlernen das Jagen durch Spielen. Sie lernen die einzelnen Elemente der Jagd schon als Junge kennen. Die Löwenmütter liegen herum, während die Jungen herumspringen und spielen. An diesem Treiben sind auch die Mütter beteiligt. Löwinnen kämpfen nicht mit den Jungen. Diese spielen gut miteinander. Sie erlauben den Jungen, sich stark zu fühlen, während sie umherstolpern, angreifen und herumspringen. Wenn sie zu weit gehen, ist immer eine Löwenmama in der Nähe, die mit einem Knurren oder einem Klaps dafür sorgt, dass niemand über die Stränge schlägt.

Dieses ausgelassene Herumtoben dient einem bestimmten Zweck, weil es unweigerlich die Stärken jedes Rudelmitglieds erkennen lässt. Gott liebt es, wenn wir lachen und uns erholen. Wir könnten sagen, wir befinden uns in einer Phase der Erholung, wenn wir spielen.

> *Weil du immer für mich eingestanden bist, bin ich frei zu laufen und zu spielen.*
>
> Psalm 63, 8 *(The Message,* aus dem Englischen übersetzt)

Als ich von der Tatsache erfuhr, dass Löwinnen gemeinsam empfangen und gebären, damit alle Jungen ihren Anteil an Nahrung und Unterweisung bekommen, hörte ich den Geist Gottes flüstern: „Lisa, jedes Kind verdient dieselbe Chance, zu überleben. Jedes Kind muss beschützt, ernährt, unterwiesen und versorgt werden." Das Wohlergehen der Kinder dieser Welt geht uns alle an. Wir müssen strategisch vorgehen, wenn wir Gerechtigkeit für sie erlangen wollen.

Eine heftige Reaktion

Wie viel mehr sollte eine Menschenmutter sich bemühen, Kinder zu retten, die nicht ihre eigenen sind?

> *Kann eine Mutter etwa ihren Säugling vergessen? Fühlt sie etwa nicht mit dem Kind, das sie geboren hat?* ***Selbst wenn*** *sie es vergessen würde, vergesse ich dich nicht!*
>
> Jesaja 49, 15 *(Neues Leben)*

Es ist so unvorstellbar, dass eine Mutter ihr Kind vergessen könnte, dass der lebendige Gott sagt: „selbst wenn sie es vergessen würde". Dieser Vers unterstreicht, wie unnatürlich es für eine Frau ist, ein Kind nicht zu ernähren oder es absichtlich zu verletzen. Traurigerweise leben wir in einer Zeit, in der das Undenkbare Realität geworden ist. Immer häufiger hören wir in den Nachrichten von Müttern, die die Sicherheit und das Wohlergehen ihrer Kinder für Drogen, Alkohol oder Geld aufs Spiel setzen.

Kürzlich berichteten die Medien über zwei schlimme Fälle, in denen zwei Mädchen von verschiedenen Ehepaaren entführt worden waren. Eines der tapferen Mädchen wurde achtzehn Jahre lang gefangen gehalten und brachte in dieser schrecklichen Zeit zwei Töchter zur Welt und kümmerte sich um sie. Das andere Mädchen war aus dem Haus ihrer Familie entführt und neun Monate lang festgehalten worden. Beide Mädchen wurden von den abscheulichen Verbrechern vergewaltigt und brutal misshandelt. In beiden Fällen wurden die kinderlosen Ehefrauen als Komplizinnen ihrer verbrecherischen Ehemänner mit angeklagt.

Als mein Sohn Alec erfuhr, dass auch Frauen an den Verbrechen beteiligt gewesen waren, war er schockiert. „Warum haben die

Frauen die Mädchen nicht befreit?“ fragte er. Er war einfach unfähig, sich eine Welt vorzustellen, in der Frauen Kinder nicht beschützten.

Alles was ich antworten konnte war, dass diese Frauen krank waren. Sie hatten die Wahl und sie beschlossen, nichts zu unternehmen. Aus irgendwelchen Gründen hatte sich in keiner von ihnen ein Mutterherz entwickeln können.

Wir neigen dazu, zu denken, dass Frauen von Männern unterdrückt werden, aber das ist nicht immer der Fall. Diese Frauen wussten, was vor sich ging, und unternahmen nichts. Eigentlich machten sie das Verbrechen an diesen Mädchen erst möglich.

Interessanterweise verdrehten die beiden männlichen Täter Bibelstellen und arbeiteten mit schiefen Argumenten bezüglich Unterordnung, um ihre Frauen und die Mädchen zu manipulieren. Weil die Frauen ihren Männern alles recht machen wollten, wurden sie zu Mittäterinnen und schockierten eine ganze Nation.

Im Gegensatz dazu wird eine Löwin sich immer zwischen ihre Jungen und jede Art von Gefahr stellen. Ich habe Berichte darüber gelesen, dass Löwinnen sich sogar gegen die männlichen Löwen ihres eigenen Rudels zusammenschlossen, wenn diese etwas taten, das die Jungen im Rudel gefährdete.

Niemals waren gesund handelnde Frauen dringender notwendig als heute – Frauen, die das Wort Gottes austeilen und ausleben. Wir müssen weise und wohlüberlegte Ansichten entwickeln, wenn es um Themen wie den Umgang der Geschlechter miteinander, Unterordnung und bedingungslosen Gehorsam in der Ehe geht. Gott wollte nie, dass irgendeines dieser Prinzipien eine Gefahr für jemand anders darstellt.

Es liegt in unserer Verantwortung, die Jungen und Verletzlichen zu schützen. Wie die Löwin sollten wir immer danach trachten, die Kinder aus der Gefahrenzone zu entfernen. Der Instinkt, den Gott den Löwinnen gegeben hat, sagt ihnen, was manche Frauen bereits vergessen haben: Eine Mutter wird ein Kind immer beschützen, auch wenn es nicht ihr eigenes ist.

Offensichtlich wird eine Frau nicht wirklich dadurch zur Mutter, dass sie ein Kind auf die Welt bringt. Vor einigen Monaten war ganz

Amerika entsetzt über die Geschichte eines hübschen, lächelnden fünfjährigen Mädchens, dessen Mutter sie als Sexsklavin verkauft hatte. Man fand die Leiche des kleinen Mädchens in einem Waldstück an einer Landstraße in North Carolina. Ich schaudere bei dem Gedanken, welche Berichte beim Erscheinen dieses Buches in den Nachrichten sein könnten.

Ich danke Gott dafür, dass es für die meisten von uns immer noch undenkbar ist, von ihren mütterlichen Gefühlen losgerissen zu sein. Die Bibel sagt, dass es eine grausame Zeit geben wird, in der verirrte Menschen vergessen werden, was es bedeutet, ein Mensch zu sein (siehe Rö. 1, 26). Ein Mensch zu sein, bedeutet, Gott ähnlich zu sein und ein Gewissen und etwas von Gottes Herzen in sich zu tragen. Gott ist empört über diese Abwertung des Lebens und über die Sexualisierung von Kindern, die nach seinem Bild geschaffen sind. Wenn wir wissen, wie Gott empfindet, sollten auch wir ebenso heftig wie liebevoll reagieren. Einige von uns sollten ihr Zuhause für gefährdete oder ungewollte Kinder öffnen und sie adoptieren. Wir müssen großzügig sein und dürfen uns nicht auf die Regierung verlassen, wenn es darum geht, etwas, das schiefläuft, in gerade Bahnen zu lenken. Lasst uns wahrhaft unseren Nächsten lieben.

Wenn wir im Angesicht von Unterdrückung und Ungerechtigkeit stumm bleiben, laufen wir Gefahr, eines Tages davon eingeholt zu werden. Ich sehne mich danach, zu sehen, wie die Gemeinde sich gegen die Ungerechtigkeiten des Menschenhandels und der Sexsklaverei erhebt. Ich bin mir dieser Ungerechtigkeiten fast immer irgendwie bewusst und ich spreche bei meinen Vorträgen oft darüber. Kürzlich erzählte ich einer jungen Frau, die im Flugzeug neben mir saß, wie sehr ich mich danach sehne, zu erleben, wie Frauen auf der ganzen Welt zusammenarbeiten, um diese Probleme anzupacken. Sie wandte sich mir zu und fragte: „Mit welchem Recht sprechen Sie diese Dinge an?"

Die Intensität ihrer Frage überraschte mich völlig. Ich war so perplex, dass ich erst nach einer kleinen Pause entgegnete: „Mit welchem Recht könnte ich es wagen, über diese Dinge zu *schweigen?"*

Mit gesenkter Stimme versuchte sie mir zu erklären, dass sie nur wissen wollte, ob ich über irgendeine Ausbildung oder Berufserfahrung diesbezüglich verfügte. Ich hielt ihrem Blick stand und erklärte ihr, dass ich in letzter Zeit kein Gesetz gefunden hätte, das es untersagte, seine Stimme gegen die Ungerechtigkeit zu erheben, und dass es meiner Erfahrung nach keine exklusive „professionelle" Antwort gebe. Das ungeheuerliche Ausmaß dieser Verbrechen wird auch ein großes Maß an Reaktionen erfordern.

Es ist eine krasse Ungerechtigkeit, Kinder ihrer Unschuld zu berauben und sie wegen der verkommenen Lust eines Erwachsenen zu versklaven. Wie könnte *irgendeine von uns* schweigen, angesichts all der Kinder, deren Stimmen man zum Schweigen gebracht hat?

Wie könnten wir nicht aufschreien, wenn es um dieses Thema geht? Wie oft müssen wir noch den Satz hören: „Für den Triumph des Bösen reicht es aus, wenn gute Menschen untätig bleiben", bevor wir nicht nur glauben, sondern auch Konsequenzen daraus ziehen? Wenn ich im Ausland in unbeschreiblich armen Gegenden unterwegs bin, sehe ich in die Augen der Mütter und frage mich, was sie sich denken müssen. Fragen sie: „Ist mein Kind weniger wert als deines?"

Gott bewahre, dass wir ihnen erlauben sollten, so zu denken. Als ich in Südostasien unterwegs war, erlebte ich zweimal, dass eine Mutter mir ihr Kind anbot. Eine Mutter ging so weit, das Kind in meine Arme zu legen. Während ich den Jungen hielt, schaute sie mich an, gestikulierte und sagte Worte, die ich nicht verstehen konnte. Einer anderen Mutter hatte ich gerade ein Kompliment wegen ihres hübschen Babys gemacht, als sie mich über einen Übersetzer fragen ließ, ob ich ihre Tochter haben wolle. Siehst du ihre Verzweiflung? Sie versuchten, mir, einer völlig Fremden, die nicht einmal ihre Sprache verstand, ihr Kind zu geben. Vielleicht erhofften sie sich Geld, aber ich glaube, dass es ihnen mehr um eine Hoffnung für ihr Kind ging. Ein Kind zu verkaufen, ist in unserer Kultur undenkbar, aber was würdest du tun, wenn du deinem Kind nichts mehr geben könntest?

Werden wir unsere Kinder so erziehen, dass sie darauf achten, die Welt und ihre Ressourcen mit den Kindern dieser Frauen zu teilen? Ich glaube, Gott möchte, dass du und ich genau das tun.

Die Kinder retten

Ja, es herrscht herzzerreißendes Elend in den Ländern, in denen die Armut die Seelen der Menschen in den Staub tritt; doch auch in unserer Nähe gibt es Kämpfe, die unserer Aufmerksamkeit bedürfen. Während ich an diesem Buch arbeitete, kam es zu einem interessanten Zwischenfall. Ich durfte einen kurzen Blick auf das werfen, was geschehen kann, wenn die Kunst der Strategie ihre Anwendung im Unterrichtswesen findet. Ich spreche von einem kurzen Blick, weil mein Beitrag nur ein kurzer Ausflug war und ich respektvoll anerkenne, dass es viele gibt, die wachsam und aktiv am Unterrichts- und Erziehungswesen beteiligt sind. Ich danke Gott für Lehrer und Erzieher, die unermüdlich arbeiten, um mit einem knappen Budget einen hochwertigen Unterricht zu ermöglichen. Aus diesem Grund sind sie manchmal auf unsere Unterstützung angewiesen.

Eines Abends musste mein jüngster Sohn Arden noch eine Lesehausaufgabe erledigen. Weil er von Basketball-Probespielen völlig erschöpft war, fragte er mich, ob ich bereit wäre, ihm den Text vorzulesen. Er befürchtete, dass er einschlafen würde, wenn er versuchte, ihn selbst zu lesen. Der Rest der Familie war im Wohnzimmer und schaute sich ein Footballspiel an. Weil der Lärmpegel dort ziemlich hoch war, flüchteten wir uns ins Schlafzimmer.

Während des Lesens begann der Inhalt des Buches mich immer mehr zu beunruhigen. Es war eine Zusammenstellung der Selbstmordgedanken von Teenagern, von Vandalismus, Missbrauch von Ehepartnern und Kindern, Gewalt, Alkoholkonsum von Minderjährigen, Alkoholismus, elterlicher Vernachlässigung von Kindern und Ladendiebstahl. Gerade als ich dachte, es könne nicht noch schlimmer werden, kamen wir zu einer Stelle mit höchst bedenklichem sexuellen Inhalt.

Mein Sohn wandte sich an mich und sagte: „Mama, ich will dieses Buch nicht mehr lesen." Dann erzählte er mir, dass es noch weitere Stellen gab, die ähnlich anstößig waren. Wir hatten nur das Problem, dass dieses Buch zur Lektüre gehörte, die für die Schüler seines Jahrgangs im Literaturunterricht vorgeschrieben war. Ich beschloss, die Schule am nächsten Morgen anzurufen und darum zu bitten, dass man Arden ein anderes Buch zu lesen gab. Als ich am nächsten Morgen mit der Lehrerin sprach, war sie einverstanden, Arden ein anderes Buch lesen zu lassen. Als ich den Hörer auflegte, dachte ich, dass damit alles erledigt sei, aber später an diesem Tag passierten einige Dinge, die mich zu dem Schluss brachten, dass es noch mehr für mich zu tun gäbe. Gemäß den Schulvorschriften musste die Lektüre dieses Buches seines bedenklichen Inhalts wegen von den Eltern genehmigt werden. Mir wurde klar, dass die anderen Eltern keine Ahnung davon hatten, was in dem Buch geschrieben stand. Schließlich wusste ich es auch nur deshalb, weil ich es meinem Sohn vorgelesen hatte. Normalerweise hätte auch ich keine Ahnung davon gehabt.

War es richtig, dass mein Sohn als Einziger vor seinem Inhalt geschützt wurde? Wie würde dieses Buch die Wahrnehmung der anderen Jungen in seiner Klasse beeinflussen, wenn es um Pornografie, Sex, Eltern, Alkohol, Stehlen, Gewalt und Selbstmord ging? Da ich nun also wusste, worum es ging – konnte ich dazu schweigen? War es nicht auch meine Verantwortung, diese anderen Kinder und Eltern zu schützen?

Ich schrieb einen Blog, um die Menschen auf den Inhalt des Buches aufmerksam zu machen, und sammelte unterstützende Stimmen, um die Schule darauf hinzuweisen, dass ich mit meinen Bedenken nicht allein stand. In weniger als vierundzwanzig Stunden antworteten mehr als fünfhundert Menschen (von denen viele im Unterrichts- und Erziehungswesen tätig waren), die sagten, dass auch sie das Buch für ungeeignet hielten. Einige waren Mütter, die ihre Kinder zu Hause unterrichteten. Sie sagten, dass diese Art Lektüre genau der Grund sei, aus dem sie ihre Kinder aus der staatlichen Schule genommen hätten.

Ich stellte nicht das Recht des Autors infrage, seine Geschichte aufzuschreiben. Ich war nur besorgt darüber, dass dieses Buch zur Pflichtlektüre für Vierzehnjährige gehörte. Dieses Buch befürwortete Pornografie. Der Handel mit Menschen zur sexuellen Ausbeutung nimmt seinen Anfang in der Pornografie. Schädliche Bilder können das Frauenbild eines jungen Mannes buchstäblich verzerren – und das in einem unvorstellbaren Ausmaß. Das betreffende Buch vermittelte die Vorstellung, dass der Konsum von Pornografie in

Verbindung mit Selbstbefriedigung ein ganz normales Verhalten für einen Vierzehnjährigen sei. Pornografie hat die Macht, eine Denkweise zu schaffen, die ihre (männlichen und weiblichen) Opfer gefangen nimmt und knechtet. Dieses Fehlverhalten kann eine zukünftige sexuelle Beziehung vergiften, weil es zu Frauenfeindlichkeit, emotionaler und sexueller Bindungslosigkeit und Sexsucht führt – und all diese Dinge ebnen dem Menschenhandel den Weg.

Ich wusste, dass unser regionales Unterrichtssystem eigentlich die Tugendhaftigkeit der jungen Männer und Frauen fördern wollte. Es gab effektive Strategien, die dazu beitragen sollten, dieses Ziel zu erreichen, aber auf irgendeine Weise war dieses Buch durchgeschlüpft. Ich vereinbarte einen Termin beim Schuldirektor, um ihn darauf hinzuweisen, dass einige Strategien nicht richtig verfolgt worden waren. Ich sagte ihm, dass ich die schrecklichen Auswirkungen der sexuellen Ausbeutung mit eigenen Augen gesehen hatte, weshalb ich sehr besorgt und schockiert darüber sei, dass hier Frauen als Sexobjekte dargestellt würden.

Noch in derselben Woche wurde das Buch vom Unterrichtsplan gestrichen. Man war froh, den Fehler bei der Auswahl entdeckt zu haben, und veranlasste einige Änderungen, damit die im Unterricht verwendeten Bücher in Zukunft keine Probleme mehr verursachen konnten.

Die Menschen, die in den staatlichen Schulen arbeiten, betrachten es als ihre Berufung, Kinder zu erziehen und zu unterrichten. Wie jedem von uns können auch ihnen Fehler unterlaufen und es kann sein, dass sie etwas falsch beurteilen. Ist es nicht besser, sich ihnen als Verbündete im Erziehungsprozess zur Seite zu stellen, anstatt sie anzugreifen? Ist es nicht besser, nach dem Besten für *alle* Kinder zu streben, statt nur auf unsere eigenen zu schauen?

Nachdem ich meiner Besorgnis Ausdruck verliehen hatte, wurde die Schule darauf aufmerksam, dass dieses Buch für alle Klassen dieses Jahrgangs vorgesehen war. Die Klasse meines Sohnes war zufällig die erste gewesen, die angefangen hatte, es zu lesen. Weil jemand Alarm geschlagen hatte und die Schule kooperierte, blieb es vielen Kindern erspart, anstößiges und fragwürdiges Material lesen zu müssen.

Während dieses ganzen Prozesses erwähnte ich mit keinem Wort, dass ich Christ war. Ich tobte und schimpfte nicht über die Lehrer oder die Schulleitung. Ich appellierte an sie, indem ich mich auf ihre eigene Politik berief. Ich wies nicht nur auf das Problem hin, ich lieferte auch einen vernünftigen Lösungsvorschlag. Ich ließ sie wissen, dass ich mich dafür einsetzen wollte, den Prozess zu einem guten Ende zu bringen. Jede Frau könnte so etwas tun.

Es ist Zeit für die Jagd

Gott lädt dich und mich ein, an einer Jagd teilzunehmen. Wenn wir ihn suchen und ihm nachfolgen, werden wir die Weisheit und die Antworten finden, die wir brauchen. In einer Welt, die von Scheidung und emotionaler Entfremdung zerrissen ist, brauchen wir Freundschaften, die vom Himmel inspiriert sind, und strategische Beziehungen, damit wir unsere Kinder gegenseitig unterweisen und beschützen können. Wenn wir die verlorenen und gefährdeten Kinder in unserer Welt retten wollen, werden wir vom Himmel inspirierte Strategien und Antworten einsetzen müssen. Niemand ist eine Insel. Dies ist ein Gemeinschaftsprojekt. Wegen dieser Dynamik hat das, was du tust, die Macht, mich zu beeinflussen, und was ich tue, hat die Macht, dich zu beeinflussen. Mit vereinten Kräften haben wir die Chance, das Blatt in unseren Familien, Gemeinden und Gemeinschaften zu wenden. Wir leben in einer Zeit, die großartige Möglichkeiten zur Bildung von sozialen Netzwerken bietet. Die Entscheidung, ob wir diese Verbindungen zum Guten nutzen wollen, liegt bei uns.

Als ich begann, Nachforschungen über die Löwin anzustellen, war mir nicht bewusst, dass Löwen die einzigen Mitglieder der Katzenfamilie sind, die in Gemeinschaft leben. Wo eine Löwin schwach ist, hat eine andere ihre Stärke. Wo eine vielleicht scheitert, hat eine andere Erfolg. Und all diese Stärken werden im Schutz des mächtigen Löwen ausgelebt.

Bei Raubkatzen, die als Einzelgänger leben, ist das anders. Der mächtige Panther, der Leopard und der Gepard kennen kein solches Unterstützungssystem. Jedes Mal, wenn diese Tiermütter ihren Wurf zurücklassen, um zu jagen und nach Nahrung zu suchen, riskieren sie, ihr Lager bei der Rückkehr verwüstet vorzufinden. In einem Dokumentarfilm hörte ich die kläglichen Schreie einer Gepardenmutter, die zu ihrem Lager zurückgekehrt war und feststellen musste, dass ihre Jungen verschwunden waren. Ihre Stimme klang mitleiderregend, während sie die ganze Nacht nach ihnen rief und hoffte, dass wenigstens eines das Blutbad irgendwie überlebt haben könnte.

Du und ich, wir sind nicht für ein abgekapseltes Leben geschaffen. Ich kann gar nicht sagen, wie sehr es mich immer beruhigt hat, zu wissen, dass es außerhalb meiner Familie Menschen gibt, die auf meine Kinder achten, als wären es ihre eigenen. Wir sind mit Menschen gesegnet, die unsere Familie vor Gottes Thron bringen und uns durch ihre Gebete schützen. Es haben sogar Leute für uns gebetet, die ich noch nie getroffen habe, und wir haben erst später davon erfahren. Viele haben großzügig gespendet, um zu sehen, wie das Evangelium sich ausbreitet und Gefangene freikommen, obwohl sie diesen niemals begegnen werden. Möge der Himmel jede Frau reich belohnen, die auf die Kinder anderer Menschen achtet.

Nimm ihm die Luft zum Atmen

Wenn die Löwin tötet, zerreißt und zerfleischt sie ihre Beute meist nicht. Sie erstickt sie, indem sie ihr die Luftwege abschneidet. Ich glaube, dass es auch für uns an der Zeit ist, dem Feind die Sauerstoffversorgung abzuschneiden. Wir können das zum Beispiel erreichen, indem wir ihm nicht länger unseren Atem leihen. Zu oft spielen wir ihm zu viel in die Hand, mit dem er arbeiten kann. Wir sollten ihm die Kraft nehmen, indem wir uns nicht gegeneinander aussprechen. Lass uns stattdessen unsere Worte geschickt wählen, damit sie aufbauen, ermahnen, korrigieren und ermutigen.

Auf dieser Jagd *brauche* ich andere Frauen, die über meine Stärken Bescheid wissen und meine Schwächen ausgleichen – und du brauchst sie auch. Aus diesem Grund habe ich mich bewusst mit Leuten umgeben, die ihre Stärken dort haben, wo meine Schwächen liegen. Ich bete ernsthaft darum, dass ich diesen Freundinnen meine Stärke dort leihen kann, wo sie schwach sind. In gesunden, ausgeglichenen Beziehungen hat jeder Beteiligte etwas zu geben. Möge sich keine von uns mit der Sicherheit ihrer eigenen Kinder zufriedengeben, sondern in der Erkenntnis und im Bewusstsein wachsen, dass sich unser Zuständigkeitsbereich über alle Kinder dieser Erde erstreckt. Mögen wir darauf achten, alle Kinder aus der Gefahrenzone zu bringen. Möge keine von uns denken, dass der Einfluss vor Ort keine weitreichenden Auswirkungen haben könnte. Keine von uns sollte denken, dass sie eine belanglose Rolle spielt. Und keine von uns sollte glauben, dass sie die Welt im Alleingang erobern könnte.

> *Steht vereint mit einer gemeinsamen Vision und kämpft um das Vertrauen der Menschen in die Botschaft, die gute Nachricht. Weicht im Angesicht des Gegners kein Stück aus und schreckt nicht zurück. Euer Mut und eure Einheit werden ihnen zeigen, worauf sie stoßen werden: Niederlage für sie, Sieg für euch – und alles wegen Gott.*
>
> Philipper 1, 27–28 (*The Message*, aus dem Englischen übersetzt)

Gemeinsam können wir Strategien entwickeln.

9

LÖWINNEN LEBEN IM LICHT UND JAGEN IM DUNKELN

Die Bösen sind nervös wegen ihrer Schuld,
bereit, wegzulaufen, auch wenn sie keiner jagt.
Ehrliche Menschen sind entspannt und zuversichtlich,
kühn wie Löwen.

*Sprüche 28, 1 (**The Message**, aus dem Englischen übersetzt)*

Löwinnen wissen instinktiv, wozu sie in der Lage sind und wie sie das, was sie können, gut machen können (Kunstfertigkeit!). Zudem ist ihr Leben relativ unkompliziert. Sie rasten, wenn sie müde sind, und jagen und fressen, wenn sie hungrig sind. Abgesehen davon sind sie hauptsächlich mit Spielen beschäftigt!

Vielleicht hast du schon einmal Löwinnen gesehen, die wie im Halbschlaf herumliegen. Manchmal drehen sie sich sogar auf den Rücken, während sie im goldenen Sonnenlicht ruhen – wie die Platten einer Solaranlage, die Energie für später speichern. Selbst die Jungen, die herumhüpfen, können den rastenden Löwinnen kaum eine Reaktion entlocken. Gelegentlich schafft es ein Junges vielleicht, eine Grenze zu überschreiten und einen halbherzigen Klaps von der nächsten Mama zu bekommen. Aber niemand scheint angespannt zu sein, während die Löwinnen durchschnittlich zwanzig Stunden am Tag schlummern.

Nach der Ruhezeit kann man sehen, wie sich die Löwinnen strecken und sich am Spiel in der Gruppe beteiligen. Dies ist die Übergangszeit, in der sie beginnen, ihre andere Haltung einzunehmen – erhöhte Alarmbereitschaft. Allerdings sind sie auch im Zustand erhöhter Alarmbereitschaft nie gestresst, sondern vielmehr zielgerichtet.

Diese zielgerichtete und doch entspannte Haltung ist ein weiteres wesentliches Element der Lebenskunst der Löwin, das wir Töchter uns aneignen müssen. Die folgende Schriftstelle gibt uns Einsicht.

> *Die Bösen sind nervös wegen ihrer Schuld, bereit, wegzulaufen, auch wenn sie keiner jagt. Ehrliche Menschen sind entspannt und zuversichtlich, kühn wie Löwen.*
>
> Sprüche 28, 1 *(The Message,* aus dem Englischen übersetzt)

Da haben wir es: entspannt, zuversichtlich und kühn. Wir bringen Entspannung und Zuversicht gewöhnlich nicht in Verbindung mit Kühnheit. Gott aber tut das. Ich kann es in der Löwin sehen. Ihre Haltung vermittelt ständig: „Ich bin, was ich bin. Ich bin stark, habe besondere Fähigkeiten, bin verspielt, todgefährlich, zielgerichtet und ich bin eine hingegebene Mutter."

Wie jede Frau ist auch die Löwin eine Ansammlung von Widersprüchen. Obwohl dieser Vers von Löwen spricht, bezieht er sich auf beide Geschlechter. Alle Löwen – männliche wie weibliche – haben diese Haltung. Vielleicht sollten wir sie auch zu unserer machen.

Wenn unsere Löwin nicht auf der Jagd ist, hat sie keinen Grund, sich im Schatten zu bewegen. Sie lebt im Licht. Sie kommt mit ihren Schwestern zusammen und führt ihr Leben in den offenen, lichtdurchfluteten Weiten der afrikanischen Ebene. Dort, in einer Gegend ohne Schatten, ruhen und spielen sie. Sie pflegen gegenseitig ihr Fell, füttern und unterweisen ihre Jungen und paaren sich sogar in aller Öffentlichkeit. Aber *warum* sollte eine Löwin sich auch wegen irgendetwas schämen oder verstecken müssen?

In ihrer Welt gibt es keinen Feind, der mutig oder stark genug wäre, den offenen Kampf mit ihnen aufzunehmen. Sie schrecken vor niemandem zurück (außer sie weichen den Elefanten aus, wenn sie gelaufen kommen). Und wenn die Löwin nicht auf der Jagd ist, hat sie wenig bis gar keinen Grund, sich zu verbergen. Löwen sind die unumstrittenen Könige und Königinnen ihres Hoheitsgebietes und sie befinden sich am oberen Ende der dortigen Nahrungskette.

An besonders heißen Tagen wählt die Löwin vielleicht einen Schattenplatz zum Ausruhen, aber sie sucht keine Deckung, um sich zu verbergen. Anders als der Leopard und der Gepard, die alleine jagen, muss die Löwin keine Bäume erklimmen oder sich ins Unterholz kauern, obwohl sie zu beidem in der Lage wäre. Nein, unsere Löwin ruht furchtlos im vollen Tageslicht, umgeben von ihren Schwestern und Tanten, ihrer Mutter und ihren Cousinen, zusammen mit ihren Jungen und ihrem Löwen.

Während ich diese Zeilen schreibe, stelle ich fest, wie sehr ich mir das wünsche. Ich möchte furchtlos in der Sonne liegen, zwischen Schwestern, Töchtern, Cousinen und Müttern, während wir alle die Jungen anlächeln und zufrieden sind, weil uns vollkommen klar ist, dass uns nichts in unserem Umfeld gefährlich werden könnte.

Ich habe diese Dynamik in Aktion erlebt, als John und ich auf Safari waren und einer Löwenmutter mit ihrem Baby und zwei Löwentöchtern folgten. Die Gruppe schien ziellos durch das hohe Herbstgras zu streifen. Sie waren satt und ich bemerkte, dass ihre Gesichter blutverschmiert waren. Sie hatten sich an einem kürzlich erlegten Tier gütlich getan und schienen ein wenig müde zu sein. In der Ferne sah ich eine Baumgruppe und dachte, sie würden sich darauf zubewegen – aber nein! In diesem Moment ließen sie sich am Straßenrand nieder, keine drei Meter von unserem Fahrzeug entfernt. Sie erledigten ein paar Säuberungsarbeiten, schlossen ihre goldfarbenen Augen in der hellen Sonne und in weniger als fünf Minuten waren alle miteinander eingeschlafen.

Da waren wir nun – eine Gruppe von Menschen mit Gewehren (okay, die hatten nur die Wildhüter) in einem massiven Geländewagen –, und die Löwen waren nicht im Geringsten beeindruckt oder beunruhigt. Es war eben Zeit für das vormittägliche Schläfchen, das war alles.

Im Licht leben

Wenn ich darüber nachdenke, was es für uns bedeutet, im Licht zu leben, kommen mir auf Anhieb viele Gedanken und Bilder in den Sinn. Zum einen gehört dazu das Konzept, sein Leben in Offenheit zu leben. Deine Fenster und Türen sind offen, um Licht, Familie und Freunde willkommen zu heißen. In unserem Haus steht die Küche immer offen, weil in einem Haushalt voller Männer ständig irgendjemand Hunger hat. Doch nichts ist für unsere Gesundheit und für unser Überleben wichtiger als ein offenes, von Licht erfülltes Herz.

> *Öffnet euer Leben. Lebt mit offenem und weitem Herzen!*
> 2. Korinther 6, 13 *(The Message,* aus dem Englischen übersetzt)

Dieser Auftrag ist so einfach, so befreiend, und doch erschreckt er uns manchmal. Wir allein haben die Macht, unser Leben zu öffnen. Zuerst öffnen wir uns, dann leben wir mit offenem Herzen und dann wird es weit. Dein Leben zu öffnen und mit offenem Herzen zu leben, ist ein zweifacher Prozess. Du kannst *dein Leben öffnen* und dennoch nicht mit *offenem Herzen leben.* Ich kenne Leute, die viel von sich selbst preisgeben, wenn es um bestimmte Lebensbereiche und Beziehungen geht. Wenn sie aber mit offenem Herzen leben würden, kämen Dinge ans Licht, die vorher bedeckt gewesen waren. Manche Menschen decken einen Bereich auf, um einen anderen zu verhüllen.

Doch wenn ich über die Worte von Paulus nachsinne, finde ich seinen Auftrag fast unwiderstehlich. Er lässt mich unser Leben als unverpacktes Geschenk für unseren lebendigen Gott sehen. Seine Ausdrucksweise lässt Bilder von einem Leben entstehen, das offen ist, alles zu empfangen, was von oben herab offenbart und freigesetzt wird. Ein Leben, das mit offenem und immer weiter werdendem Herzen gelebt wird.

Ich möchte, dass du dir vorstellst, wie dein Leben in Bewegung ist – wie es wächst, stärker wird und sich ausdehnt, während du mit jedem Aspekt deiner unmittelbaren Welt in Berührung kommst.

> *Ihr seid jetzt im offenen Gelände. Das helle Licht Christi ebnet euren Weg. So gibt es nun kein Herumstolpern*

> *mehr. Geht voran! Das Gute, das Richtige, das Wahre – das ist es, was ins Tageslicht gehört. Denkt darüber nach, was Christus gefällt, und tut es.*
>
> Epheser 5, 8–10 *(The Message,* aus dem Englischen übersetzt)

Hörst du das? Wie die Löwin bist auch du in offenem Gelände. Es gibt keinen Schatten, der dir Angst machen könnte. Es gibt keinen Bereich, der von Scham überschattet ist und dein Leben beherrscht. Ich liebe diese Handlungsaufforderung. Der Weg ist geebnet – gehe voran!

So viele Menschen wollen wissen, wozu sie berufen sind. Nun, lasst uns nicht übermäßig kompliziert machen, was aus Gottes Sicht so einfach ist. Er hat uns berufen, das Gute, das Richtige und das Wahre zu tun. Das umfasst alle Handlungen, derer wir uns nicht schämen würden, wenn sie ans Licht kämen. Als Kinder des Lichts sind wir berufen, am helllichten Tag zu agieren. Wir halten uns von den vielen Aktivitäten fern, die im Dunkeln stattfinden. Wir denken darüber nach, was Christus gefällt, und tun es.

Unser Leben in Christus ist wie ein Strahl, der sich ständig ausdehnt und von dem einen überwältigenden Moment ausgeht, in dem sein herrliches Licht in unsere Dunkelheit hereinbrach. Man könnte jeden Pfeil mit einem plötzlichen Sonnenstrahl vergleichen, dessen Licht und Wärme explosionsartig von diesem bestimmten Zeitpunkt ausgeht.

Ich liebe es, wenn es draußen frisch, aber gerade warm genug ist, um die Fenster aufzureißen und mein Haus durchzulüften. Es ist etwas Besonderes, wenn eine Brise durchs Haus weht und die abgestandene Luft vertreibt, wenn ein frischer Luftstrom durch meine häusliche Welt wirbelt. Er bringt etwas herrlich Wildes in jeden Raum, und die Luft in unserem Haus scheint sich auszudehnen und Leben und Bewegung einzufangen – immer gewürzt mit dem Duft der freien Natur. Frisch geschnittenes Gras, blühende Lilien, Kiefernharz und der wunderbare Geruch einer vom Regen gewaschenen Welt kommen in den vier Wänden einer menschlichen Behausung zusammen.

Diese Dynamik, die freigesetzt wird, wenn man das Wilde der Außenwelt nach innen transferiert, ist der Grund, warum wir der Löwin so viel Aufmerksamkeit widmen. Irgendwie verkörpert sie auf anmutige Weise das offenkundige Gleichgewicht von Kraft und Leichtigkeit, von Ruhe und Geschicklichkeit und von Wildheit und Sicherheit, wovon auch die folgende Schriftstelle spricht:

> *Seid ihr müde? Ausgelaugt? Ausgebrannt wegen eurer Religion? Kommt zu mir.* ***Kommt mit mir in die Abgeschiedenheit, und das Leben wird in euch zurückkehren. Ich werde euch zeigen, wie man wirklich rastet. Geht mit mir und arbeitet mit mir - seht, wie ich die Dinge tue. Lernt den ungezwungenen Rhythmus der Gnade kennen.*** *Ich werde euch nichts Schweres oder Unpassendes auferlegen. Habt Gemeinschaft mit mir und ihr werdet lernen, frei und unbeschwert zu leben.*
>
> Matthäus 11, 28–30 (*The Message*, aus dem Englischen übersetzt)

Wir, die wir als Töchter des Glaubens erzogen wurden, müssen wieder lernen, mit Gott zu tanzen. Unsere Kinder haben einen natürlichen Rhythmus, den John und ich verloren zu haben scheinen. Sie reagieren auf Musik unbefangener als wir, weil uns beigebracht wurde, sämtliche Reaktionen auf Musik, die außerhalb der Gemeinde komponiert wurde, zu unterdrücken. Das hat zur Folge, dass wir darauf nicht so ansprechen und eher steif reagieren. Der ungezwungene Rhythmus der Gnade ist der natürliche Ausdruck des übernatürlichen Wirkens Gottes in unserem Geist und unsere Reaktion darauf.

Meine Lieben, bemüht auch ihr euch bis zur Erschöpfung, für ihn zu arbeiten? Habt ihr das Bewusstsein dafür verloren, was es bedeutet, mit ihm durchs Leben zu gehen? Manchmal brauchen wir alle diese Ermahnung. Ich weiß, dass ich sie brauche. Vor weniger als einem Jahr stand ich kurz davor, in diese übermäßige Anstrengung zu verfallen. Hast du dich schon einmal in diesem gefährlichen Zustand befunden, in dem du jeden Moment umkippen könntest, weil die Nerven nicht mehr mitspielen? Nun, vielleicht kennst du so etwas gar nicht, aber ich habe es erlebt. Ich machte mir Gedanken wegen eines Treffens, das erst in drei Monaten stattfinden sollte.

Ich sprach offen mit einer Freundin über meine Kämpfe und ihr weiser Rat vertrieb meine Ängste. Sie ermutigte mich und sagte mir, dass ich einfach nur meinen Teil beitragen müsse, und unser wunderbarer Herr der Ernte ihn brechen und vermehren werde. Ich atmete auf und erinnerte mich daran, dass er bekannt dafür ist, etwas, das nach wenig aussieht, an viele zu verteilen.

Lasst uns wieder lernen, wie man frei und unbeschwert leben kann. Nach dem Sündenfall prägten Werke und Mühsal unsere innere Haltung, doch nach der Erlösung sollte sie von Ruhe bestimmt sein.

> *Und das ist nicht alles: Wir reißen unsere Tür zu Gott auf und entdecken im selben Moment, dass er seine Tür zu uns bereits aufgerissen hat. Und plötzlich stehen wir genau dort, wo wir immer gehofft hatten, einmal zu stehen – im weiten, offenen Raum der Gnade und Herrlichkeit Gottes, in aufrechter Haltung und mit lautem Lob.*
>
> Römer 5, 2 *(The Message,* aus dem Englischen übersetzt)

Ich liebe diese offene Einladung. Denn viel zu lange waren zu viele Türen und Fenster von uns und zu uns verschlossen. Du, meine Liebe, bist die Einzige, die die Macht hat, die Eingangstüren und Fenster deines Lebens zu öffnen oder zu schließen. Du bist die Türhüterin, die die Macht hat, zu entscheiden, welche Türen geöffnet und welche geschlossen werden. Grenzen sind wichtig, aber Gott können wir gefahrlos hereinlassen. Wenn du ihm die Tore deines Lebens öffnest, wirst du sehen, dass du einen Zustand der Hoffnung erreicht hast … freigesetzt und offen für die Gnade und Herrlichkeit Gottes. In der folgenden Schriftstelle geht diese Offenbarung noch weiter.

> *Wir bewahren keine Geheimnisse, wir erzählen von ihnen; wir verbergen die Dinge nicht, wir bringen sie ans Licht.*
>
> Markus 4, 22 *(The Message,* aus dem Englischen übersetzt)

Du bist mit von der Partie. Kein Geheimnis der Güte Gottes wird vor dir verborgen. Er liebt dich mit immerwährender Liebe und hat dich in seiner liebevollen Freundlichkeit eingeladen. Wie Gott seine Geheimnisse offenbart, kannst auch du nun getrost deine offenbaren. Es ist so befreiend, zu wissen, dass es keine geheime Sünde, Scham oder Vorschrift gibt, die irgendeine Macht über dich hätte. Es verleiht ungeheure Kraft, wenn du erkennst, dass Gott selbst über deine dunkelsten Geheimnisse und Regelverstöße Bescheid weiß und dir doch öffentlich seine Liebe erklärt.

Im Gegenzug bittet er uns, dasselbe zu tun. Die Botschaft, die Gott uns anvertraut hat – Gott der Vater ist die Liebe, und sein eingeborener Sohn, Jesus, starb, um uns mit ihm zu versöhnen –, ist zu groß und zu großzügig, als dass wir darüber schweigen könnten. Das Evangelium ist kein Geheimnis. Das Geheimnis, das uns ehrfürchtig staunen lässt, ist das Warum hinter seiner Botschaft der Liebe.

Wer sind wir, dass unser himmlischer Vater so auf uns achtet und uns ein so herrliches Geschenk macht? Er offenbarte seinen liebevollen Plan und bat uns, ihn genauso großzügig mit anderen zu teilen, wie wir eingeladen wurden, ein Teil davon zu sein.

Als du gelesen hast, dass Gott dich einlädt, in die Weite zu kommen, hast du vielleicht bemerkt, dass es da einen Bereich in deinem Leben gibt, der noch verschlossen ist. Vielleicht handelt es sich um einen abgeschlossenen Raum, in dem Angst und finstere Scham herrschen. Vielleicht ist es eine Tür oder ein Fenster, das du dich zu öffnen fürchtest. Ich kann dich verstehen.

Wenn wir als Familie auf Reisen sind, fragen wir oft nach nebeneinander liegenden Zimmern mit Verbindung. Diese Zimmer liegen direkt nebeneinander und dazwischen befinden sich zwei Türen. Es ist zwar möglich, direkt von einem Zimmer ins andere zu gelangen, aber nur wenn beide Türen geöffnet sind. John und ich öffnen unsere Tür meist sofort, und etwas später, wenn sie ausgepackt und sich umgezogen haben, öffnen die Jungs auch ihre Tür. Sobald beide Türen offen sind, haben wir Zugang zu ihnen und sie haben Zugang zu uns. Jeder von uns kann nach Belieben zwischen den beiden Räumen hin- und herwechseln.

Meine Liebe, öffne deine Tür. Auf der anderen Seite wartet ein heller Raum und eine Familie auf dich. Hab keine Angst. Gott hat seine Tür nicht vor dir verschlossen. Man wird dir auch nicht eine offene Tür direkt vor der Nase zuschlagen – seine Tür ist offen. Öffne einfach deine Seite.

Ich lade dich ein, ihm jeden leidvollen Bereich zu öffnen. Erlaube seinem Leben und seinem Licht, jede Spur eines Schattens zu vertreiben.

Der Feind deiner Seele möchte, dass du im Schatten bleibst. Dunkelheit verwirrt und macht schwierig, was bei Licht betrachtet einfach und offensichtlich ist. Unser Gott möchte nicht nur, dass wir im Licht leben; er möchte, dass wir leicht leben. Du kannst unbelastet vorangehen, und zwar jetzt sofort. Das ist das Schöne und Kraftvolle am Gebet.

Ich habe ein paar Worte aufgeschrieben, um dir zu helfen, deine Tür aufzuschließen und zu öffnen, aber fühle dich frei, dich von deinem eigenen Herzen leiten zu lassen.

> *Lieber Vater im Himmel,*
>
> *ich komme zu dir im Namen Jesu. Vergib mir, dass ich mich versteckt habe. Ich möchte ins Licht kommen. Ich reiße jede verschlossene Tür auf und trete ins Licht und in die Güte deiner Liebe. Ich nehme mein Recht auf Vergebung an und entscheide mich, in der Wahrheit zu wandeln, weil sie allein mich auf den festen Grund der Freiheit stellt. Ich bin dein. Ich liefere mich deiner Liebe aus und werde auf deinen Wegen gehen. Erhelle du den Weg, der vor mir liegt. Amen.*

Nächtliches Sehvermögen

Nun, Schwester des Lichts, kann ich es kaum erwarten, dir von einer weiteren Eigenschaft der Löwin zu berichten, von der ich erfahren habe. Wie du weißt, leben Löwinnen im Licht und jagen im Dunkeln. Aber warum können sie überhaupt im Dunkeln auf die Jagd gehen? Liegt es an ihrem ausgeprägten Geruchssinn oder ihrem guten Gehör? Nein!

Unsere Löwenschwestern können tatsächlich *im Dunkeln sehen.*

Wie?

Es scheint, dass die Löwin und andere Mitglieder der Katzenfamilie die einzigartige Fähigkeit besitzen, das Licht einzufangen, zu brechen und dann zu reflektieren. Sie sind in der Lage, jedes Licht in ihrer Umgebung zum Sehen zu nutzen. Bei völliger Dunkelheit ist eine Löwin genauso blind wie du und ich. Doch wenn nur der schwächste Lichtschein die Dunkelheit durchbricht, wird er eingefangen und zum Sehen genutzt. Selbst der Mondschein oder die stecknadelkopfgroßen Lichter der fernen Sterne erlauben der Löwin, in der Nacht zu sehen.

Ihre Pupillen, die das Licht ins Auge gelangen lassen, unterscheiden sich von unseren. Das verleiht ihnen die Fähigkeit, etwas zu fokussieren, wenn andere nichts sehen können. Das Licht, mit dessen Hilfe sie sehen, kommt gewissermaßen mehr aus ihren eigenen Augen als von ihrer Umgebung. Das ist der Grund, warum Katzenaugen manchmal im Dunkeln leuchten. Sie sammeln und reflektieren alles Licht, das ihnen zur Verfügung steht.

Wie sollten wir ohne diese Fähigkeit auskommen können? Weil unsere Welt immer dunkler wird, steht uns nur ein Minimum an Umgebungslicht zur Verfügung. Es ist an der Zeit, dass wir die Lichtquelle in uns selbst stärker werden lassen und uns darauf konzentrieren.

> *Bäte ich die Finsternis, mich zu verbergen, und das Licht um mich her, Nacht zu werden – könnte ich mich dennoch nicht vor dir verstecken; denn die Nacht leuchtet so hell wie der Tag und die Finsternis wie das Licht.*
>
> Psalm 139, 11–12 *(Neues Leben)*

Wenn es je an der Zeit war, sich die Fähigkeit anzueignen, in der Nacht zu sehen, dann jetzt. Die meisten von uns sehen am Tag ganz ordentlich, aber ich spreche davon, dass wir ein nächtliches Sehvermögen entwickeln sollten. Das Licht, mit dem Löwinnen sehen, stammt aus ihren eigenen Augen. Wenn wir von innen heraus leuchten, werden wir der Dunkelheit unserer Umgebung nicht ausgeliefert sein. Das wird unser Sehvermögen verbessern, unsere Sichtweite vergrößern und uns mehr aus dem Blickwinkel Gottes sehen lassen.

Gott ist Licht. Es ist keine Finsternis in ihm. Ich frage mich, ob diese Aussage in unserem Verstand wirklich Platz findet. Wo Licht ist, kann man sehen. Wo man sehen kann, gibt es Hoffnung und man kann daran arbeiten, das Sehvermögen noch zu verbessern. Wo man sehen kann, gibt es Offenbarung.

Gott ist keine Hypothese, die man aus logischen Überlegungen ableiten könnte, sondern eine unmittelbare Einsicht, so klar zu erkennen wie das Licht. Er ist nicht etwas, nach dem man im Dunkeln mit dem Licht der Vernunft suchen müsste. Er ist das Licht.

Abraham Joshua Heschel

Ich erinnere mich an die allererste Schriftstelle, die jemand in einem Brief für mich hatte. Sie steht in Epheser 1:

> *... dass der Gott unseres Herrn Jesus Christus, der Vater der Herrlichkeit, euch gebe den Geist der Weisheit und der Offenbarung, ihn zu erkennen. Und er gebe euch* ***erleuchtete Augen des Herzens****, damit ihr erkennt, zu welcher Hoffnung ihr von ihm berufen seid, wie reich die Herrlichkeit seines Erbes für die Heiligen ist.*
>
> Epheser 1, 17–18 *(Luther)*

Diese Sätze waren mein tägliches Gebet. Ich flüsterte sie, wenn ich abends meine Augen schloss und Gott in meine Träume einlud. Tagsüber sprach ich kaum hörbar diese Verheißungen aus, bevor ich in der Bibel las. Ich war voller Staunen über die Verheißung, erleuchtete Augen zu bekommen, mit denen ich sehen konnte, wie der Himmel in meine irdische Welt hereinspielte.

Was du betrachtest, zu dem wirst du werden. Was du siehst, dem wirst du Ausdruck verleihen. Ich fürchte, wir haben die Sicht dafür verloren, wie gewaltig das Wunder ist, das Gott für uns hat. *Gott, gib uns Augen, zu sehen.*

Diese Bitte offenbart, was die reine, kindliche Schlichtheit des Prophetischen sein sollte. Wir hören ihren Widerhall in Elis Anweisung an Samuel.

> *Gehe zurück und lege dich hin. Wenn die Stimme noch einmal ruft, sage: „Sprich, Gott. Ich bin dein Diener und bereit, zu hören."*
>
> 1. Samuel 3, 9 *(The Message,* aus dem Englischen übersetzt)

Die Stimme Gottes ruft den jungen Samuel, als er gerade ruht, und weckt ihn auf. Unsere Reaktion sollte seinem Ausruf entsprechen: „Sprich, Gott. Ich bin dein Diener und bereit, zu hören."

Bevor Samuel Gott geantwortet und ihn eingeladen hatte, zu ihm zu sprechen, hatte er nur den Gott kennen gelernt, der ihn beim Namen rief. Er musste erst noch lernen, in Gottes Namen zu sprechen.

Wie viele von uns haben nur den Gott kennen gelernt, der uns beim Namen ruft? Glaube mir, ich will diese Erfahrung nicht abwerten, aber sie ist nur der Anfang. Lass uns weitergehen und uns nach *dem Größeren* ausstrecken, nach dem sich jede von uns sehnt. Wir sehnen uns danach, seinen Rat zu hören und mit ihm zusammenzuarbeiten – und das bedeutet, dass wir ihm erlauben, durch uns zu sprechen.

> *Gott sagte zu Samuel: „Höre aufmerksam zu. Ich schicke mich an, etwas in Israel zu tun, das jeden wachrütteln wird und ihn aufmerken lässt."*
>
> 1. Samuel 3, 11 *(The Message,* aus dem Englischen übersetzt)

Ich zweifle nicht daran, dass Gott selbst in diesem Moment zu uns sagt: „Töchter, hört aufmerksam zu. Ich schicke mich an, etwas auf der Erde zu tun, das alles aufrütteln und die Welt aufmerken lassen wird." Gott sehnt sich danach, ein Volk zu haben, das die Aufmerksamkeit der Welt auf ihn richtet.

Zur Zeit Samuels war das Wort des Herrn selten und man achtete sowohl die Opfergaben des Volkes Gottes als auch die Ehre, Gott anbeten zu dürfen, gering. Sexuelle Sünde war an der Tagesordnung … und das im Tempel! Der Vorsteher konnte oder wollte seine Söhne nicht in ihre Schranken weisen, weil er von ihren Übertretungen unweigerlich profitierte.

Gott reagierte darauf, indem er sich vom Haus Elis entfernte und sich einen hingegebenen jungen Mann erweckte, dem er vertrauen konnte. Die Übertretungen unserer Zeit sind nicht viel anders, und Gott hat lebendige Kinder, die gerade erwachen.

> *Doch der Junge Samuel war sehr lebendig, wuchs auf und war gesegnet von Gott und bei den Menschen beliebt.*
>
> 1. Samuel 2, 26 *(The Message,* aus dem Englischen übersetzt)

Ich habe Jugendliche gesehen, die so wirken: *sehr lebendig,* gesegnet von Gott und bei den Menschen beliebt. Der Hauch des Himmels ist auf ihrem Leben und Gott möchte sie uns zur Seite stellen, damit wir gemeinsam arbeiten können.

Damit das geschehen kann, muss ein prophetisches Erwachen stattfinden: ein Erwachen der Augen, um zu sehen, was Gott tut; ein Erwachen der Ohren, um zu hören, was er sagt; ein Erwachen der Fähigkeit, das Wort Gottes auf solch lebendige und dynamische Weise zu offenbaren, dass es die Hindernisse in den Menschenherzen beiseiteräumt.

Angesichts dessen möchte ich diese Seiten einem Blick aus der prophetischen Ecke widmen. Ich möchte, dass du ihnen erlaubst und sogar von ihnen erwartest, dass sie zu dem von Gott inspirierten Staunen in dir sprechen. Du musst wissen, dass bestimmte Schriftstellen, Bilder und Bibelworte beim Lesen die Gabe Gottes in dir aufwühlen und beleben.

Es ist der Heilige Geist, der den Schoß deines Lebens erweitert und dich besser hören, sehen und verstehen lässt.

Einmal, als ich auf einer Konferenz gesprochen hatte, kam eine hübsche junge Frau mit einer starken Salbung Gottes auf mich zu und berichtete mir: „Jedes Mal, wenn ich dich sprechen höre, hüpft das Baby in mir."

Sie erwartete kein Kind – jedenfalls keines von der Sorte, die wir kennen. Sie bezog sich auf etwas, das Gott in ihr gewirkt hatte und das belebt worden war. Sie wusste nur nicht, wie sie es sonst beschreiben sollte.

Vielleicht hast du dieselbe Belebung in dir gefühlt. Doch selbst jetzt sagst du: „Ich bin keine Prophetin! Ich bin Hausfrau und

Mutter, ein Teenagermädchen, eine beschäftigte Karrierefrau oder eine Großmutter." Vielleicht denkst du, wenn du das Wort „Prophet" hörst, immer nur an Jeremia mit Feuer in seinen Knochen oder an Jona im Bauch des Fisches.

Nun, ich stimme dir zu, wenn du meinst, dass dein Leben ganz anders aussieht als ihr Leben. Vielleicht bist du wirklich keine Prophetin, aber ich würde behaupten, dass das nicht bedeutet, dass du nicht prophetisch veranlagt bist.

Prophetisch veranlagt zu sein, bedeutet, sowohl visionär als auch weitsichtig zu sein, was dir die strategische Fähigkeit verleiht, Dinge vorherzusehen. Selbst unsere Gebete haben die Form einer Vorhersage. Wir wissen, dass Gott Gebete erhört. Deshalb wissen wir, dass er antwortet und uns große und wunderbare Dinge zeigen wird, von denen wir vorher nichts wussten. Wir beten und sind voller Vorfreude und Erwartung.

Als Jesus auf der Erde lebte, hatten die Pharisäer ihr Sehvermögen verloren. Das Leben und die Worte Jesu stießen ständig mit ihrer Blindheit zusammen, worüber sie sehr wütend waren. In Johannes 5 hatten sie wieder an Jesus Anstoß genommen, doch diesmal war es, weil er am Sabbat heilte. Damit brach er ihr Sabbatgesetz. Es ist wichtig, zu bemerken, dass das, was Jesus tat, in Übereinstimmung mit dem Gebot Gottes war, in dem er sein Volk angewiesen hatte, an den Sabbat zu denken, ihn zu ehren und heilig zu halten.

Was könnte heiliger sein, als einen verkrüppelten Mann zu heilen? In ihren Augen aber war es heiliger, nichts zu tun, oder die Heilung wenigstens an einem anderen Tag der Woche stattfinden zu lassen, wenn es schon unbedingt sein musste. Ihre Regeln und Gesetze hatten sie verblendet und zum Stolpern gebracht.

> *Doch Jesus verteidigte sich: „Mein Vater ist ständig an der Arbeit, selbst am Sabbat. Und ich bin das auch." Das machte sie wirklich zornig. Die Juden hatten es nicht nur darauf abgesehen, ihn bloßzustellen. Sie hatten es darauf abgesehen, ihn zu* **töten**. *Er hatte nicht nur das Sabbatgesetz übertreten, er sprach auch noch von Gott als seinem eigenen Vater und stellte sich so auf eine Stufe mit ihm. Also rechtfertigte sich Jesus ausführlich: „Ich sage euch*

> *klar und deutlich: Der Sohn kann aus sich heraus nichts tun, sondern* ***nur das, was er den Vater tun sieht. Was der Vater tut, das tut auch der Sohn.*** *Der Vater liebt den Sohn* ***und bezieht ihn in alles ein, was er tut.***"
>
> Johannes 5, 17–20 *(The Message,* aus dem Englischen übersetzt)

Beim Sabbat geht es nicht um unsere Werke. Es geht darum, in Gottes Werken zu ruhen. Die deutlichen Worte Jesu werfen einige Fragen auf, die wir beantworten müssen.

Erstens: Bist du Gottes Tochter?

Möchtest du sehen, was dein Vater gerade tut?

Möchtest du an dieser Arbeit teilhaben?

Möchtest du jemand sein, der Licht bringt, oder jemand, der auf die Dunkelheit hinweist?

Bist du zufrieden mit einem unabhängigen Christenleben?

Möchtest du einer erschöpften, desillusionierten, sterbenden und kranken Welt Gottes Wunder bringen?

Jesus war niemals „komisch", vielmehr brachte er die Menschen, wo er auch hinkam, dazu, über Gott zu staunen.

Wenn Jesus, der Sohn Gottes, nichts aus sich selbst tun konnte, dann können auch wir aus uns selbst heraus, ohne die erleuchtende Einsicht des Heiligen Geistes, nichts tun. So wie Jesus gelebt hat, sollten auch wir leben. Er hat versprochen, uns zu helfen. Um das zu unterstreichen, wollen wir uns noch einmal Apostelgeschichte 2 ansehen.

> *„In den letzten Tagen", sagt Gott, „werde ich meinen Geist ausgießen auf alle Arten von Menschen: Eure Söhne werden Prophetien haben, und auch eure Töchter; eure jungen Männer werden Visionen haben, eure alten Männer werden Träume haben. Wenn die Zeit kommt, werde ich meinen Geist ausgießen auf die, die mir dienen, auf Männer und Frauen, und sie werden prophetisch reden. Ich werde Wunder am Himmel oben tun und Zeichen unten auf der Erde, Blut und Feuer und Rauchdampf,*

die Sonne wird schwarz werden und der Mond blutrot, bevor der Tag des Herrn kommt, der herrliche und gewaltige Tag; und jeder, der mich, Gott, um Hilfe anruft, wird errettet werden.“

Apostelgeschichte 2, 17–21 *(The Message,* aus dem Englischen übersetzt)

Doch es gibt die Verheißung, dass in diesen letzten Tagen die „Worte des Windes“, des Heiligen Geistes, zu hören sein werden. Du kannst mir glauben, dass ich mir anfangs die Frage stellte, warum Gott ausgerechnet uns auswählen sollte. Wenn ich so um die Welt reise und mich umsehe, dann denke ich, dass ich weder diese Menschen noch diese Zeit ausgesucht hätte, um meinen Geist auf sie auszugießen. Ich hätte eine sehr viel nettere, sauberere und sicherere Zeit gewählt, in der die Dinge nicht so verfahren und unübersichtlich waren.

Für mich wäre das Jahr 50 nach Christus der optimale Zeitpunkt gewesen – kurz bevor man damit begann, die Christen umzubringen. Aber wo wären wir dann geblieben? Vielleicht denkst du auch, dass du gar keine Ausgießung des Geistes brauchst oder willst. Vielleicht glaubt man in deiner Gemeinde nicht daran. Aber es kommt wirklich nicht auf das an, was ich sage oder was du willst. „In den letzten Tagen“, sagt Gott, „werde ich meinen Geist auf alle Arten von Menschen ausgießen.“

Das klingt für mich danach, dass er am Ende sowohl ein Volk als auch die Befehlsgewalt haben wird. Nachdem wir das festgestellt haben, müssen wir uns fragen, was es eigentlich bedeutet. Wie könnte eine Ausgießung seines Geistes aussehen? Nun, lass uns die Dynamik einer Ausgießung des Geistes etwas genauer erforschen und definieren.

Vor ungefähr zweitausend Jahren wurde der Heilige Geist auf die Erde gesandt, um Jesus zu offenbaren und die Herzen der Gläubigen auf der ganzen Welt zu erneuern. Also ist der Heilige Geist in seinem Leib, der Gemeinde, anwesend und an der Arbeit. Doch ich würde zögern, den jetzigen Zustand als Ausgießung zu bezeichnen.

Wie also könnte eine Ausgießung aussehen?

Um das herauszufinden, müssen wir zuerst die Bedeutung des Wortes „Geist" kennen. „Geist" hat vier verschiedene Bedeutungen. Die erste ist „Kraft". Unter dieser Definition finden wir die Worte: „Mut", „Charakter", „Wille", „Macht", „innere Kraft", „Willenskraft", „Weisheit", „Bestimmung", „Herz" und „Eifer". Die folgende Schriftstelle ist ein Beispiel für die Ausgießung des Geistes in der Form von Mut und körperlicher Stärke.

> *Da kam der Geist des Herrn über ihn [Simson] und er zerriss den Löwen mit seinen bloßen Händen, als wäre es ein junger Ziegenbock.*
>
> Richter 14, 6 *(Neues Leben)*

Nun, das ist ein heftiges Beispiel und lässt nicht wirklich das Bild einer herabschwebenden Taube aufkommen.

Ein Beispiel, das den Geist als Weisheit und moralische Stärke zeigt, wäre das folgende:

> *Auf ihm wird der Geist des Herrn ruhen – der Geist der Weisheit und des Verstandes, der Geist des Rates und der Macht, der Geist der Erkenntnis und der Furcht des Herrn.*
>
> Jesaja 11, 2 *(Neues Leben)*

Und:

> *Gott, erschaffe in mir ein reines Herz und gib mir einen neuen, aufrichtigen Geist.*
>
> Psalm 51, 12 *(Neues Leben)*

Dann ist da noch die Ausgießung des Geistes in der Form von Fähigkeit und Geschicklichkeit.

> *Ich habe ihn mit dem Geist Gottes erfüllt und ihm Weisheit, Verstand und Können gegeben, handwerkliche Arbeiten auszuführen.*
>
> 2. Mose 31, 3 *(Neues Leben)*

Abschließend hier noch eine Schriftstelle, die den Geist mit dem Herzen in Zusammenhang bringt:

> *Und ich werde ihnen ein Herz schenken, in dem Einigkeit herrscht, und werde ihnen einen neuen Geist geben. Ich*

nehme das Herz aus Stein aus ihrem Körper und gebe ihnen stattdessen ein Herz aus Fleisch.
Hesekiel 11, 19 *(Neues Leben)*

Die zweite Hauptdefinition von „Geist“ finden wir unter dem Wort „Seele“. Unter dieser Überschrift stehen „inneres Selbst“, „Lebenskraft“ und „Wesen“.

Der menschliche Geist kann mit einem kranken Körper leben, aber wer kann weiterleben, wenn der Geist entmutigt ist?
Sprüche 18, 14 *(Neues Leben)*

Ein frohes Herz macht ein glückliches Gesicht; ein gebrochenes Herz ***betrübt den Geist.***
Sprüche 15, 13 *(Neues Leben)*

Die nächste Definition von „Geist“ ist „Geistwesen“, „Phantom“, „Untoter“ und „Erscheinung“. (Ich habe das deutliche Gefühl, dass wir diese Definition nicht näher untersuchen müssen.)

Als letzte Definition von „Geist“ haben wir „ein allgemeines Gefühl“, „eine Einstellung, Stimmung, Tendenz oder Atmosphäre“. Du hast vielleicht schon Leute sagen hören, an einem bestimmten Ort herrsche ein guter Geist oder er vermittle ihnen ein gutes Gefühl. Sie sprechen nicht von einem Geistwesen oder einer Taube. Sie sprechen von einer Atmosphäre oder einer Erwartung. Es ist mehr als wahrscheinlich, dass im Obergemach, als alle Leute vor der ersten Ausgießung einmütig beisammen waren, eine Atmosphäre, eine Stimmung oder ein Geist herrschte, der alles wertschätzte und begrüßte, was Gott womöglich tun wollte.

… und wo immer der Geist des Herrn ist, ist Freiheit.
2. Korinther 3, 17 *(Neues Leben)*

Wir sehen hier also, wie der Geist eine Atmosphäre fördert, in der man frei ist, von Gott zu empfangen.

Du hast vielleicht bemerkt, dass ich den *Geist* nicht als die Gabe der Zungenrede definiert habe. Zungenrede ist nur eine der vielen Manifestationen oder Erweise der Gegenwart des Heiligen Geistes, aber Zungenrede ist *nicht* der volle Ausdruck des Heiligen Geistes.

In der ganzen Bibel sehen wir den Heiligen Geist auf viele der Arten dargestellt, die wir gerade erwähnt haben. Der Geist verlieh Simson übermenschliche Kräfte, sodass er einen Tempel der Philister niederreißen konnte. Elia lief schneller als der Streitwagen des Königs. Die Kühnheit Gottes kam auf Gideon, er scharte eine waffenlose Armee um sich und besiegte ihre Unterdrücker. Die Kraft des Geistes befähigte Debora, eine einzelne Frau in der Wüste, ein Heer aufzustellen, mit dem der Feind, der Israel unterdrückte, sich dann auseinandersetzen musste. Durch die Kraft des Geistes machte Jesus den Charakter Gottes für jeden sichtbar, dem er begegnete.

Und dann sind da wir. Die Bibel sagt, dass in unseren Tagen Herzen ins Wanken kommen und scheitern werden, weil die Angst sich breitmacht. Wie kann man diese lähmende Angst überwinden? Vielleicht liegt die Antwort in der Ausgießung von göttlichem Mut.

Weil in unserer Zeit das prophetische Wort wiederhergestellt wird, können Menschen manchmal sehen, was sich am Horizont befindet, doch wenn sie versuchen, es wiederzugeben oder davon zu erzählen, wirkt es oft gekünstelt oder erzwungen. Vielleicht hast du schon eine prophetische Bewegung kennen gelernt, die ein wenig merkwürdig oder ganz einfach falsch zu sein schien.

Nun, das wollen wir hier klarstellen: Gott sucht nach mehr als einem Amt im Leib Christi oder einer Gruppe von Leuten mit Titeln. Er sucht nach Menschen mit seinem Herzen. Der einzige Grund, warum wir prophetisch sind, ist die Zeit, in die wir hineingeboren wurden. Es ist nicht, weil wir ein Seminar besucht haben, sondern weil wir uns, wie Samuel, in Gottes Nähe aufhalten. Es ist nichts verkehrt an einem Seminar, es geht einfach nur um etwas viel Größeres.

Gott sah das Prophetische nie als exklusiv, elitär oder limitiert an. Er wollte, dass die Schöpfung und die prophetischen Bilder und Klänge unsere Augen öffnen, um zu sehen, unsere Ohren, um zu hören, unseren Mund, um zu sprechen, und unser Herz, um zu verstehen.

Ich möchte dir ein paar Richtlinien geben, die ich beim Studium meines Lieblingspropheten, Jesaja, entdeckt habe – auch wenn ich dabei riskiere, das Prophetische zu sehr zu vereinfachen. Gleich in den ersten Kapiteln seiner inspirierten und prophetischen Schriften lernen wir Folgendes:

> *Er wird uns zeigen, wie er wirkt, damit wir das Leben führen können, für das wir gemacht worden sind.*
>
> Jesaja 2, 3 *(The Message,*
> aus dem Englischen übersetzt)

Das gefällt mir: Er lässt uns wissen, wie er wirkt, damit wir leben können, wie er es für uns geplant hat. Wir wurden geschaffen, um im Einklang mit Gott zu leben. Er möchte uns seine Wege und Werke offenbaren. Diese Gedanken bewegten mich, als ich in Jesaja 49 auf einige grundlegende Anweisungen in Bezug auf Visionen stieß, die ihren Widerhall finden, wenn Paulus Jesaja in Römer 9 zitiert.

1. Sieh auf!
2. Sieh dich um!
3. Trachte nach dem Guten!
4. Sieh nach vorne!
5. Sag die Wahrheit!

Als Erstes, *sieh auf.* Wenn du dich fragst, wie du deine Augen zum Himmel heben sollst, musst du nur ins Buch der Offenbarung schauen, um die Perspektive des Himmels zu bekommen. Bitte halte es nicht für ein Handbuch der düsteren Endzeitprophetien. Es ist eine Sammlung von Offenbarungen von dem, was war und was ist und was kommen wird. Gott ist nicht abhängig von Zeit. Er ist zeitlos, und wenn er zu uns spricht, dann tut er das oft von diesem Standpunkt aus. Am College habe ich ein ganzes Semester lang das Buch der Offenbarung durchgenommen, und ich bin immer noch verblüfft angesichts all der menschlichen Versuche, es in unseren Zeitrahmen zu pressen. Ich bezweifle, dass Johannes, der Empfänger der Offenbarung, alles, was er aufschrieb, verstand. Manchmal ist es in Ordnung, nicht alles zu wissen, sondern einfach zu glauben, dass hinter den Kulissen etwas viel Bedeutenderes abläuft, als wir es uns vorstellen können.

Wir haben es erschreckend nötig, nach oben zu blicken. Wir predigen immer noch den Jesus, der an den Ufern Galiläas lebt, mit seinen Freunden unterwegs ist und sich ohne seine Göttlichkeit als Menschensohn auf der Erde bewegt. Was ist mit dem Jesus, der sich Johannes offenbarte? Stelle dir Folgendes vor, wenn du kannst:

> *Der Menschensohn, in einem Gewand und mit goldenem Brustpanzer, sein Haar wie ein weißer Schneesturm, von seinen Augen gehen Feuerflammen aus, beide Füße wie Bronze, die im Feuerofen glüht, seine Stimme wie ein Wasserfall, seine Rechte hält die sieben Sterne, sein Mund ist ein scharfes Schwert, sein Gesicht wie eine nahe Sonne. Das sah ich und fiel wie tot vor seine Füße. Seine Rechte zog mich hoch, seine Stimme beruhigte mich: „Fürchte dich nicht: Ich bin der Erste, ich bin der Letzte, ich bin der Lebendige. Ich starb, aber ich wurde wieder lebendig, nun lebe ich für immer. Siehst du diese Schlüssel in meiner Hand? Sie öffnen und schließen die Tore des Todes, sie öffnen und schließen die Tore der Hölle. Schreibe nun alles auf, was du siehst: die Dinge, die sind, die Dinge, die kommen werden.*
>
> Offenbarung 1, 13–19 (*The Message*, aus dem Englischen übersetzt)

Lass uns hier auf dem Boden bleiben. Johannes war sehr wahrscheinlich der Gefestigtste von den Zwölfen. Er scheint einer der Lieblingsjünger Jesu gewesen zu sein. Schließlich war er der, dem er beim letzten Abendmahl vertraute. Johannes sah Jesus im Himmel als den Sohn Gottes offenbart und fiel wie tot vor seine Füße! Das sprengt das Bild von Jesus, der Lämmer trägt und Fische brät. Das ist der Sohn des allerhöchsten Gottes, offenbart als majestätischer Kriegerkönig, der bewaffnet ist und Sterne in seiner Hand hält. Was wäre, wenn wir beginnen würden, diese gewaltige Offenbarung Jesu zu predigen? Im Ernst: Sieh dir den Anfang des Buches der Offenbarung an.

> *Eine Offenbarung Jesu, des Messias. Gott gab sie, um seinen Dienern zu zeigen, was geschehen wird. Er hat sie seinem Diener Johannes durch einen Engel gebracht und gegeben. Und Johannes berichtete alles, was er sah: Gottes Wort – das Zeugnis Jesu Christi! Wie gesegnet ist der, der diese*

> *Zeilen liest! Wie gesegnet sind die, die diese prophetischen Worte hören und bewahren, all die Worte, die in diesem Buch geschrieben sind! Die Zeit ist beinahe abgelaufen.*
> Offenbarung 1, 1–3 (*The Message*, aus dem Englischen übersetzt)

Dieses Buch enthüllt in erster Linie die Person Jesu. Über jedem, der diese Offenbarung liest, hört und bewahrt, wird ein Segen ausgesprochen. Aus diesem Grund denke ich, dass es unsere Aufmerksamkeit mehr als verdient. Warum sollten wir diese Offenbarung brauchen? Haben wir keinen Bericht über sein Leben und das, was er in dieser Zeit auf der Erde tat?

Ich glaube, sie vermittelt uns einen Blick darauf, wer dieser siegreiche Jesus, unser Messias, wirklich ist. Er entblößte sich selbst und wurde wie wir, damit wir uns entblößen und wie er werden können. Er ist mächtig, er ist heilig, er ist herrlich … also *sieh auf.*

Als Nächstes geht es um das *Umsehen.* Wenn wir einmal einen Blick auf die Perspektive des Himmels erhascht haben, dann beginnen wir, uns selbst, unsere Umgebung und die Erdbewohner mit anderen – erleuchteten – Augen zu sehen. Jesaja erlebte das, als er wegen der Offenbarung Gottes in Jesaja 6 völlig aufgelöst war. Zuerst erkannte er seine eigenen Worte als unrein. Dann dachte er an die Leute, mit denen er lebte – unrein. Ein Stück Kohle reinigte ihn von Schuld und Sünde und Jesaja erwiderte: „Sende mich." Er war nun rein, sein Blick war erweitert und er war bereit, zu einem Volk zu gehen, von dem ihm Gott von vorneherein sagte, dass es nicht hören würde.

Die gegensätzlichen, widersprüchlichen Bilder von einem heiligen, gerechten Gott und dem, was wir erkennen, wenn wir unseren Puls oder den der Welt fühlen, sollte uns das Herz brechen. Sieh dich um. Schalte die Nachrichten oder auch nur eine Komödie ein. Was siehst du? Ich sehe Sünde und Ungerechtigkeit, aber ich sehe auch die Kinder des Lichts, wie sie aus ihren Verstecken kommen, um sich der schrecklichen Dunkelheit zu stellen, die sich auftürmen konnte, während sie sich im Licht versteckt hielten.

Des Weiteren sollen wir nach dem *Guten trachten.* Ich glaube, das bedeutet, nach Wegen Ausschau zu halten, all das, was in unserer

Welt schlecht oder krank ist, gesund zu machen. Das heißt, dass wir das Licht leuchten lassen, um finstere Bereiche aufzudecken, den Verzweifelten nah und fern Hoffnung bringen, uns von unserem Unrecht abwenden und das Rechte tun. Es bedeutet, das Kranke und Schwache zu heilen und zu stärken. Dabei reicht die Bandbreite von Lösungen in den Bereichen Wirtschaft und Ausbildung bis hin zu Beziehungsfragen.

Wir sind umgeben von Ehen und Familien, die Heilung brauchen. Menschen brauchen dringend Medikamente, sauberes Wasser und Lebensmittel. Es gibt Einsame, die in Familien gesetzt werden müssen, Waisen, die adoptiert, und Gefangene, die befreit werden müssen. Es gibt unterdrückte und an den Rand gedrängte Männer und Frauen, die gefördert werden müssen. *Trachte nach dem Guten.*

Nun, um *nach vorne zu sehen,* werden wir erkennen müssen, dass unsere gegenwärtigen Entscheidungen Auswirkungen haben. Deshalb brauchen wir nicht nur die Einsicht, nach dem Guten zu trachten, sondern auch den Weitblick, nach vorne zu sehen. Wir müssen uns vornehmen, weiter zu sehen, wenn wir uns den Kreuzungen des Lebens nähern.

Ich habe ein Ninja-Motorrad. Es ist vielleicht nicht besonders schlau oder sicherheitsförderlich, so etwas zu besitzen, und damit mein Mann mich mit gutem Gewissen etwas so Gefährliches fahren lassen kann, haben wir einen Sicherheitskurs im Motorradfahren absolviert. (Ich war die einzige Frau in dem Kurs.) In unserem Unterricht lernten wir, dass die meisten Unfälle auf Kreuzungen passieren – und zwar nicht, weil die Motorradfahrer zu unvorsichtig wären, sondern einfach, weil die Autofahrer sie übersehen. Um Unfälle zu vermeiden, brachte man uns eine Abkürzung bei, die uns daran erinnern sollte, proaktiv zu fahren: SCHAU – für Schauen, Auswerten und Umsetzen.

Wenn ich mich auf meiner Ninja einer Kreuzung nähere, nehme ich die Autos um mich herum viel bewusster wahr, als die Autofahrer mich wahrnehmen. Weil meine Aufmerksamkeit gesteigert und ihre relativ gering ist, schalte ich mich auf „Suchmodus". Ich schaue auf die Autos um mich und sehe, wer am Handy telefoniert, wer abbiegt, wer mich bemerkt hat und wer nicht, und ich achte auf die Straßenbedingungen. Schotter und Sand sind nicht gerade meine Freunde. Ich schaue bei jeder Kreuzung auf mögliche Probleme und suche Wege auf die andere Seite.

Wenn ich auf alles geschaut habe, werte ich die Informationen aus, um festzustellen, wie ich am besten an die Situation herangehe. Manchmal, wenn John und ich gemeinsam unterwegs sind, fährt er vor, weil sein Motorrad sehr viel lauter ist und man ihn kommen hört. Wenn sich der ganze Verkehr aber hinter uns abspielt, möchte er, dass ich vor ihm fahre, damit er mir Rückendeckung geben kann.

Sobald der Plan steht, wird er umgesetzt. Wir geben den Autofahrern keine widersprüchlichen Signale. Ich blinke nicht links und fahre dann geradeaus. Wir stellen sicher, dass wir unsere Absichten so klar wie möglich vermitteln.

Wenn ich mich einmal in Bewegung gesetzt habe, bin ich mir einer weiteren Lektion bewusst, die ich auf meiner Ninja gelernt habe: Wenn du zu Boden siehst, riskierst du, am Boden zu landen. Auf einem Motorrad musst du – wie im richtigen Leben – aufsehen und bis zum Ende der Kurve blicken. Du wirst die Kurve richtig nehmen, wenn du in die Richtung siehst, in die du fährst (wenn du also nach vorne siehst), und nicht, wenn du in die Richtung schaust, aus der du gekommen bist oder dorthin, wo du gerade bist. Schau auf das Ziel.

Der Ort, an dem wir uns gerade befinden, ist nicht unser Ziel. Es liegt noch viel mehr vor uns – mehr Freude, mehr Gefahr, mehr von Gott, mehr Böses, mehr Gerechtigkeit, mehr Freiheit, mehr Kraft, mehr Licht, mehr Hoffnung.

Wir befinden uns wirklich an der Kreuzung dessen, was ist, und dessen, was sein wird oder sein sollte. Das bedeutet, dass viele um uns herum durchs Leben navigieren, ohne uns wahrzunehmen. Es ist nicht ihre Aufgabe, auf uns zu schauen. Lass uns auf sie schauen.

Und schließlich: *Sage die Wahrheit.* Paulus sagt, dass Jesaja nach vorne sah und die Wahrheit sagte. Zu Jesajas Lebzeiten wurden seine Worte nicht immer für wahr gehalten. Einige Historiker behaupten, dass er entzweigesägt wurde, weil er die Wahrheit gesagt hatte. Die Wahrheit war nicht beliebt. Sie war unbequem und wurde nicht gern angenommen. Er sprach sie nicht nur aus, er lebte sie aus und sandte sie in die Zukunft.

> *Vor Gott zählt, wer du bist und wie du lebst. Deine Anbetung muss sich mit deinem Geist verbinden, wenn du Gott nachfolgen willst. Solche Menschen sucht der Vater: solche, die einfach und ehrlich* **sie selbst sind**, *wenn sie in der Anbetung vor ihn kommen.*
>
> Johannes 4, 23 *(The Message,* aus dem Englischen übersetzt)

Das folgende Gebet sprach Jesus für uns.

> *Mache sie heilig – heilige sie – durch die Wahrheit. Dein Wort ist heiligende Wahrheit. Wie du mir einen Auftrag in dieser Welt gabst, gebe ich ihnen einen Auftrag in dieser Welt. Ich heilige mich um ihretwillen, damit sie sich bei der Erfüllung ihres Auftrags der Wahrheit weihen.*
>
> Johannes 17, 17–19 *(The Message,* aus dem Englischen übersetzt)

Wenn wir nicht wissen, was die Wahrheit ist, dann haben wir Gottes Wort, das unseren Weg beleuchtet, damit wir Jesus sehen können, der die Wahrheit ist.

Manche haben aufgesehen, aber vergessen, sich umzublicken, also haben sie sich versteckt. Manche haben sich umgeschaut, wurden aber von dem Anblick überwältigt, weil sie nicht aufgesehen haben. Deshalb haben sie nichts getan. Manche haben nach vorne gesehen, aber nicht die Wahrheit gesagt. Deshalb leben sie eine Lüge. Manche haben die Wahrheit gesagt, sich aber nie umgesehen. Also hat die Wahrheit anderen keine Heilung gebracht.

In der Hoffnung, die Messlatte im nächsten Kapitel noch höher zu legen, möchte ich etwas Wildes und Wunderbares anreißen, damit wir vielleicht einige Facetten der Kraft, die uns verloren gegangen ist, wiedererlangen können – und zwar nicht durch eine Ausgießung, sondern durchs Erkennen.

Bitte halte das, was ich auf diesen Seiten mit dir teile, nicht für merkwürdig. Es ist nicht merkwürdig. Ich bekam es in Form einer wunderbaren Offenbarung. Dies ist mein sehr menschlicher Versuch, eine Offenbarung mit dir zu teilen, die größer ist, als mein begrenzter Wortschatz auszudrücken vermag.

Erleuchtetes Verständnis ist in einer Welt voll verfinsterter Torheit von entscheidender Bedeutung. Es ist wahr – du wirst zu dem, was du anschaust. Wir müssen einer inneren Vision, einem Bild von Licht, erlauben, unsere Umgebung zu überfluten. Es ist an der Zeit, dass wir über das Unübersehbare hinwegsehen und einen Blick auf das werfen, was Gott inmitten der Hoffnungslosigkeit tut.

Es ist unsere Aufgabe, Licht zu verkünden, auch wenn wir Dunkelheit sehen.

Mit verstehenden Augen werden wir staunend erkennen, wie gewaltig groß unser Gott ist. Gott gibt uns Augen, damit wir sehen.

Weil das Licht Gottes zunimmt, glaube ich, dass Gott ein prophetisches Erwachen wirken wird. Gott wird uns Augen geben, die sehen, was er tut, Ohren, die hören, was er sagt, und die Kühnheit, sein Wort in Vollmacht auszusprechen. Wenn diese Erweckung stattfindet, werden die Mauern in den Herzen der Menschen zerfallen.

Erlaube Gott, dass er sein Wunder tief in dich hineinspricht, und erwarte es von ihm. Die prophetische Begabung, etwas von der Sicht Gottes zu erfassen, kommt daher, dass wir sein Wunder betrachten und Einsicht erlangen. Ohne diese Sicht ist das Leben bestenfalls eine Wanderung im Dunkeln.

> *Wenn Menschen nicht sehen können, was Gott tut, dann stolpern sie dauernd über sich selbst. Doch wenn sie auf das achten, was er offenbart, werden sie überaus gesegnet.*
>
> Sprüche 29, 18 *(The Message,*
> aus dem Englischen übersetzt)

Jesus war nie seltsam. Wo immer er hinkam, brachte er die Menschen zum Staunen über Gott. Warum? Er tat nur, was er seinen Vater tun sah. Er sah die leidende Menschheit und gleichzeitig auch die Reaktion seines heiligen Vaters. Er sprach Licht und Wahrheit, um die Finsternis und die religiösen Lügen zu vertreiben, die die Augen von Gottes Kindern vernebelt und sie vom lebendigen Gott getrennt hatten.

Ein anderer Ausdruck für *Prophet* ist *Seher.* Jesus sah, was andere übersahen. Er bemerkte die Leidenden und die Ausgestoßenen, und er berührte die Unreinen. Er sah nicht nur einfach Menschenmassen – er sah Menschen. Er sah mehr als Männer und Frauen – er sah Einzelpersonen und Herzen. Jesus sah Licht inmitten der Finsternis und stellte die Finsternis bloß, die vorgab, Licht zu sein. Er war das Licht der Welt und nun sollst du dieses Licht hinaustragen.

> *Gehe unverdorben in die Welt hinaus, als frischer Wind in dieser schmutzigen und verwahrlosten Gesellschaft. Lass die Menschen einen Blick auf das gute Leben und auf den lebendigen Gott werfen. Trage die Licht spendende Botschaft in die Nacht.*
>
> Philipper 2, 15 *(The Message,* aus dem Englischen übersetzt)

Hier, meine Lieben, finden wir unsere Jagd im Dunkeln beschrieben. Wir leben sein Licht in der Dunkelheit aus. Wir geben der verlorenen und leidenden Welt Einblick in unser verwandeltes Leben. Wir verstecken uns nicht vor der Finsternis, wir vertreiben sie vielmehr. Die Finsternis flieht vor unserer Gegenwart. Während sich das Licht dem Bereich der Schatten nähert, decken wir auf, was die Finsternis zurückgelassen hat. Viele haben sich im Dunkeln versteckt und warten dort auf das Licht, das sie freisetzt.

Es ist Zeit, dass wir auf die Jagd gehen und alle befreien, die noch gefangen sind und sich verzweifelt nach einer Botschaft der Hoffnung sehnen.

Im Dunkeln jagen

Kürzlich hatte ich eine Gelegenheit, im Dunkeln zu jagen. Ich hatte mich in den finsteren Slums in Indien auf die Suche begeben.

Was ich im Dunkeln fand, überraschte mich. *Life Outreach* hatte mich eingeladen, nach Mumbai zu fliegen. Dort arbeitete dieses Werk mit einigen ortsansässigen Organisationen zusammen, die sich dafür einsetzten, Frauen und Kinder zu retten, die im Schmutz und Elend der Slumbordelle gestrandet waren.

Die Menschen in Indien sind wunderbar und ihre Kultur hat freundliche und liebenswerte Seiten, aber die Bedingungen in den

Slums sind erbärmlich. Ich habe Orte gesehen, im Vergleich zu denen die Schauplätze des Films *Slumdog Millionaire* noch sauber wirken. Ratten, so groß wie kleine Katzen, glitten zwischen den menschlichen und tierischen Exkrementen hindurch, die Gassen und Straßen säumten.

Als ich aus dem klimatisierten Auto ausstieg, das mich sicher durch den Wahnsinn des Stadtverkehrs von Mumbai gebracht hatte, befand ich mich plötzlich in einer völlig fremden Welt. Es war nicht die Exotik des Ortes, die ihn so fremd wirken ließ – er war einfach eine Welt für sich selbst, eine Mikrokultur der Unmenschlichkeit.

Es war die Zeit der Monsunregen und das Zusammenspiel von Feuchtigkeit und Hitze bewirkte, dass die stillstehende Luft uns fast ersticken ließ. Sofort schlugen mir Slumgerüche entgegen. Eine stechende Kombination von Exkrementen und Urin, vermischt mit verfaulenden Lebensmitteln, unsauberen Lebensbedingungen und schmutzigen Menschen. Die Luft selbst fühlte sich schwer und von einem dunklen Geist bedrückt an.

Ich spürte, dass da zwei Elemente im Spiel waren – die wunderbaren indischen Menschen und der brutale Geist, der sie gefangen hielt. Im Slum versuchte man nicht, seine Auswirkungen oder Merkmale zu verschleiern. Männer und Frauen wankten unter seiner Last, während sich die gewichtige Hand der Armut, der Korruption und der Verderbtheit auf alle legte.

Weil unser Team versuchte, unbemerkt zu bleiben, trugen wir die traditionelle indische Kleidung der einheimischen Bevölkerung. Doch sämtliche Illusionen, dass dies funktionieren würde, lösten sich bald in Luft auf; wir fielen jedem auf, dem wir begegneten.

Unser Pastor und die Führer der Mission brachten uns unverzüglich in ihre Klinik. Diese Klinik hatte das Vertrauen der Menschen gewonnen und sich den Ruf erworben, dass man dort Menschen aus Liebe diente. Ich betrat das bescheidene Wartezimmer, in dem die Patienten still darauf warteten, dass der Arzt sie untersuchte. Ein Team von früheren Bordellwirtinnen erwartete unsere Ankunft. Wir schlüpften in ein Nebenzimmer, wo man mir sagte, dass meine Aufgabe darin bestand, die Frauen in den Bordellen „zu segnen".

Plötzlich war mir klar, dass ich die Predigt in meinem Rucksack nicht brauchen würde. Ich war überfordert und mir der Tatsache sehr bewusst, dass die Lisa, die Bücher schrieb und predigte, hier nichts erreichen würde. Da wir verdeckt unterwegs waren, konnte ich meine Bibel nicht benutzen. Die englischen Sprachkenntnisse meiner Übersetzerin waren begrenzt und ich sprach kein Hindi. Eine Verbindung zu diesen Leuten konnte nur der Heilige Geist wirken.

Um so viel wie möglich von ihren Geschichten festzuhalten, klebten wir an der Innenseite meines Gewands ein Mikrofon fest und schlangen das Kabel um meine Taille. Es verband das Mikrofon mit einem Rekorder, der an meinen Hosen befestigt war. Der schwarze Schal, den eine andere Frau um den Hals gewickelt hatte, verbarg eine versteckte Kamera. Wir reichten uns die Hände, beteten und gingen auf die stinkenden Straßen hinaus.

Sofort spürte ich, dass ich beobachtet wurde. Doch dieser Blick fühlte sich eher neugierig als feindlich an. Ich sah auf und blickte auf die andere Straßenseite, wo im zweiten Stock eines Hauses ein hübsches asiatisches Mädchen aus dem Fenster sah. Ich schätzte sie auf höchstens fünfzehn Jahre. Auf ihrem jungen Gesicht zeichnete sich eine Mischung aus Schmerz und Hoffnungslosigkeit ab. Erst jetzt erkannte ich, dass sie sich hinter Gittern befand, eingesperrt in einem Bordell.

Wie begegnet man einem solchen Blick?

Ein Lächeln war nicht angebracht. Ich konnte meinen Kopf nicht schütteln, weil ich damit riskiert hätte, den Eindruck zu erwecken, ich würde *ihr* gegenüber Ablehnung oder Ekel empfinden. Ich erwiderte ihren Blick, bis sie wegsah. Als ich nach unten schaute, sah ich einen Stiegenaufgang, an dessen unterem Ende ein zorniger Haufen Männer saß. Sie begegneten meinem Blick mit unverhohlener Verachtung und es schien, als wollten sie sagen: „Wer glaubst du dass du bist? Geh weg. Du gehörst nicht hierher!"

Zweifellos gehörte ich nicht hierher. Kein Mensch, der nach dem Bild Gottes geschaffen war, gehörte an solch einen schrecklichen Ort. Das war kein Ort, an den man gehörte – das war ein Ort, von dem man davonlief.

Eine der Frauen spürte meine Angst und schlang ihren Arm um meine Taille. „Komm! Ich helfe dir über die Straße!" Sie schleuste mich durch die Menge von Menschen, Fahrrädern und Autos, die auf schlammigen Straßen ohne Regeln und Fahrstreifen unterwegs waren.

Nach meinem ersten Tag im Slum hatte ich gelernt, dass es für Fußgänger nur eine Regel gab: Bleib nie stehen, wenn du einmal begonnen hast, eine Straße zu überqueren. Du gehst furchtlos weiter, egal wie viele Fahrräder, Motorräder und Autos du auf dich zukommen siehst. Einmal zögerte ich mitten auf der Straße und zwei frühere Bordellwirtinnen nahmen mich in die Mitte und schoben mich weiter, während sie kopfschüttelnd meinten: „Nicht stehen bleiben! Wir beschützen dich." Und das taten sie wirklich.

Das erste Bordell, in das wir kamen, verfügte über einen Gemeinschaftsbereich, nicht größer als eineinhalb auf zweieinhalb Meter. Hier warteten die Kunden darauf, von den Mädchen bedient zu werden. Hier trafen sich die Frauen auch, um zu kochen, Gemeinschaft zu haben und sich um ihre Kinder zu kümmern. Von diesem verdunkelten Raum aus konnten sie den Schmutz der Straße vor ihrer Tür sehen. In dieser Enklave hatten sich einige gebrochene Frauen versammelt, um von Gottes Liebe zu hören.

Als ich eintrat, kam ich nicht umhin, zu bemerken, dass es eine weitere Tür gab. Sie war mit einem dünnen Stoff bezogen und führte in einen engen Gang, der von einer Reihe badezimmerartiger Räume gesäumt war. Später erfuhr ich, dass dort die Mädchen schliefen und auch ihre Kunden bedienten. Als ich diesen Gang entlangblickte, bemerkte ich, dass ein paar Türen geschlossen waren, was wohl bedeutete, dass dort ein Mädchen ruhte oder beschäftigt war.

Ich richtete meine Aufmerksamkeit auf die Frauen vor mir. Sie saßen am Boden und auf dem bankartigen Sitzbereich, der entlang beider

Wände des Raumes verlief. Sie drängten sich unter ihren Schleiern zusammen und beobachteten uns zweifelnd, während wir hereinmarschierten.

Die Übersetzerin begrüßte sie auf Hindi. Sie hörten aufmerksam zu und nickten respektvoll auf ihre einzigartige indische Weise.

Es dauerte nicht lange, bis ich in einem Mix von Hindu-Worten meinen Namen hörte. Die Köpfe drehten sich in meine Richtung. Ich warf dem Pastor einen verzweifelten Blick zu. Er reagierte, indem er seine Arme hob und seine frühere Ermahnung wiederholte: „Segne sie … Sie haben hier auf dich gewartet … zwei Stunden lang!“

Ich stellte mich vor und sagte, woher ich kam. Ich erzählte ihnen, dass ich vier Söhne hatte und ein Enkelsohn gerade unterwegs sei. Meine Worte klangen in meinen eigenen Ohren leer und hohl. Was konnten diese Frauen mit meinem Bezugssystem anfangen? Alles, was sie kannten, stand in völligem Widerspruch zu dem, was ich als Amerikanerin als „normal“ empfand. Doch sie waren höflich und nickten sanft.

Ich berichtete von der weiten Reise, die wir unternommen hatten, um sie wissen zu lassen, dass sie nicht alleine waren. Auf der ganzen Welt gab es Frauen, denen sie am Herzen lagen und die über ihre Notlage weinten.

Was war das? Sie waren nicht allein? Die Nachricht von ihrer Verzweiflung hatte ihren Weg aus den Slums gefunden? Andere hatten um ihrer Not willen geweint? Ich berichtete, wie viele Frauen die versteckten Töchter Indiens in ihren Gebeten vor den Thron Gottes brachten. Nun glänzten leise Tränen auf ihren Gesichtern.

Manchmal frage ich mich, ob wir die Kraft, die einer solchen Verbindung innewohnt, wirklich verstehen. Wir sind nicht mehr allein mit unseren Kämpfen. Wir sind nicht mehr allein mit unserer Hoffnung. Jesus verspricht uns, immer bei uns zu sein.

Ich bekannte, was ich in meinem Leben bereute. Ich erzählte, wie ich in meiner Jugend eben diese sexuelle Reinheit und Würde verschleudert hatte, die ihnen mit Gewalt genommen worden war.

Ich hatte mich für sexuelle Freizügigkeit entschieden, aber später die Tür für Gott geöffnet. Seine Liebe hatte mein Leben durchflutet und mich vor Schaden bewahrt. Sie nahmen meine Worte an.

Ich spürte den Heiligen Geist, während er mir jede einzelne Frau vor Augen führte. Es war keine Ansammlung von Frauen – jede einzelne von ihnen war eine besondere Tochter. Ich berührte jedes einzelne Gesicht und vertraute darauf, dass Gott ebenso seine Hand ausstrecken und meine menschlichen Worte mit seinem Geist durchdringen würde. Während ich Kontakt aufnahm, erklärte ich sanft: „Gott hat einen Plan für dein Leben."

Tränen liefen über ihre nach oben gerichteten Wangen, als ich von einem Gott sprach, der zu ihnen gekommen war, um sie in ihrer dunklen Gefangenschaft zu besuchen. Sie wussten aus eigener Erfahrung, was es bedeutete, dem Willen und den Plänen eines anderen ausgeliefert zu sein. Jedes der Mädchen lebte in einem Albtraum, den ein anderer für sie geplant hatte. Jede einzelne Frau, mit der ich sprach, war verschleppt oder mit falschen Versprechungen in die sexuelle Sklaverei gelockt worden. Sie waren in die Falle gegangen, weil man ihnen genau das versprochen hatte, wovon ich ihnen nun erzählte – Hoffnung.

Jede hatte es gewagt, zu hoffen, dass es mehr gab – eine bessere Arbeit, eine Ausbildung oder einfach nur geliebt zu werden. Einige hatten gehofft, der schrecklichen Armut ihrer Dörfer zu entkommen. Diese Frauen waren von Männern und Frauen, denen sie einst vertraut hatten, belogen worden. Wir hörten Geschichten von Onkeln, Ehemännern, Brüdern, Cousins, Tanten und sogar Freunden, die sie verkauft hatten. Ihr Traum von einem besseren Leben wurde benutzt, um sie zu verraten. Ich bat sie, wieder zu hoffen und Jesus, dem Sohn Gottes zu vertrauen, der nicht lügen konnte.

Ich sagte ihnen noch andere Dinge. Dinge, die ich inzwischen vergessen habe. Sätze und Worte, die für unsere westlichen Ohren vielleicht kindisch oder nach schwachem Trost klängen, würde man sie auf diesen Seiten wiederholen. Aber in diesem Moment waren sie vom Himmel inspiriert.

Ohne jeden Fanfarenstoß breitete sich in diesem beengten Raum die Atmosphäre des Himmels aus. Als sich die Frauen auf den lebendigen Gott einließen, der jeder einzelnen von ihnen Hoffnung anbot, entstand eine Verbindung.

Ich spürte diese Veränderung und meine Unfähigkeit, zu kommunizieren, und wandte mich an den Pastor. Er betete mit den Frauen und für sie. In diesem Moment schien es, als ob die Wände sich zurückbewegten.

Ich bemerkte einen Kunden, der beim Hinausgehen seine Hose zumachte und uns über die Schulter einen verächtlichen Blick zuwarf. Wir waren ungewöhnliche Besucher.

Zielgerichtet und ungestüm

Denke einmal über die folgende Schriftstelle nach:

> *Ich wage, zu glauben, dass die Glücklosen eines Tages in dir ihr Glück finden werden. Du wirst sie nicht im Stich lassen: Waisen werden nicht für immer Waisen bleiben. Zerbrich den rechten Arm der Bösen, zerbrich den linken Arm aller Bösen. Suche und zerstöre jedes Zeichen von Verbrechen, Gottes Gnade und Ordnung siegt; die Gottlosigkeit unterliegt. Der schwache Puls des Opfers wird stärker; die Herzen der Hoffnungslosen pumpen rotes Blut, während du dein Ohr an ihre Lippen hältst. Waisen bekommen Eltern, die Obdachlosen bekommen ein Zuhause. Die Herrschaft des Schreckens ist vorüber. Die Macht der Bandenführer geht zu Ende.*
>
> Psalm 10, 14–18 *(The Message,*
> aus dem Englischen übersetzt)

Kannst du das wirklich hören? Hier ist jedes Element enthalten, das wir brauchen, um im Dunkeln zu jagen: Glaube, Gerechtigkeit, Sieg, Heilung, Hoffnung, Annahme, Wiederherstellung, Rechtschaffenheit, ein Ende und ein Neubeginn! Jetzt ist die Zeit, diese Worte zu beten, und wenn wir das Wort Gottes aussenden, wird er darüber wachen.

Dies ist ein Gebet der extremen Maßnahmen; eines, das an die Vorgehensweise der Mafia erinnert. Ich persönlich bin all der netten, harmlosen Gebete herzlich überdrüssig. „Brich ihre Arme und schalte sie aus, Gott“, ist ein gewagtes Gebet. Es ist ein heftiges Ansuchen. Ich kann mir nicht vorstellen, dieses Gebet leise oder leidenschaftslos zu beten. Psalm 10 ist sogar die Verheißung Gottes, die ich kürzlich auf meiner Reise nach Südostasien als Schwert benutzte. Jedes Mal wenn ich Ungerechtigkeit sah, schwang ich es.

Wenn du betest, sei zielgerichtet und ungestüm. Verschließe deine Augen vor dem Offensichtlichen und halte sie auf ein Bild der Wiederherstellung und Gerechtigkeit gerichtet. Das ist es, was Gott auf die Erde bringen möchte. Es gibt Menschen, die darauf angewiesen sind, dass du deine Augen schließt und sie siehst, wenn du betest. Ich spreche von wirklich beharrlichem Gebet, das den Himmel erreicht und dich aufschreckt, wenn es über deine Lippen kommt.

Eine passive Gemeinde wird nicht bestehen können. Meine größte Hoffnung für uns als Gemeinde ist, dass wir im Dunkeln jagen, bis der Friedefürst kommt und die Herrschaft des Schreckens beendet. Damit das geschehen kann, müssen wir einzeln und gemeinsam suchen, aufspüren und wiederfinden, was jetzt noch verborgen ist.

Glaube mir, du musst nicht nach Indien fahren, um verzweifelte Menschen zu finden, die im Dunkeln festsitzen. Überall gibt es Männer, Frauen und Kinder in Gefangenschaft. Sie warten darauf, dass wir aus unseren Verstecken heraustreten und in die Gänge kommen. Sie warten darauf, dass wir die Tür zur Freiheit öffnen und die Bereiche unserer persönlichen Finsternis verlassen, damit wir sie ins Licht bringen können.

Wenn wir mit dem Licht Gottes erfüllt sind, werden wir die Verlorenen wirklich aus der Finsternis holen können. Es ist nicht an der Zeit, über Lehrmeinungen zu streiten, nach dem größten Dienst oder nach Ansehen in der Gemeinde zu streben. Wir sollten dienen, anstatt uns anzustrengen, bestimmte Positionen zu erreichen, und uns mit anderen zu vergleichen.

Wach auf! Waisen warten darauf, in Familien aufgenommen zu werden und jede erdenkliche Art von Fürsorge zu erfahren. Tausende von verlassenen, vereinsamten Menschen beten und hoffen, dass sie – ungeachtet des äußeren Scheins – nicht alleine sind.

Ich habe auf diesen Seiten vom leidvollen Thema des Menschenhandels in Indien berichtet, um das Konzept des „Jagens im Dunkeln“ in einem großen, internationalen Maßstab zu zeichnen. Es soll dir die richtige Perspektive vermitteln. Du sollst nicht denken, dass dein Schmerz oder der Schmerz der Menschen, die dir nahestehen, unbedeutend ist. Gott ist allen nahe, die leiden. Die Qual der Gefangenschaft, der Isolation, des Verrats, der Gewalt, des Missbrauchs und der Hoffnungslosigkeit sucht Menschen ungeachtet ihrer Staatsangehörigkeit heim. Überall auf der Welt haben die Menschen dieselben Bedürfnisse, aber nicht alle Menschen haben dieselben Mittel und Möglichkeiten.

Lass uns treue Diener sein und unseren Wohlstand wohlüberlegt vermehren. Du wirst gesegnet, damit du andere segnest. Der Segen, den du bringen kannst, wird an zahllosen Orten gebraucht. Du musst keine weite Reise unternehmen, um etwas geben zu können. Hoffnungslosigkeit kann auch dort vorkommen, wo du arbeitest oder einkaufst. Missbrauch kann auch in der Ehe einer Freundin geschehen. Isolation kann sich unter den Menschen ausbreiten, mit denen du anbetest. Deine Kinder fühlen sich vielleicht von jemandem in ihrer Klasse verraten.

Oft dient es uns selbst zur Heilung, wenn wir anderen Hoffnung schenken. Menschen auf der ganzen Welt brauchen die Liebe und Würde, die Jesus, der Christus, der menschlichen Seele verleiht. Ob sie von Armut überwältigt in der Ecke kauern, in Elfenbeintürmen thronen oder ängstlich in ihrem Kartenhaus sitzen – die Fronten sind abgesteckt, die Grenzen festgesetzt. Es gibt Leben und es gibt Tod und Zerstörung. Es gibt Hoffnung und es gibt Verzweiflung. Es gibt Licht und es gibt Dunkelheit. Nie waren die Bereiche klarer abgesteckt und nie waren die Einsätze höher.

Löwinnen leben im Licht und jagen im Dunkeln. Also, meine Tapfere, ich kann mir kein besseres Vorbild für unsere Lebensführung vorstellen. Ich glaube, dass du dieses Buch in Händen hältst, weil du eine Tochter der Verheißung bist. Du hast die Tür weit aufgerissen. Nun lerne, in seinem herrlichen Licht zu leben und zu ruhen. Lass uns auch unbeschwert zusammen leben. Erlaube deinen Sorgen und Ängsten nicht, dich zu überwältigen.

Lasst uns die Augen weit offen halten und lernen, im Dunkeln zu sehen – über das Offensichtliche hinauszublicken, die Herzen der Menschen und die verborgenen Dinge zu erkennen. Lasst uns zusammen im Dunkeln jagen und andere in Gottes Licht bringen. Lasst uns wie die Löwin das Gleichgewicht halten zwischen offensichtlicher Ruhe und starker Anspannung. Ruht in ihm, entspannt euch miteinander und arbeitet zusammen, um der Dunkelheit eure Zähne zu zeigen.

10

MIT DEM LÖWEN GEHEN

Weine nicht! Siehe, der Löwe aus dem Stamm Juda, der Erbe aus der Wurzel Davids, hat gesiegt.

Offenbarung 5, 5 (Neues Leben)

Häufig fühlen wir uns, als würden wir allein durch schwierige Situationen gehen. Doch eigentlich geht jemand vor uns her, der sich zwar verborgen hält, der aber stark ist und uns führt. Wenn du weiterliest, erkennst du vielleicht, dass du mit deinem Löwen, Jesus Christus, gegangen bist, ohne es zu merken.

Manchmal kann es beängstigend sein, ihm nachzufolgen. Die Schwierigkeit besteht nicht unbedingt darin, zu verstehen, was Gott uns aufträgt – sie besteht darin, zu erkennen, wie wir den Auftrag erfüllen sollen. Die meisten wollen Gott von ganzem Herzen nachfolgen, haben aber keine Ahnung, wie sie das anstellen sollen.

Die Anweisung, die Jesus uns gibt, scheint auf den ersten Blick simpel zu sein. Betrachte diese beiden Versionen von Matthäus 16, 24.

Will mir jemand nachfolgen, der verleugne sich selbst und nehme sein Kreuz auf sich und folge mir.

(Luther)

Und für mehr Klarheit …

> *Jeder, der mit mir kommen will, muss mich führen lassen. Du bist nicht am Fahrersitz, sondern ich. Laufe nicht vor dem Leid davon, nimm es an. Folge mir nach und ich zeige dir, wie das geht.*
> (*The Message,* aus dem Englischen übersetzt)

Die Anweisung ist klar – verleugne dich selbst, nimm dein Kreuz auf und folge nach.

Es ist das Wie, das Schwierigkeiten bereitet.

Wie verleugnet man sich selbst?

Was bedeutet es, ein Kreuz auf sich zu nehmen?

Wie folgt man jemandem nach, den man nicht sieht?

Die Antwort ist einfach: Jesus führt … wir folgen.

Im Glauben gehen

Ich habe öfters Gelegenheit, in Internetforen mit jungen Mädchen zu kommunizieren. Es überrascht mich, wie oft ich als Reaktion auf eine Antwort die Frage zu hören bekomme: „Aber wie?"

Wie erkennst du, dass Gott spricht?

Wie kann ich meinem Vater vergeben?

Wie bist du von deiner Essstörung frei geworden?

Wie erkennst du, ob ein Junge der Richtige ist?

Wie hast du deine Furcht, Scham und Schuldgefühle überwunden?

Als ich mit den Dingen zu kämpfen hatte, über die diese Mädchen nun Fragen stellten, nahm ich Gottes Wort einfach als die Wahrheit an und folgte ihm, wohin es mich führte. Jesus ist das fleischgewordene Wort. Wenn wir Gottes Wort lesen, sehen wir, wie er lebte und wohin er uns führt. Die meisten, die auf schwierigen Wegen geführt wurden, fühlten sich dem am Anfang nicht gewachsen. Doch sie nahmen ihren Mut zusammen und folgten Jesus im Glauben nach.

> *Durch Glaubenstaten stürzten sie Königreiche, verhalfen der Gerechtigkeit zum Durchbruch und nahmen die Verheißungen für sich in Anspruch.*
>
> Hebräer 11, 33 *(The Message,* aus dem Englischen übersetzt)

Weil die Menschen im Glauben handelten, gingen korrupte Königreiche zugrunde, die Gerechtigkeit triumphierte über das Unrecht und Gottes Verheißungen wurden wahr. Durch Glauben treten wir in Gottes Pläne und Verheißungen für unser Leben ein. Es braucht Glauben, um unserem Löwen zu folgen, wohin er uns auch führt.

Der Glaube setzt sich über den Zweifel hinweg. Wir fragen Gott: „Bist du da? Ich kann dich nicht spüren." Durch den Glauben hören wir unseren Löwen sagen: „Ich will dich nicht verlassen und nicht von dir weichen" (Hebr. 13, 5; *Luther).*

Der Glaube lässt uns erwartungsvoll beten. Ein Gebet voller Glauben wird die Kranken heilen und der Herr wird dich gesund machen. Und wenn du irgendeine Sünde begangen hast, wird dir vergeben werden (siehe Jak. 5, 15).

Was bedeutet es, im Glauben zu handeln?

Für Abraham, unseren Vater im Glauben, bedeutete es, Gott auf einer Wanderung durch die Wüste zu folgen, auch wenn er keine Ahnung hatte, wo sie enden sollte. Als ich von Abrahams und Saras Reise las, fiel mir auf, dass Gott ihnen sowohl das Land gab, durch das sie zogen, als auch das Land, das sie sehen konnten.

> *Weil Abraham im Glauben handelte, sagte er Ja zu Gottes Ruf, an einen unbekannten Ort zu reisen, der seine Heimat werden sollte. Als er loszog, hatte er keine Ahnung, wohin die Reise gehen sollte.*
>
> Hebräer 11, 8 *(The Message,* aus dem Englischen übersetzt)

Wenn Sara und Abraham in Ur geblieben wären – wo alles bequem und vertraut war –, hätten sie die Verheißung Gottes nie erlangt.

Oh, wie schwierig ist es doch für uns, im Glauben zu gehen. Wir wollen eine Landkarte, doch stattdessen hält Gott ein Geheimnis für uns bereit.

Diese Glaubensreise lässt etwas Heldenhaftes in uns heranwachsen. Vor jeder von uns liegt ein Hindernisparcours voller großartiger Abenteuer. Dazu haben wir die Sicherheit, dass unser Löwe uns nur auf einem Weg führen wird, den er schon selbst entlanggeschritten ist. Immer wenn Gott uns beruft, etwas zu tun, das wir noch nie gesehen oder getan haben, jagt uns das Angst ein. Manchmal führt Gott uns, einer Neigung zu folgen oder in eine bestimmte Richtung zu gehen – eine Richtung, von der noch nie jemand auch nur im Traum daran gedacht hätte, sie einzuschlagen. Alles was wir haben, ist die Herausforderung und Gottes Einladung: „Tochter, wirst du mir folgen … auch wenn du dich fürchtest?“

Vor nicht allzu langer Zeit rief mich eine Freundin an, um mir zu sagen, dass man sie eingeladen hatte, etwas zu tun, das ihr zwar Angst machte, aber nach einer interessanten Strategie aussah. Man hatte sie eingeladen, Mitglied eines – ausschließlich aus Männern bestehenden – Gremiums zu werden, das mit einer großen Gruppe sehr einflussreicher männlicher Leiter zusammenarbeitete. Selbst ihr Ehemann war sich nicht sicher, ob sie das Angebot annehmen sollte, und fragte sich, warum man sie eingeladen hatte.

Sie rief mich an, weil sie gerade die Konferenzbroschüre erhalten hatte. Nachdem sie gesehen hatte, dass sie die einzige weibliche Sprecherin sein würde, fühlte sie sich von ihren Ängsten überwältigt und befürchtete, sich zu viel zugetraut zu haben.

Bevor mir überhaupt bewusst wurde, was ich sagte, platzte ich heraus: „Du hast dich dein ganzes Leben lang auf diesen Moment vorbereitet. Du bist sehr wohl in der Lage, diese Rede zu halten und sie gut zu halten. Deine Rede wird interessant, göttlich inspiriert und von unwiderstehlicher Weisheit geprägt sein.“

Ich hörte, wie sie langsam ausatmete, und konnte förmlich sehen, wie sie nickte. Ich wusste, dass sie sich dieser Herausforderung nicht alleine würde stellen müssen. Sie würde einen Löwen an ihrer Seite haben. Sie würde ihm folgen und die Sache durchziehen – vielleicht mit Zittern, aber immer in dem Bewusstsein, nicht alleine dazustehen.

Wer Jesus nachfolgt, befindet sich in der Gesellschaft eines Löwen. Jesus ist unser Lamm, das geschlachtet war und als der Löwe von Juda wieder auferstand.

Der Löwe aus dem Stamm Juda, die Wurzel des Baumes Davids, hat überwunden.

Offenbarung 5, 5 (*The Message*, aus dem Englischen übersetzt)

Halte dich nicht zurück

Um wieder ein wenig Ehrfurcht und Zittern in dein Christenleben zu bringen, möchte ich dich bitten, dir vorzustellen, wie du mit einem Löwen zusammen einen Weg entlanggehst. Wer weiß? Es könnte sein, dass Gott dich bittet, etwas zu tun, das dir Angst macht.

Weißt du, wenn wir uns Jesus nur so vorstellen, wie er war, als er am See von Galiläa umherzog und die Bergpredigt hielt, dann ist unser Bild nicht groß genug, um zu erfassen, wer er jetzt ist. Der Sohn Gottes besuchte die Erde als Mensch ohne all seine göttlichen Privilegien. Doch nun geht er nicht länger in menschlicher Gestalt über die Erde – nur mehr in Form seiner Söhne und Töchter. Er sitzt hoch erhoben, inmitten einer unbändigen, verschwenderischen himmlischen Pracht – das Bild von Stärke und Herrlichkeit schlechthin.

Erhebe deine Augen und sieh ihn jetzt als den Löwen von Juda, strahlend in seiner Majestät und Stärke. Er möchte, dass du ein Leben voller Staunen führst, keines, das von Regeln und Pflichten erfüllt ist. Erlaube seiner Stimme, etwas zutiefst Ungezähmtes und Wildes in dir aufzuwühlen! Gottes Verheißungen für den jungen Jeremia sind seine Verheißungen für dich, seine furchtlose, prophetische Tochter:

„Bevor ich dich im Mutterleib bildete, wusste ich schon alles über dich. Bevor du das Tageslicht sahst, hatte ich bereits heilige Pläne für dich: Ein Prophet für die Nationen – das solltest du nach meinen Plänen werden." Doch ich sagte: „Warte, Herr, mein Gott! Schau mich an. Ich weiß doch von nichts. Ich bin nur ein Junge!" Gott sagte mir: „Sage nicht: ‚Ich bin nur ein Junge.' Ich werde dir sagen, wohin du gehen sollst, und du wirst dorthin gehen. Ich werde dir sagen, was du reden sollst, und du wirst es

> *aussprechen. Fürchte dich vor niemandem. Ich werde bei dir sein und mich um dich kümmern.“*
>
> Jeremia 1, 5–9 *(The Message,* aus dem Englischen übersetzt)

Wenn du effektiv sein willst, musst du, wie Jeremia, fest in der Wahrheit gegründet sein, dass Gott bei dir ist. Das wird dich furchtlos machen, was auch immer andere sagen oder tun mögen.

Es gibt viele Stimmen und Einflüsse, die deine Reise durchs Leben begleiten. Manche bestärken dich in deiner Richtung; andere bringen dich ins Wanken und lassen dich von deinem Weg abkommen. Manche Stimmen spornen dich an, etwas zu erreichen, von dem du noch keine Ahnung hast, und andere halten dich zurück. Da sind die Stimmen aus deiner Vergangenheit – die Stimmen aus deiner Familie, die Stimme der Enttäuschung und die Stimme der Angst –, die immer wieder brüllen und flüstern: „Wende dich ab! Kehre um. Du könntest scheitern. Du könntest verletzt werden.“ Diese Stimmen drängen dich, dich selbst zu beschützen.

Mitten unter diesen negativen Stimmen, die das Leben aus dir saugen, erheben sich die kraftvollen, Leben spendenden Stimmen. Sie sind immer gegenwärtig, aber wenn du dich nicht auf sie einstellst, könnte es sein, dass du sie überhörst. Die Stimmen der himmlischen Heerscharen, die uns vorangegangen sind, rufen dir durch die Schrift zu und feuern dich an, vorwärtszugehen und weiterzumachen: „Höre nicht auf deine Ängste oder den Schrecken derer, die um dich sind. Höre nicht auf die Lügen deines Feindes, der in der Verdammnis gequält wird. Lass dich nicht abbringen. Wir brauchen dich! Zieh deine Sache durch und laufe dein Rennen!“

Erinnere dich daran, dass in der Gegenwart eines Löwen alle schwächeren Tiere zittern. Man sagt zwar, dass Satan einem Löwen *gleicht,* der die Erde durchstreift und jemanden sucht, den er verschlingen kann (siehe 1. Petr. 5, 8; *Neues Leben),* aber er ist *kein* Löwe. Er ahmt ihn nur nach. Satan ist kein ebenbürtiger Gegner für unseren wahren Löwen. Der finstere Herrscher und seine Kohorten geben nur vor, mit göttlicher Vollmacht zu brüllen, doch seine Gefährten sind Schatten – Schatten, die sich das Licht und die geniale Kreativität Gottes borgen müssen.

Vertraue deinen Begegnungen mit dem Löwen

Als junges Mädchen bekam ich die komplette Serie der Chroniken von Narnia zu Weihnachten geschenkt. Jeder einzelne Band erschien mir wie ein vergrabener Schatz. Als ich das letzte Buch gelesen hatte, weinte ich. Ich weinte nicht nur, weil die Geschichte zu Ende war, sondern weil ich meine Verbindung zu diesem wunderbaren Ort in einer anderen Welt verloren hatte. Ich verstand, dass Aslan Jesus verkörperte, konnte aber den Jesus, den man mir vorgestellt hatte, nicht in Einklang bringen mit dem Löwen, der wild und ungezähmt, aber auch zum Anfassen war. Während ich die Chroniken gelesen hatte, hatte ich angefangen, ihn zu lieben.

Er bewegte sich unter seinen Kindern. Ich wollte nicht zurück zu den stummen Ikonen mit ihren Heiligenscheinen und dem kalten Weihwasser. Ich wollte den lebendigen, atmenden Löwen zurück. Ich wollte Gott auf eine so tiefe, warme und lebendige Weise begegnen, dass seine Existenz fühlbar und nicht mehr zu leugnen war. Ich wollte eine Liebe, deren Kraft mich zum Zittern brachte. Ich wollte eine Gerechtigkeit, deren Reinheit mir den Atem raubte.

Ich wollte Lucy sein in einer Welt, in der die Tiere und Bäume reden konnten; in der Tugend und Wahrheit belohnt wurden; in der Fehler vergeben wurden, ohne dass man Werke der Buße vollbringen musste.

Gott lädt uns ein, in kindlich-naiver Unschuld vor ihn zu kommen und das Wunder seiner Liebe und Erlösung anzunehmen. Jedoch ließen religiöse Vorschriften und der Lauf der Zeit viele von uns abirren. So verloren wir den Löwen unserer Jugend aus den Augen.

Aus diesem Blickwinkel wollen wir Lucy im vierten Band der Narnia-Serie *Prinz Kaspian* einen Besuch abstatten. Als wir zu den Kindern stoßen, sind sie erschöpft, haben sich verirrt und sind gerade dabei, einen weiteren falschen Weg einzuschlagen. Da sieht Lucy Aslan, ihren Löwen.

„Seht! O seht doch!", rief Lucy.

„Wo? Was?", riefen alle fragend durcheinander.

„Der Löwe", sagte Lucy, „Aslan selbst. Habt ihr nicht gesehen?"

Ihr Gesichtsausdruck veränderte sich vollkommen, und ihre Augen glänzten. „Meinst du wirklich, dass …", begann Peter.

„Wo glaubst du, ihn denn gesehen zu haben?", fragte Suse.

„Rede nur nicht so, als wenn du erwachsen wärest", sagte Lucy und stampfte mit dem Fuß auf. „Ich glaubte nicht, ihn zu sehen. Ich sah ihn."

„Wo denn, Lu?", fragte Peter.

„Gerade dort oben zwischen den Eschen. Nein, auf dieser Seite der Schlucht. Und oben, nicht unten. Gerade entgegengesetzt von der Richtung, die ihr nehmen wollt. Und er wollte uns dahin haben, wo er ist, nach oben."

„Wieso weißt du denn, was er wollte?", fragte Edmund.

„Er – ich – ich weiß es eben", antwortete Lucy. „Ich sah es an seinem Gesicht."

Die anderen blickten sich verwirrt an.[1]

Wenn der Löwe erscheint, wird dein Gesicht das widerspiegeln. Mit der Vision geht ein Wissen einher.

Ich weiß noch genau, wie ich dieses *Wissen* auf Addisons Gesicht sehen konnte, als er mir mitteilte, er glaube, Julianna sei seine zukünftige Braut. Ich war gerade von einer Frauenkonferenz in Kiew zurückgekommen, und während meiner kurzen Abwesenheit (sechs Tage) hatte mein Sohn die Liebe seines Lebens getroffen. Noch am selben Tag lud er mich ein, mit ihnen zu Mittag zu essen. Wir saßen auf der Terrasse und ich hörte aufmerksam zu, als er mir erzählte, er wisse, dass sie „die Richtige" sei.

Als ich ihn fragte, woher er das wisse, hielt er meinem Blick stand und erklärte: „Ich *weiß es* einfach." In diesem Moment wusste ich es auch. Ich erkannte, dass mein Sohn etwas mehr in dieser jungen Frau gesehen hatte, etwas, das ihm die Kraft gab, einen Weg zu gehen, den er selbst nicht erklären konnte. Als seine Mutter würde ich ihn auf dieser Reise unterstützen. Noch bevor ich Zeit mit Julianna verbracht hatte, glaubte ich, dass sie die Richtige für meinen Sohn war, auch wenn ich es zu der Zeit noch nicht verstehen konnte.

Wenn wir diese Begegnung mit dem Löwen haben, sollten wir dem Wissen, das sie uns vermittelt, vertrauen, auch wenn andere nicht erkennen können, was für uns so offensichtlich ist. Trotz der Skepsis der anderen Kinder vertraute Lucy auf das, was sie gesehen und als wahr erkannt hatte.

Als Lucy ihnen sagt, in welche Richtung Aslan sie schicken möchte, stellen die anderen Kinder ihre Worte infrage. Sie zweifeln nicht daran, dass Lucy Aslan gesehen hat. Sie fragen sich, warum er ausgerechnet ihr erschienen ist. Sie beschließen, darüber abzustimmen, ob sie Lucy und ihrem Löwen folgen oder eine direktere Route nehmen sollen. Lucy verliert, die Kinder nehmen eine Abzweigung und gehen einen andern Weg. Sie folgt der Gruppe weinend, weil sie sich in die komplett falsche Richtung bewegen.

Ich denke, wir wissen alle, wie sie sich fühlte.

Wenn du einen Löwen oder ein Zeichen von Gott siehst, das andere nicht sehen können, wirft das Fragen auf. Sie werden wissen wollen, warum er dir etwas gezeigt hat, das sie nicht gesehen haben. Ich habe gelernt, dass nur Gott allein diese Frage beantworten kann. Er kann tun, was ihm gefällt. Gott offenbart sich verschiedenen Menschen auf verschiedene Weise. Dieses Konzept sollte im Leib Christi durch die wechselseitige Abhängigkeit eher für Zusammenhalt sorgen, als Fragen aufwerfen. Wenn jeder von uns einen Anteil hat, werden die Leiter einander stärken und herausfordern. Es ist schlimm, missverstanden und dann noch in die falsche Richtung geführt zu werden. Es fühlt sich schrecklich an, wenn die Menschen in deinem Umfeld die Einsichten, die Gott dir gegeben hat, nicht zu schätzen wissen. Denke daran, dass Gott selbst in diesen Umständen am Wirken ist und ein größeres Ziel verfolgt. Lass nicht zu, dass Ablehnung und Missverstehen deine Seele dazu bringen, zu richten und bitter zu werden. Verarbeite es.

Aber zurück zu *Prinz Kaspian:* Nach einem Tag voller falscher Abzweigungen und einer beinahe tödlichen Begegnung landen die

Kinder wieder dort, wo sie losgegangen sind. Angeschlagen und erschöpft fallen sie in einen tiefen Schlaf. Aslan weiß, dass Lucy leidet, und er besucht sie erneut, um Schlimmeres zu verhindern.

Aus dem Schatten vor ihrem Lagerplatz ruft Aslan nach Lucy, die nach diesem anstrengenden Tag erstaunlich munter ist. Sie ist begeistert, seine Stimme zu hören, und läuft voller Freude auf ihn zu. Während sie vom Ablauf des letzten Tages berichtet, beschwert sie sich über ihre Brüder und ihre Schwester, die ihrem Rat nicht gefolgt sind. Aus dem tiefsten Inneren des Löwen kommt die „leise Andeutung eines Knurrens". Verwirrt fragt Lucy ihn, ob sie etwas falsch gemacht habe.

> *„Aber es war doch nicht meine Schuld, nicht wahr?"*
>
> *Der Löwe blickte ihr gerade in die Augen.*
>
> *„Oh, Aslan", beschwor ihn Lucy, „du denkst doch nicht etwa, es war mein Fehler? Wie konnte ich – ich konnte doch nicht die anderen verlassen und allein zu dir heraufkommen, nicht wahr? …"*
>
> *Aslan antwortete nichts.*[2]

Der Löwe blickte ihr geradewegs in die Augen. Was hat es mit der Gegenwart Gottes auf sich, dass sie in der Lage ist, eine solche Klarheit in die verzerrte menschliche Wahrnehmung zu bringen? Oft kam ich mit der Einstellung in seine Gegenwart, ich sei ein missverstandenes und verleumdetes Opfer – nur um dann festzustellen, dass ich bestimmte Entscheidungen ganz einfach selbst getroffen hatte. Doch in der Gegenwart unseres Löwen fühle ich mich nicht beschämt. Ich fühle mich gestärkt, in die richtige Position gebracht und bereit, weiterzugehen.

Wir alle befinden uns irgendwann in einer solch schwierigen Situation. Gott hat in dich das Verlangen gelegt, einen bestimmten Weg einzuschlagen, und deine Freunde oder deine Familie drängen dich, einen anderen zu gehen. Vielleicht warst du versucht, einen Kompromiss bezüglich deines Glaubens oder deiner Moralvorstellungen einzugehen, mit der Masse mit zu schwimmen und still zu bleiben. Ungeachtet des Drucks hast du gemerkt, dass Ausreden nicht gelten, wenn du zu deinem Löwen gehst. Sie stoßen auf

Schweigen. Ich habe oft den Rat gehört, dass wir uns auf das besinnen sollen, was Gott uns zuletzt aufgetragen hat, wenn wir im Moment nichts von ihm hören. Hast du akzeptiert, getan, gesagt oder gegeben, was er dir aufgetragen hat? Wenn nicht, wartet er immer noch darauf.

„Du bist eine Löwin …“

Gott ändert seine Anweisungen nicht, nur weil Menschen über irgendetwas abstimmen oder mit ihm nicht einer Meinung sind. Er lässt sich auch auf keine Schuldzuweisungen ein. Er wartet und hört zu, bis wir von den Anschuldigungen weg zur Ehrlichkeit gelangt sind. Mit dieser demütigen Haltung können wir uns erheben und uns mit ihm zusammen in die Wildnis aufmachen.

C. S. Lewis hat diese tiefschürfende Wahrheit im folgenden Dialog zwischen Lucy und Aslan auf hervorragende Weise eingefangen. Lucy hat begriffen, dass sie Aslan auch ohne die anderen hätte folgen sollen. Diese Offenbarung bringt eine neue Verantwortung mit sich. Aslan gibt ihr eine weitere Chance: Er bittet sie, ihre Brüder und ihre Schwester aufzuwecken und ihnen zu sagen, dass sie ihn wieder gesehen habe und dass es Zeit sei, ihm zu folgen.

> *„Aber sie werden mir nicht glauben“, meinte Lucy.*
>
> *„Das ist einerlei“, entgegnete Aslan.*
>
> *„Oje, oje“, klagte Lucy. „Und ich war so froh, dich wiederzusehen … Und ich dachte, du kommst brüllend an und schlägst alle Feinde in die Flucht – wie damals. Und jetzt wird alles so schrecklich.“*
>
> *„Es ist schwer für dich, Kleines“, sagte Aslan. „Aber nichts wiederholt sich.“*

Lass uns hier für einen Moment verweilen. Ich liebe dieses Bild, das uns aufzeigt, wie wir Menschen oft auf eine Anweisung Gottes reagieren. Er hält ein Abenteuer für uns bereit, und alles, was wir vor Augen haben, ist unser eigenes, „schreckliches“ Versagen. Lucy verliert ihre Hoffnung und beginnt, sich zu verstecken.

Lass uns weiterlesen:

Lucy verbarg ihren Kopf in seiner Mähne, um sich vor seinem Blick zu verstecken. Aber in seiner Mähne muss Zauber gewesen sein. Sie fühlte, wie Löwenstärke in sie hineinströmte. Ganz plötzlich setzte sie sich auf.

„Es tut mir leid, Aslan", sagte sie. „Jetzt bin ich bereit."

„Jetzt bist du wie eine Löwin", meinte Aslan. Nun wird das ganze Narnia neu erstehen."[3]

Als ich diese Aussage las, war ich überwältigt. „Jetzt bist du eine Löwin …" Ich glaube, Gott möchte diese Worte über jede einzelne seiner Töchter aussprechen, während wir uns aufsetzen, aufhören, zu weinen, und uns bereit machen. Dann kann Gott verkünden: „Jetzt bist du kühn und mutig. Jetzt siehst du die Dinge aus meiner Sicht. Du erkennst deine Stärken. Du bist bereit für die Schlacht." Erinnere dich daran, dass du Teil einer Armee bist, die sich in einem Krieg befindet.

Der Mut, etwas zu bewirken

Was hat es mit diesem Kampf auf sich? Es scheint, als würde die Finsternis zunehmen und unser Licht flackern.

Es ist an der Zeit, auf den Löwen in unserer Mitte hinzuweisen. Vielleicht haben wir ihn übersehen, weil wir uns auf kleinliche Streitereien eingelassen haben. Unsere Reihen haben sich gespalten. Es ist unser Auftrag, die Erde zu bewahren, doch wir haben aufgehört, unser Augenmerk auf das Wesentliche zu richten, während die Mächte der Finsternis auf ihr gewütet haben. Um uns herum tobt ein Kampf, doch wir sind zu beschäftigt damit, uns gegenseitig zu bekämpfen.

Dem König der Zeitalter aber, dem unvergänglichen, unsichtbaren, alleinigen Gott, sei Ehre und Herrlichkeit von Ewigkeit zu Ewigkeit! Amen. Dieses Gebot vertraue ich dir an, mein Kind Timotheus, nach den vorangegangenen Weissagungen über dich, damit du durch sie den guten Kampf kämpfst, indem du den Glauben bewahrst und ein gutes Gewissen, das einige von sich gestoßen und so im Hinblick auf den Glauben Schiffbruch erlitten haben.

1. Timotheus 1, 17–19

Es gibt Verheißungen, die in unsere Zukunft geschickt worden sind. Wir führen einen Krieg und unsere Waffen sind Licht und Hoffnung. Jesus wird den Tod kein zweites Mal besiegen. Er hat diesen Sieg bereits errungen. Es ist jedoch an der Zeit, dass wir in diesem Sieg vorangehen und andere ermutigen, es uns gleichzutun.

Gerade in diesem Moment steht die amerikanische Nation am Rande eines moralischen, wirtschaftlichen und geistlichen Zusammenbruchs. Feinde und Terroristen bedrängen sie sowohl weltweit als auch in ihrem eigenen Land. An allen möglichen Fronten stiften Angst und Verrat ihren Unfrieden und manche meinen, das amerikanische Volk könne nicht für sich selber denken.

Meiner Meinung nach weist das derzeitige gesellschaftliche Klima in Amerika Ähnlichkeiten mit dem auf, das vor einigen Jahrhunderten in England herrschte. Aus einem gebeutelten und zerrissenen Land entstand ein Weltreich und die Einwohner Großbritanniens erfuhren eine Erneuerung, als eine junge Frau als Löwin auftrat.

Im Alter von fünfundzwanzig Jahren bestieg Königin Elisabeth I. den Thron eines Landes, das finanziell und moralisch bankrott war. Stärkere Nationen, die durch den Katholizismus vereint waren, bedrohten England von allen Seiten. Im Gegensatz dazu hatten die religiösen Kriege, die in England tobten, das Land gespalten. Großbritannien schwankte unter den Nachwirkungen der turbulenten Herrschaft von König Heinrich VIII. und Königin Maria.

Doch lies, was Königin Elisabeth anlässlich ihrer Krönung sagte: „Die Last, die auf mir liegt, versetzt mich in Erstaunen.“[4] Ein paar Jahrhunderte später klingen ihre Worte in meinen Ohren zeitgemäß und provokativ. Was für eine Frau ist das, die sich von einer enormen Last in Erstaunen versetzen lässt?

Ich bin froh, dass diese Königin sich nicht mit der Ausrede entschuldigt hat, sie sei zu jung, zu schwach oder dem falschen Geschlecht zugehörig. Ihr Anspruch auf den Thron wurde wiederholt infrage gestellt. Doch selbst als man ihr vorwarf, sie sei nur die uneheliche Tochter König Heinrichs VIII., lenkte sie nicht ein. Stattdessen ließ sie sich in Erstaunen versetzen. Ihr Erstaunen öffnete ihr die Tür in das Reich der Ehrfurcht, der Verwunderung und der Abhängigkeit von Gott.

Elisabeth hatte schon früh gelernt, ihre Worte sorgfältig zu wählen. Ansonsten wäre sie wohl keine fünfundzwanzig Jahre alt geworden. Von der Wiege bis zum Grab war sie von Menschen umgeben, die ihr nicht wohlgesonnen waren. An ihrem Hof und in ihrem Land lebten Verräter und Thronräuber, die ihr liebend gerne einen Strick aus ihren eigenen Worten gedreht hätten. Ihre Halbschwester Maria, ihre Vorgängerin auf dem Thron, erwarb sich den Titel „Blutige Maria", weil sie während ihrer Herrschaft so viele Menschen hatte hinrichten lassen. Maria suchte eine Gelegenheit, Elisabeth zu töten, und ging dabei so weit, sie im Tower von London gefangen zu halten, wo Elisabeths Mutter, Anne Boleyn, vor ihrer Enthauptung eingesperrt war. Marias Angriffe und Verschwörungen gegen Elisabeth führten nur zu ihrem eigenen Ende.

Kurz nachdem Elisabeth Königin geworden war, kehrte ihre Cousine Maria, die Königin von Schottland, nach Großbritannien zurück. Sie hatte die Unterstützung der Katholischen Kirche und unternahm mehrere Versuche, den Thron von England an sich zu reißen. Es kam ans Licht, dass Maria ein unverfrorenes Attentat geplant hatte, woraufhin Elisabeth sie schließlich hinrichten ließ. Elisabeth wurde verraten, abgelehnt und man brachte ihr Misstrauen entgegen, doch sie erlaubte es den Schwierigkeiten, aus ihr das beste Staatsoberhaupt zu machen, das England je gehabt hatte.

Anstatt zu heiraten und einen Erben hervorzubringen, verpflichtete sich Königin Elisabeth I., ihrem Reich sowohl Braut als auch Mutter zu sein. Dieses überwältigende Maß an Hingabe gab ihr die Freiheit, sich auf die Strategien zu konzentrieren, mit deren Hilfe es ihr gelang, ein starkes Königreich aufzubauen. Sie bildete sich ununterbrochen fort, umgab sich darüber hinaus mit weisen Beratern und wusste genau, was ihr Volk dachte und wie es ihm ging.

Unter der Herrschaft Königin Elisabeths

- wurden die religiösen Fraktionen unter dem Dach der Anglikanischen Kirche vereinigt;
- wurde aus der einzelgängerischen und abhängigen englischen Wirtschaft eine vielfältige und unabhängige;
- blühten die Wissenschaften und Künste;

- wurde England zu einer Seemacht;
- ging die Besiedlung und Erkundung Amerikas gut voran.

Königin Elisabeth führte ihr Land in das goldene Zeitalter und machte aus einem kleinen Königreich eine Weltmacht.

Kein Wunder, dass man sie als Löwin bezeichnet hat. Obwohl sie all diese Dinge erreicht hatte, blieb ihre Rolle als Königin ihr immer eine Last. Sie sagte:

> *Die Krone auf dem Kopf eines Königs ist schöner für den, der sie betrachtet, als für den, der sie trägt.*[5]

Wie uns die Geschichtsbücher erzählen, tat sie weit mehr, als nur eine Krone zu tragen. Sie war eine Wegbereiterin des Fortschritts, des Handels und der Forschung. Sie erkannte die Stärke ungeteilter Loyalität und ermöglichte es einer Nation, sich weiterzuentwickeln, während Länder wie Frankreich bereit waren, sich in eine zerstörerische Revolution zu stürzen.

Auf dem Schlachtfeld kannte Elisabeth keine Furcht. Hier ist ein Auszug der Rede, die sie hielt, als sie sich darauf vorbereitete, mit ihren Truppen in die Schlacht zu reiten.

> *Mag ein Tyrann sich fürchten. Ich habe mich immer so verhalten, dass ich nach Gott meine Hauptkräfte und meinen Schutz in die treuen Herzen und den guten Willen meiner Untertanen gelegt habe. Daher bin ich jetzt, wie ihr seht, nicht zu meinem Vergnügen, zu meiner Zerstreuung zu euch gekommen, sondern mit dem Entschluss, inmitten des Schlachtgetümmels unter euch zu leben oder zu sterben. Meine Ehre und mein Blut für meinen Gott, mein Königreich und mein Volk zu geben, und sei es im Staub.*
>
> *Ich weiß, dass ich zwar den Leib eines schwachen, kraftlosen Weibes, dafür aber Herz und Mark eines Königs, noch dazu eines Königs von England habe, und ich kann nur darüber lachen, dass Parma oder Spanien oder irgendein anderer Herrscher es wagt, die Grenzen meines Reiches überschreiten zu wollen. Deshalb will ich lieber selber zu den Waffen greifen, als dass durch mich Unehre über mein Land komme … Ich zweifle nicht, dass wir dank eures Gehorsams meinem General gegenüber, eurer Eintracht*

> *im Lager und eurer Tapferkeit im Feld schon bald einen ruhmreichen Sieg über die Feinde meines Gottes, meines Königreiches und meines Volkes erringen werden.*[6]

Und das taten sie.

Siehst du was geschah, als eine einzelne Frau sich lieber in Erstaunen versetzen ließ, als sich zu fürchten? Elisabeth folgte Gott furchtlos nach und war sich ihrer Bestimmung bewusst. Sie war nicht nachlässig, wenn es darum ging, den Rat Gottes einzuholen, und führte Gebetstagebücher in drei verschiedenen Sprachen – mit überaus erstaunlichen Ergebnissen. Vielleicht merkst du, dass Gott dich zu etwas Außergewöhnlichem oder Furchteinflößendem beruft. Wenn das so ist, lass dich von den Beispielen Lucys und Königin Elisabeths I. ermutigen, vorwärtszugehen.

Es spielt keine Rolle, was andere für dich sehen. Wenn Gott gesprochen hat, glaube ihm. Gehe dorthin, wohin er dich schickt, höre auf das, was er dir sagt. Folge der Führung dieses Löwen und vertraue dem „Wissen", auch wenn andere es vielleicht nicht verstehen.

Bist du bereit, dich in Erstaunen versetzen zu lassen?

11

VOM GEFLÜSTER ZUM GEBRÜLL

Ich war nicht der Löwe; mir fiel nur die Aufgabe zu, das Brüllen zu übernehmen.

Offenbarung 5, 5 ***(Neues Leben)***

Löwen brüllen.

Natürlich weißt du das. Aber hast du gewusst, dass auch Löwinnen brüllen?

Damit Löwen oder Löwinnen brüllen können, müssen sie erst ihre Haltung ändern. Wer seine Macht auf so urwüchsige Weise proklamieren will, muss sein Haupt beugen. Sie senken ihre mächtigen Köpfe und ihr Brustkorb weitet sich, um ihre Lungen mit Luft zu füllen. Ich frage mich, ob es sich für sie so anfühlt, als würden sie platzen, wenn sie ihre Macht so laut verkünden, dass es in einer ruhigen Nacht acht Kilometer weit zu hören ist und Mensch und Tier erschrocken innehalten. Das Brüllen eines Löwen ist so furchterregend und erstaunlich, dass es dich förmlich „umzingeln" und in deiner Bewegung erstarren lassen kann.

Ebenso werden auch wir, die Löwinnen Gottes, eine andere Haltung als unsere gegenwärtige einnehmen müssen, wenn wir jemals ein solch gewaltiges Geräusch hervorbringen wollen. Um brüllen zu können, müssen wir unsere hocherhobenen Köpfe senken und uns beugen. Diese Haltung der Demut und des Gebets ist die Position, in der wir neu mit dem Atem des Geistes Gottes gefüllt werden können. Ich glaube, dass wir dieses Brüllen hervorbringen werden, wenn wir mehr von Gottes Geist in uns aufnehmen, als wir von seiner Lebensfülle in uns halten können. Wenn wir Gottes Wahrheit, Liebe und Güte nicht länger zurückhalten können, werden wir der Welt auf mitreißende Weise klarmachen, wer er wirklich ist.

Doch anders als das Brüllen der Löwin wird unser Brüllen mehr als ein bloßes Geräusch sein. Unsere Erklärung wird eine göttliche Mischung aus fesselnden Worten, Taten und Glaubenshandlungen sein. Glaube, Hoffnung und Liebe kann man nicht anfassen, aber wenn sie in einzelnen Menschen berührbar werden und in unserer vereinten Reaktion auf die Nöte der Welt zum Ausdruck kommen, wird man unser Brüllen hören. Wenn wir als Beispiel für unseren Löwen dienen, wird die Welt sein Brüllen hören. Dann wird allen geringeren Herren und Geräuschen Einhalt geboten und der Ruf wird laut werden: „Betet Gott alleine an!"

Unsere Welt ist voll von Gebrüll. Während ich mich mit dem Konzept des Brüllens beschäftigte, wurde mir klar, dass es viele Dinge gibt, die ein solches Geräusch hervorbringen können – Ozeane ein brüllendes Tosen, der ungezähmte, entfesselte Wind ein brüllendes Brausen. Die gewaltigen Massen der Wasserfälle stürzen mit brüllendem Rauschen von großen Höhen. Begeisterte Fans brüllen, wenn sie sich in Sportarenen zusammendrängen.

Die vier lebendigen Wesen vor dem Thron Gottes brüllen „Heilig, heilig, heilig" und der Klang dieses Brüllens erschüttert die Türpfosten der himmlischen Gebäude (siehe Jes. 6, 4). Auf der Erde wiederholen wir ihre Worte in der Form von Liedern, aber wenn wir auf diese Weise die Heiligkeit Gottes verkünden, hat das seinen Ursprung in einem Brüllen.

Unser Gott, der Höchste, der Herr über alle … brüllt.

> *Gott brüllt wie ein Löwe vom Himmel hoch herab; Donner rollt aus seiner heiligen Wohnung.*
>
> Jeremia 25, 30 *(The Message,* aus dem Englischen übersetzt)

Und wiederum:

> *Ich bin der Heilige, und ich bin hier – genau in eurer Mitte. „Die Menschen werden am Ende Gott folgen. Ich werde wie ein Löwe brüllen – oh, wie ich brüllen werde! Meine erschrockenen Kinder werden von Westen her gelaufen kommen."*
>
> Hosea 11, 9–10 (*The Message*, aus dem Englischen übersetzt)

Was macht eine Lautäußerung zu etwas, das größer und bedeutender ist als ein Flüstern, Knurren, Schreien oder Rufen? Kommt es bei einem vollwertigen Brüllen mit Ehrfurcht gebietender Kraft allein auf die Lautstärke an?

Es beginnt mit einem Flüstern

Um diese Fragen zu beantworten, wollen wir uns zunächst mit der Dynamik eines Flüsterns befassen.

Der Psalmist schreibt:

> *Ich höre dieses sehr sanfte Flüstern von einem, von dem ich nie gedacht hätte, dass er zu mir sprechen würde.*
>
> Psalm 81, 5 (*The Message*, aus dem Englischen übersetzt)

Hier drückt der Psalmist sein Erstaunen darüber aus, dass Gott ein Flüstern an ihn richtet. Hatte er über seine Treue zu Gott nicht Texte geschrieben und Lieder gesungen? Vielleicht besinnt er sich in diesem Psalm wieder auf das Staunen, das ihn erfasste, als er anfing, mit Gott Gemeinschaft zu haben. Wir können nur das wiedererkennen, was wir schon einmal gehört haben. David hörte Gott als kleiner Hirtenjunge flüstern und danach hörte er Gottes Stimme überall. Gottes Stimme wird als „sehr sanftes Flüstern" beschrieben. Der Erhabene spricht in sanften, leisen Tönen, was den Kontrast zur harten Realität unseres menschlichen Lebens noch unterstreicht.

Daher die Einladung, ruhig zu sein: „Seid still und erkennt, dass ich Gott bin" (Ps. 46, 11; *Schlachter*).

Ich bin mir sicher, dass Gott, der Höchste und der Schöpfer aller Dinge, wusste, dass seine Kinder auf sein Flüstern hin innehalten und ruhig werden würden.

Ich finde den Gedanken, dass Gott flüstert, überraschender als den, dass er ruft. Von einem so großen Gott erwartet man wohl eine donnernde Stimme, aber kein Flüstern. Dieser sanfte Widerhall genügt Gott, um unsere Aufmerksamkeit zu erlangen. So wie die Tiefe der Tiefe zuruft, ist ein Flüstern Gottes das Echo des Schöpfers, das in seinen Kindern, seiner Schöpfung, widerhallt.

Elia suchte Gott im Wind, im Erdbeben und im Feuer, aber er hörte ihn im Flüstern (siehe 1. Kö. 19, 12). Als Elia das leise Säuseln hörte, trat er aus seiner Höhle und hörte, was Gott ihm zu sagen hatte.

Eine gedämpfte Stimme transportiert bedeutende und persönliche Informationen zu den Menschen, die selbst leise genug sind, um sie zu hören. In dieser Stille hört unser Geist das Flüstern eines Vaters, der sich seines Kindes annimmt. Jeder von uns sehnt sich danach, Gott flüstern zu hören. Du bist dazu geschaffen, deinen Schöpfer zu hören. Erlaube ihm, in die Tiefen deiner Seele zu sprechen und die Sehnsucht deines Herzens zu stillen.

Ich glaube, dass Gott immer mit einem Flüstern beginnt, wenn er redet. Alles, was laut und deutlich wahrzunehmen ist, fängt mit einem Flüstern an. Als ich schwanger war und das Leben in mir wachsen fühlte, war das die geflüsterte Ankündigung eines Kindes, das geboren werden sollte. Ein Schrei beginnt mit einem inneren Flüstern. Vielleicht hast du dieses Flüstern Gottes zuerst als Antwort auf einen Schrei aus dem Inneren deiner Seele gehört: „Gott, ich bin hungrig, verängstigt und allein."

Er flüsterte zurück: „Fürchte dich nicht. Ich bin hier, Kind."

Manchmal stelle ich mir die Frauen selbst als Flüstern vor. Eine Mutter, die ihr verängstigtes Kind wiegt, schreit nicht – sie flüstert. Jahrelang habe ich gehört, wie Gottes Töchter sich gegenseitig zugeflüstert haben, was sie bewegt. Seit fast drei Jahrzehnten flüstere ich meinem Mann Dinge zu, wenn wir im Bett liegen. Eingehüllt in das Dunkel der Nacht und die Wärme unseres Bettes scheint es mir unangebracht, laut zu sprechen. Es ist ein Ort des Flüsterns, der Ruhe und der Intimität.

Es kommt vor, dass wir als Familie nebeneinander in einem Lobpreisgottesdienst sitzen und ich zu flüstern beginne. Wenn ich harte oder unwahre Worte höre, spreche ich mit gedämpfter Stimme. „Das ist nicht richtig“, flüstere ich dann. John und meine Söhne nicken still und tätscheln manchmal meinen Arm, um auszudrücken: „Wir verstehen, warum du beunruhigt bist. Du musst es nicht lauter sagen. Wir hören dich.“

Es scheint, als könne ich nicht anders, als zu flüstern. Es scheint mir falsch, zu schweigen und nicht anzusprechen, was zu unbedeutend, zu exklusiv, zu verzerrt oder ganz einfach nur falsch ist. Vielleicht liegt es an der Rolle, die ich einnehme, aber ich muss einfach die Wahrheit flüstern, um die falschen Samen zu beseitigen, bevor sie Wurzeln schlagen. Mein Flüstern widerlegt, was laut ausgesprochen wird.

Ich flüstere, wenn das, was ich verkündigt höre, nicht das ist, was Gott mir zugeflüstert und in meinem Leben hervorgehoben hat. Ich bin mir sicher, dass du dieses Gefühl bereits kennen gelernt hast. Wenn du ein Flüstern Gottes gehört hast, dann weißt du, dass es heilig ist und unsere Aufmerksamkeit verdient. Oft, wenn wir lehren oder predigen, wiederholen wir einfach, was andere uns gelehrt haben. Doch wenn Gott spricht, ist das etwas ganz anderes. Ein Flüstern Gottes ist nichts, das man auf die leichte Schulter nehmen könnte, und es sollte beachtet werden.

Gott spricht flüsternd zu seinen Söhnen und Töchtern. Spürst du, dass wir in einer Zeit leben, in der es angebracht ist, zu flüstern und auf das Flüstern Gottes zu hören? Vielleicht hörst du es gerade jetzt. Das Flüstern ist die Sprache der Geheimnisse und der Weissagungen.

Jahrtausende hindurch hat der Mensch das Flüstern Gottes gesucht und ist bei seiner Suche viel zu oft auf Schweigen gestoßen.

> *Es gibt viele Propheten und Könige, die ihren rechten Arm gegeben hätten, um zu sehen, was ihr seht, doch sie konnten nicht einmal einen Blick darauf werfen. Sie*

> *wollten hören, was ihr hört, doch sie konnten nicht einmal ein Flüstern vernehmen.*
>
> Lukas 10, 24 (*The Message*, aus dem Englischen übersetzt)

Die alten Propheten und Könige versuchten angestrengt, etwas zu hören, aber Gott murmelte nicht einmal. Sie schielten, um etwas Zukünftiges zu erblicken, aber an ihrem Horizont war nichts zu erkennen. Es gab keinen Ton, keine Vision, kein Bild – nichts, das sie veranlasst hätte, einander zu fragen: „Habt ihr das gehört?"

Dann kam die Zeit, in der die Botschaft offenbart wurde – nicht in einem Flüstern, sondern in einer Person. Das geflüsterte Wort wurde Fleisch und erhob seine Stimme, während es sich unter den Menschen bewegte, sie berührte, lehrte, heilte und ihre Toten auferweckte. Traurigerweise hatten genau die Menschen, die so angestrengt versucht hatten, etwas zu erlauschen, keine Ohren mehr, zu hören. Sie erkannten ihn nicht, weil er nicht so aussah und klang, wie sie es erwartet hatten. Jesus sprach flüsternd zu Steuereintreibern und Fischern, während er die Pharisäer anschrie.

Anstatt davon zu reden, wer er war und woher er gekommen war, offenbarte Jesus seine Identität durch sein Leben. Seine Taten sprachen lauter, als sein Mund es jemals gekonnt hätte.

Vom Geflüster zum Gebrüll

Wie viele horcht meine Freundin Bobbie Houston auf die Laute des Himmels und beobachtet, wie der Geist des Höchsten daran arbeitet, seine Töchter zu bevollmächtigen. Was viele von uns sehen, fasst sie in diesen Worten zusammen:

> *Aus dem Flüstern Gottes ist ein Rufen geworden.*

Auf der ganzen Welt gibt es Frauen, in denen diese Worte widerhallen.

Immer mehr von Gottes Töchtern hören sein Flüstern. Was ist dieses Flüstern Gottes? Und warum nimmt seine Lautstärke zu? Es gibt einen gemeinschaftlichen Ruf nach Gerechtigkeit, und er hat dazu geführt, dass unsere Hoffnung proklamiert wird. Als Maria, die Mutter Jesu, Gottes Verheißung empfing, dass er sein Volk erlösen würde, behielt sie diese Worte für sich und bewahrte sie als Schatz in ihrem Herzen. Heute erzählen immer mehr Töchter Gottes von dem Leben und der Freiheit, die Gott in ihre Herzen pflanzt. In der Folge wurde das, was als Flüstern in einzelnen Herzen begonnen hatte, zu einem gemeinschaftlichen Ruf. Die Botschaft lässt sich nicht länger in schallgedämmten Räumen einsperren.

> *Ruft von allen Dächern, was ich euch in die Ohren flüstere, damit jeder es hören kann!*
>
> Matthäus 10, 27 *(Neues Leben)*

Jesus flüsterte zuerst und trug seinen Jüngern danach auf, zu rufen. Er vermittelte ihnen erst in einem privaten, intimen Kreis Einsicht und Weisheit und ermahnte sie dann, öffentlich zu verkündigen, was vorher ein Geheimnis gewesen war.

Ich glaube, dass wir uns im Moment in einer Phase der Menschheitsgeschichte befinden, in der das Flüstern Gottes immer mehr zu einem Rufen wird. Ich bin mir nicht sicher, ob wir überhaupt verstehen, welch immense Bedeutung darin steckt, aber ich spüre, dass viele gerade jetzt herbeieilen und aufmerksam lauschen. Während du näher kommst, hörst du ein leises Säuseln – etwas in deinem Inneren gerät in Bewegung.

> *Das Flüstern Gottes ist so unglaublich aufregend, dass es uns Angst machen kann. So herausfordernd, dass es das Potenzial hat, uns in die Einsamkeit zu führen. So stark und mächtig, dass es nicht mehr aufzuhalten ist, sobald es sich in Bewegung gesetzt hat. Donner kracht und grollt am Himmel. Hört! Es ist Gott, der seine Stimme erhebt! Durch seine Kraft stillt er Meeresstürme, durch seine Weisheit zähmt er Seemonster. Mit einem Atemzug klart er den Himmel auf, mit einem Finger vernichtet er die Seeschlange.* ***Und das ist erst der Anfang, ein bloßes Flüstern seiner Herrscherworte.*** *Was täten wir, erhöbe er* ***wirklich*** *seine Stimme?!*
>
> Hiob 26, 11–14 *(The Message,* aus dem Englischen übersetzt)

Genau! Was täten wir? Sicherlich … wir würden zittern. Aber wer das Flüstern kennt und ihm vertraut, würde sich dem Ruf, der da kommt, nicht widersetzen. Etwas tief in uns würde ehrfurchtsvoll lauschen, während wir darauf warteten, dass Gott seine Stimme erhebt. Gott übt seine Herrschaft in all ihrer urwüchsigen Kraft nur im Flüsterton aus. Wenn er ausatmet, klart der Himmel auf!

Als Gott damit anfing, Leben, Freiheit, Hoffnung, Stärke, Wildheit, Wert und selbst Schönheit in meine Welt zu flüstern, hat das meinen Horizont erweitert. Er ermöglichte mir Wachstum, als in meinem Leben kein Raum dafür zu sein schien.

Meine Ängste lassen sich am besten so beschreiben: Stelle dir vor, du hörst ein Flüstern, das dir sagt, dass es in deinem Leben um mehr geht als um das, was du bis jetzt kennen gelernt hast. Dass das, was du als das Maximum für dein Leben akzeptiert hast, tatsächlich nie der Wahrheit entsprochen hat. Das Flüstern widerspricht allem, was man dir gegenüber offen geäußert hat.

Und doch spricht dieses Flüstern einen geheimen Ort tief in deinem Inneren an und weckt eine noch ungeäußerte Sehnsucht. Es klingt richtiger als alles, was du im Fernsehen gehört oder in Büchern und Zeitschriften gelesen hast. Diese geflüsterte Offenbarung sorgt dafür, dass du für immer verändert wirst. Es gibt Orte, Beziehungen und Gespräche, die dir plötzlich Unbehagen bereiten, obwohl sie erst gestern, letzte Woche oder letzten Monat noch eindeutig zu deiner Welt gehörten.

Als ich Gottes Flüstern zum ersten Mal hörte, passierte genau das. Mir war klar, dass ich auf einer bestimmten Ebene zwar Kontakte abgebrochen hatte, aber Gott – so gut ich es wusste – treu geblieben war. Es fühlte sich an, als würde ich hilflos dahintreiben, ohne zu wissen, warum und wie ich den nächsten Hafen ausfindig machen sollte. Alles, was ich zuvor als sicher angenommen hatte, schien nun ungewiss, unsicher und unbequem. Das einzig Sichere in meinem Leben war die Tatsache, dass sich etwas verändert hatte, und das für immer.

Ja, ein Flüstern hat die Macht, uns so schnell aus allem herauszureißen, was wir kennen – auf genau diese Weise. Manche würden es vielleicht eine Erleuchtung nennen, andere bezeichnen es als Paradigmenwechsel.

Immer, wenn ich Gott suche, antwortet er mit einem Flüstern.

> *Komm her und flüstere deine Antwort. Ich brauche dich wirklich.*
>
> Psalm 55, 2 *(The Message,* aus dem Englischen übersetzt)

Gottes Antworten können uns in einem gewissen Maß von anderen trennen und eine Zeit lang können sie unbequem sein. Deshalb ist es so wichtig, dass wir, wenn wir das Flüstern Gottes hören, ruhig sind, zuhören und die leise Stimme in uns wahrnehmen.

Ludwig van Beethoven schrieb: „Töne klingen, brausen, stürmen in mir, bis sie endlich in Noten vor mir stehen."[1] Was wenn er versäumt hätte, die Noten aufzuschreiben, die er in sich vernommen hatte? Nicht nur seine Musik wäre uns verloren gegangen. Wir wären auch um die Gedanken, die Liebe, die Träume und die Inspirationen gekommen, die in der von ihm festgehaltenen Symphonie der Töne ihren Anfang nahmen.

Wenn das Flüstern Gottes einen brausenden Sturm von Gedanken in mir losbrechen lässt, finde ich keine Ruhe, bis ich sie aufgezeichnet habe. Es gibt viele Arten, ein vom Himmel gehauchtes Flüstern festzuhalten. Manche von uns werden das, was sie hören, schriftlich aufzeichnen. Andere werden ein Musikstück komponieren. Wieder andere werden es durch Botschaften, Theaterstücke oder Geschichten ausdrücken, in denen das Flüstern einen lauten Widerhall findet. Und wieder andere werden ein schöpferisches Flüstern in Kunst und Architektur fließen lassen, die ihm Form und Funktion verleihen.

Es kommt nicht darauf an, wie man das Flüstern festhält, es kommt darauf an, dass man es festhält.

Lebe das Flüstern aus

Wir alle haben schon einmal gehört, dass wir etwas „ausleben" sollen, doch ich möchte diesem Ausdruck gerne noch etwas hinzufügen. Lebe das aus, was in dir steckt.

Ralph Waldo Emerson sagte: „Keiner von uns wird jemals etwas Herausragendes oder Beachtenswertes erreichen, wenn er nicht lernt, auf das Flüstern zu achten, das niemand anders hören kann.“[2]

Lerne dir selbst zuzuhören und lerne, für dich selbst zu hören. Bitte nicht andere, dir zu sagen, was nur du alleine hören kannst. Wenn du das tust, gibst du ihnen die Macht über das Flüstern Gottes in deinem Herzen. Würdige das, was Gott dir zuflüstert, und nimm dir die Zeit, auf alles zu hören, was er dir auf seine perfekte Art mitteilt.

Oft hören wir das Flüstern, wenn wir gerade alleine sind. Aber wir sind bei Weitem nicht die Einzigen, die es hören. Gott ist bereit, zu allen zu sprechen, die leise genug sind, um ihn hören zu können. Es kommt nur darauf an, lange genug ruhig zu sein, damit man den Heiligen Geist klar verstehen und seine Worte in ihrer vollen Ausdrucksstärke erfassen kann. Sobald wir unseren Anteil an dem, was er sagt, erfasst haben, sind wir bereit, das Flüstern in anderen wahrzunehmen. Diese Zeiten, in denen wir uns still und leise auf das Zuhören beschränken, sind vielleicht nicht ganz einfach, aber in ihnen findet ein Prozess statt, den wir durchmachen müssen, wenn wir erneut Anschluss finden und in einem sicheren Hafen landen wollen.

Die Phase, in der ich mich zum Hören zurückzog, ging im Jahr 2006 ihrem Ende zu, als ich mich in der Gesellschaft einiger starker, liebenswürdiger Frauen – Helen, Bobbie, Lisa und Deborah – auf den Philippinen befand. Wir alle waren aus verschiedenen Ländern angereist, um an der Einführung eines Studienplans mitzuwirken, der den Frauen auf der ganzen Welt Wert und Stärke vermitteln sollte.

Ich konnte in keiner Weise voraussehen, dass diese Konferenz eine so drastische Veränderung in mir bewirken würde. Was dort geschah, veränderte weniger, was ich sagte, als vielmehr, wie ich es sagte. Ich möchte meinen, dass gegen Ende des Jahres 2006 weniger Fragen und Rechtfertigungen über meine Lippen kamen.

Nach dieser Konferenz stand ich Gottes Flüstern näher und konnte das, was er mir sagte, besser umsetzen. Vor diesem Punkt war ich von inneren Konflikten bedrängt, isoliert und sehr, sehr alleine.

Wie es der Plan vorsah, trat ich als erste Sprecherin auf. Als ich meine Rede beendet hatte, setzte ich mich und sog die Botschaften der anderen Frauen in mich auf. In jeder Versammlung strömte Leben in meine müde, staunende Seele. Es war, als würde jede einzelne Rednerin mein Flüstern und meine Geheimnisse in Worte fassen, während sie ihre klare, deutliche, gesalbte und liebevolle Botschaft überbrachte. Ich konnte die Tränen nicht zurückhalten, die meine Wangen hinunterliefen und die trockenen Stellen in meiner Seele bewässerten. Meine Sehnsüchte waren erfüllt und meine Fragen beantwortet worden.

Nach der letzten Versammlung fuhr ich mit einigen der Frauen zum Hotel zurück. Meine Worte überschlugen sich bei dem Versuch, zu formulieren, was in mir passierte.

„Aber das ist doch genau das, worüber du selbst schreibst und sprichst“, erwiderte Bobbie.

Sie hatte recht, aber bis dahin hatte ich es noch nicht von anderen laut ausgesprochen gehört.

Jahrelang fühlte ich mich, als würde ich einsam und alleine Worte in einen Raum mit engen Grenzen sprechen. Ich konnte hinaussehen, aber nicht herauskommen, bevor nicht jemand die Jalousietüren öffnete und mich in einen weiten, offenen Raum voller Licht und Lachen einlud.

Bobbie beugte sich zu mir herüber und tätschelte mein Bein. „Du bist nicht mehr allein.“ Ich nickte und weinte. Ich fühlte mich wie ein Kind, aber es störte mich nicht im Geringsten. Dieser Abend war ein bedeutender Wendepunkt. Ich bin mir nicht sicher, ob ich vor diesem Moment, in dem ich so in diese Gemeinschaft eingebunden wurde, überhaupt gemerkt hatte, dass ich mich alleine fühlte. Ich war wirklich eine der Schwestern, die an der Seite ihrer Brüder stehen und gemeinsam für eine bessere Welt arbeiten wollten. Mit anderen verbunden zu sein, die dasselbe Flüstern gehört hatten, gab mir Kraft und wirkte auf mich begeisternd und befreiend.

Vielleicht hast auch du schon ein solches Erlebnis gehabt. Hast du dich jemals so gefühlt, als würdest du draußen stehen und hineinblicken – und plötzlich merkst du, dass du mittendrin bist?

Tochter, Schwester, Mutter und Freundin – du sollst wissen, dass du dazugehörst. Du bist nicht allein. Das warst du nie. All die anderen, die Gottes Flüstern in sich tragen, halten Ausschau nach dir und heißen dich willkommen.

Es waren nicht Pflichtbewusstsein und gute Manieren, die sie dazu brachten, dich, die du nicht eingeladen warst, in ihrer Mitte aufzunehmen. Ganz und gar nicht. Du bist aufgenommen, weil du zu einer Gemeinschaft von Frauen und Männern gehörst, die sich auf der ganzen Welt erheben.

> *Doch ihr gehört dazu. Der Heilige Geist hat euch gesalbt und ihr alle wisst das. Ich schreibe dies nicht, um euch etwas mitzuteilen, das ihr noch nicht wisst, sondern um die Wahrheit, die ihr kennt, zu bestätigen und euch daran zu erinnern, dass die Wahrheit keine Lügen hervorbringt.*
>
> 1. Johannes 2, 20–21 (*The Message*, aus dem Englischen übersetzt)

Es bedeutete mir sehr viel, zu entdecken, dass ich dazugehörte. Obwohl ich reiste und jede Woche zu Hunderten von Frauen sprach, fühlte ich mich oft wie eine Besucherin. Immer nur auf Besuch und niemals ein Teil von etwas zu sein, kann manchmal ein Gefühl der Einsamkeit vermitteln. Also lass uns das hier festlegen, meine Liebe: Du bist kein Besuch – du gehörst zur Familie. Wenn viele Menschen vereint sind, finden Worte ihren Widerhall, werden Beziehungen gebaut und die Lautstärke steigt. Diese Art von Flüstern lädt uns ein, Kontakte zu knüpfen.

Aber was ist mit dem Schrei?

> *Schreit nicht. Ja, redet nicht einmal – selbst flüstern dürft ihr nicht, bevor ihr mich sagen hört: „Schreit!" Und dann sollt ihr losschreien!*
>
> Josua 6, 10 (*The Message*, aus dem Englischen übersetzt)

Wenn etwas, das so leise ist wie der Gedanke an ein Flüstern, als Schrei losgelassen werden soll, braucht man das richtige Timing. Weißt du, wir leben in einer strategisch bedeutsamen und gefährlichen Zeit der Erdgeschichte. Gott wird im Geheimen Dinge belagern und sie zur rechten Zeit mit einem gemeinschaftlichen Schrei vernichten, wie er es mit Jericho getan hat.

> *Denn er selbst, der Herr, wird, wenn der Befehl ertönt, wenn die Stimme des Erzengels und die Posaune Gottes erschallen, herabkommen vom Himmel.*
>
> 1. Thessalonicher 4, 16 *(Luther)*

Beim Klang seiner Stimme wird die Herrschaft des Todes und der Zerstörung zerbrechen.

Die Israeliten umkreisten Jericho sieben Mal, bevor sie die Kraft erhielten, zu schreien. Ebenso werden kluge Löwinnen nicht brüllen, wenn sie sich nicht sicher sind, erfolgreich angreifen zu können. Es geht hier weniger darum, laut zu sein, als vielmehr darum, strategisch zu handeln. Wir sollten niemals Reden über etwas schwingen, das wir dann nicht auch ordentlich ausführen können.

Wir sollten nicht jedes Flüstern so laut aufdrehen, dass daraus ein Rufen wird.

> *Wie eine Frau, die ein Kind erwartet, die sich krümmt in ihrer Not und vor Schmerzen schreit, während das Baby geboren wird.*
>
> Jesaja 26, 17 *(The Message,* aus dem Englischen übersetzt)

Lange Jahre haben wir einzeln und gemeinsam unseren Schmerz hinausgeschrien, aber vor Schmerz zu schreien, ist nicht die Antwort. Sie besteht darin, dass wir durch den Schmerz unserer Wehen Leben hervorbringen. Lasst die Wehen, die Vorurteile und selbst den Schmerz dazu beitragen, eine Generation starker und kräftiger Töchter auf die Welt zu bringen.

Wenn der Schrei zum Brüllen wird

Jeder kann schreien. Aber nicht jeder kann brüllen – zumindest nicht, wenn die Zeit noch nicht reif ist.

Was genau ist ein Brüllen? Ein Brüllen ist nicht einfach nur ein enorm lauter Schrei. Es ist in erster Linie eine furchtlose Proklamation. Ein Brüllen setzt etwas Ursprüngliches, mehr oder weniger

Unverständliches frei, das nicht zurückgehalten werden kann. Jede von uns hat das Potenzial, zu brüllen – aber nicht als Einzelperson. Ich glaube, dass das Brüllen auf der menschlichen Ebene einen gemeinschaftlichen Ausdruck darstellt, bei dem es um mehr als um Stimmen geht. Ich glaube, es ist der Klang, der entsteht, wenn Menschen ihren Glauben ohne Scheu ausleben, Hoffnung verbreiten und die Liebe Gottes zum Ausdruck bringen.

Vielleicht erinnerst du dich an das Lied von Helen Reddy aus den 1970erjahren, in dem die Zeile vorkam: „I am a woman, hear me roar!" (Ich bin eine Frau, höre mich brüllen!). Bitte versteht – ich will damit nicht sagen, dass nur die Frauen brüllen sollten. Ich möchte auch nicht Frauen und Männer dazu ermutigen, sich gegenseitig anzubrüllen. Ich glaube einfach, dass es an der Zeit ist, unsere Stimmen zu erheben und gemeinsam zu brüllen!

In diesem Moment höre ich in meinem Geist: „Macht euch bereit, Töchter, denn gemeinsam hat euer Schrei das Potenzial, ein Brüllen zu werden, das sich über die Erde erhebt und die himmlische Versorgung freisetzt." Wie Winston Churchill es ausdrückte: „Ich war nicht der Löwe; mir fiel nur die Aufgabe zu, das Brüllen zu übernehmen."

Ebenso sind auch wir nicht der Löwe; uns fällt nur die Aufgabe zu, unsere Stimme dem Brüllen unseres Löwen zur Verfügung zu stellen. Jesus allein ist der Christus und der Löwe von Juda. Wir folgen ihm und sein Brüllen hallt in uns wider. Was würde unseren Löwen und Herrn zum Brüllen bringen? Ich glaube, dass die Antworten auf diese Frage enthüllt werden, wenn wir herausfinden, was Löwen und Löwinnen in freier Wildbahn ein Brüllen entlockt.

Zwar brüllen beide dieser Raubkatzen, aber sie tun das aus verschiedenen Gründen. Ein Löwe brüllt in erster Linie deshalb, weil er seine Umgebung über sein Territorium in Kenntnis setzen und es verteidigen will. Wenn die Dunkelheit hereinbricht, erhebt sich der Alphalöwe, senkt seinen Kopf, weitet seinen Brustkorb und füllt seine Lungen mit der Nachtluft. Dann gibt er sein Brüllen von sich. Der Klang hallt durch sein Gebiet und lässt alle wissen: „Ich bin wach und stark – und ich bin hier! Ich bin bereit, mein Territorium und mein Familienrudel gegen jeden zu verteidigen, der es wagt, mich herauszufordern. Ich werde nicht ruhig zusehen, wenn jemand versuchen sollte, meine Löwinnen oder meine Jungen zu stehlen. Ich werde nicht zulassen, dass Schurken, die nicht zur Familie gehören, sich an unserer Nahrung vergreifen."

Das Brüllen des Löwen versetzt Hyänen in Schrecken. Die Auswirkungen seiner Kraft sind innerlich zu spüren und äußerlich zu sehen. Es macht alle, die im Dunkeln lauern, darauf aufmerksam, dass Belästigungen nicht geduldet werden. Das Brüllen erschreckt Eindringlinge und legt Grenzlinien fest.

Löwen brüllen auch, um Mitglieder ihres Rudels wiederzufinden. Dieses Brüllen bedeutet: „Ich bin hier. Wo bist du?" Die Löwinnen und Löwen, die zur Familie gehören, antworten ihrerseits mit Gebrüll.

Die Kraft und die Lautstärke des Brüllens sagen sehr viel über die Eigenschaften des Löwen aus. Ein Brüllen gibt Auskunft über seine Größe, sein Alter und seine körperliche Verfassung. Im Grunde bedeutet dieses Brüllen: „Ich weiß, dass du mich nicht sehen kannst, aber hörst und spürst du das hier? Leg dich bloß nicht mit mir an!" Nicht zuletzt brüllen Löwen, weil sie zornig sind.

Während ich diese Zeilen schreibe, muss ich daran denken, wie sehr Jesus vom Eifer für das Haus Gottes verzehrt wurde. Sind auch wir leidenschaftlich genug, unseren Kopf zu beugen, unser Leben zu füllen und alle wissen zu lassen, wer wir aus unserer Beziehung mit ihm kommend sind?

Nun, was veranlasst eine Löwin, zu brüllen?

Wie der Löwe brüllt auch sie, um ein Gebiet als ihr Territorium auszurufen und es zu beschützen. Außerdem bestätigt sie so ihre Zugehörigkeit zu den anderen Mitgliedern ihres Rudels. Sie ruft mit ihrem Gebrüll andere Löwinnen zu Hilfe, bittet damit um ihren Schutz und vertreibt Feinde. Sie brüllt, um herumstreunende oder verirrte Junge herbeizurufen. Doch in erster Linie brüllt die Löwin, um ihre Jungen zu beschützen.

Um diesen Punkt zu illustrieren, ziehe ich das Ergebnis einer zweijährigen Studie über das Brüllen der Löwen heran.

Es scheint, dass der enge Zusammenschluss der Löwinnen nicht nur den Vorteil bringt, dass sie ihre Jungen besser verteidigen können, wenn es zu direkten Begegnungen mit potenziell infantizidalen [Nachwuchs tötenden] Löwen kommt, sondern auch dafür sorgt, dass sie durch gemeinschaftliches Brüllen die Wahrscheinlichkeit einer solchen Begegnung minimieren können.[3]

Löwinnen brüllen hauptsächlich deshalb gemeinsam, weil das Brüllen einer einzelnen Löwin von einem fremden Löwen mit der Aufforderung verwechselt werden könnte, sich mit ihr zu paaren. Das Letzte, was Löwinnen wollen, ist, einen Löwen anzulocken, der ihre Jungen tötet und das Rudel übernimmt. Es kommt oft vor, dass ein gestörter Löwe die Jungen tötet, damit die Löwin früher wieder bereit ist, sich mit ihm zu paaren (Löwinnen paaren sich nicht, wenn sie gerade Junge großziehen). Das verschafft ihm die Möglichkeit, seine Blutlinie schneller voranzubringen.

Historisch gesehen haben Verhaltensforscher immer geglaubt, Löwinnen würden in erster Linie eine so enge Gemeinschaft pflegen, um besser jagen zu können. Heute stellen sie die Schlussfolgerungen früherer Studien infrage und glauben, dass Löwinnen hauptsächlich deshalb im Familienverband bleiben, weil sie so ihre Jungen besser schützen können; erst danach spielt die Koordination der Jagdbemühungen eine Rolle.

Als ich las, dass das Brüllen der Löwinnen in der Gruppe dazu dienen sollte, ihre Jungen vor Tod und Vernichtung zu bewahren, kamen mir fast die Tränen. Diese Studie zeigte, dass das gemeinsame Brüllen einer Gruppe von nur drei Löwinnen genügte, um Infantizid zu verhindern.[4]

Was sagt uns das?

Alleine bist du ungeschützt. Mit einem Freund kannst du das Schlimmste überstehen. Könnt ihr noch einen Dritten hinzurufen? Ein dreifaches Seil wird nicht leicht reißen.

Prediger 4, 12 *(The Message,*
aus dem Englischen übersetzt)

Wenn Löwinnen wissen, dass ihre Jungen nicht sicher sind, wenn sie von anderen Löwinnen isoliert sind, warum versuchen wir dann, so unabhängig zu sein? Gemeinsam können wir die Jungen vor Tod und Zerstörung bewahren. Alleine haben wir keine Chance.

Wenn das so ist, warum fürchten wir uns so sehr, zuzugeben, dass wir einander brauchen? Wir müssen nicht die Massen in Bewegung setzen. Wir brauchen einfach nur ein paar mitfühlende, fürsorgliche Menschen, um die Welt für die Massen zu verändern.

Glaube niemals, dass ein paar mitfühlende Menschen die Welt nicht verbessern könnten. Sie sind sogar die Einzigen, die es jemals getan haben.

Margaret Mead

Gebetsgebrüll

Nur Löwinnen, die miteinander verwandt sind, wagen es, furchtlos zu brüllen. Sie wissen, dass sie nicht nur die Stimme brauchen, sondern auch den Schutz ihrer Schwestern.

Warum also sollten wir, die Löwentöchter Gottes, unser Gebrüll hören lassen?

Wir erheben unsere Stimme, um Gottes gewaltige Herrschaft auszurufen und unsere Treue zu bekunden. Wir brüllen, um die Verlorenen zu rufen. Unsere Stimme wird die Jungen und die Umherirrenden sicher nach Hause leiten. Wir lassen die Luft erzittern, um herauszufinden, ob sich Eindringlinge, Feinde und Diebe in unserem Gebiet bewegen. Gemeinsam stoßen wir ein Brüllen aus, das unsere Jungen vor Tod und Zerstörung bewahrt. Wir werden die Dunkelheit nicht still ertragen.

Ich kann mir keine besseren Gründe als die gerade genannten vorstellen. Selbst in diesem Moment ärgert es mich, dass wir so lange still gewesen sind. Wir hatten kein Recht, stumm zu bleiben, wenn wir doch den Auftrag hatten, für die zu sprechen, die ohne Stimme sind. Die Stunde ist fortgeschritten. Die Dunkelheit konnte sich unbemerkt ausbreiten, während wir schliefen. Nun, da wir wach sind, müssen wir beten, dass Gott unsere Bemühungen vervielfacht, damit wir sein Licht immer heller leuchten lassen können. Das Gebet ist der wichtigste Grund, aus dem wir zusammenkommen. Wir werden himmlischen Schutz, Weisheit und die richtigen Strategien brauchen, wenn wir diesen Krieg führen wollen.

Jesus sagte: „Liebe den Herrn, deinen Gott, mit aller Leidenschaft, mit allem Gebet und mit allem Verstand“ (Mt. 22, 37; *The Message,* aus dem Englischen übersetzt).

Hier sind drei Dinge, mit deren Hilfe wir die Lautstärke eines Brüllens erreichen können. Wir müssen unsere Leidenschaft, unsere Gebete und unseren Verstand einsetzen. Wenn wir diese drei Bereiche unseres Lebens Gott hingeben, werden sie verschmelzen und wir werden unserer Liebe zu Gott in leidenschaftlichen, klugen Gebeten Ausdruck verleihen.

Wir fangen klein an und denken groß. Gott verspricht, da zu sein, wenn zwei oder drei sich in seinem Namen versammeln. Gebet ebnet den Weg für Versorgung, Ziele und Strategien. Liebe Löwenschwester, ich wette, du könntest zwei Frauen finden, die mit dir zusammen beten … und wenn es nur am Telefon ist.

Möge Gott unsere Dreiergruppen schnell auf Dreißigergruppen anwachsen lassen, wenn wir uns aufmachen, uns zusammentun und unsere Stimmen erheben. Dann mögen die dreißig Schwestern sich verzehnfachen und zu dreihundert werden. Aus dreihundert werden dreitausend, dann dreißigtausend und so weiter, bis wir eine Armee sind, deren Gebete als mächtiges Brüllen von der Erde zum Himmel aufsteigen. Es ist höchste Zeit, dass wir das Brüllen unseres Löwen widerhallen lassen.

Wie Löwen steht vom Schlummer auf,
unbesiegbar und zuhauf,
schüttelt ab die Ketten wie
Tau, der nächtens auf euch fiel –
ihr seid zahlreich – wen'ge sie.

Percy Bysshe Shelley[5]

Löwin, erhebe deine Stimme!

Liste der (englischsprachigen) Organisationen:

Pearl Alliance

www.pearlalliance.org

Pearl Alliance ist ein Hilfsprogramm von *Messenger International. Pearl Alliance* sammelt Spendengelder und thematisiert den Menschenhandel, um ihn zu bekämpfen und seine versklavten Opfer zu befreien. Die aktuellen Haupteinsatzgebiete sind Kambodscha und Thailand.

The Colour Sisterhood

www.thecoloursisterhood.com
Hillsong Church

The Colour Sisterhood besteht aus einer Gruppe von Frauen, die in ihrem Alltag mit beiden Beinen am Boden stehen und sich danach sehnen, die Welt zum Besseren zu verändern. Im Wesentlichen geht es der Stiftung darum, der Menschheit Wert zu vermitteln; es geht um Einheit und Verbundenheit.

Life Outreach International – *RESCUE*LIFE

www.lifetoday.org
James und Betty Robison

*RESCUE*LIFE hilft mit, Kinder in drei der weltweit größten Menschenhandelsmärkte – Indien, Kambodscha und Thailand – zu erreichen, zu retten und wiederherzustellen.

The A21 Campaign

www.TheA21Campaign.org

The A21 Campaign hat sich zum Ziel gesetzt, den Menschenhandel zu bekämpfen. Dazu soll ein verstärktes Bewusstsein für die

Problematik geschaffen werden, in entsprechenden Fällen werden rechtliche Schritte eingeleitet und Wiedereingliederungsprogramme für Opfer des Menschenhandels angeboten. Damit schafft das Programm einen umfassenden Ansatz, um dieses Unrecht zu bekämpfen. Das aktuelle Haupteinsatzgebiet ist Osteuropa.

Fußnoten

Kapitel 2
Eine unsichtbare Kraft

[1] Nicholas D. Kristof und Sheryl WuDunn, *Half the Sky: Turning Oppression into Opportunity for Women Worldwide* (New York: Knopf, 2009), xx. Übersetzt aus dem Englischen.

[2] Kristof und WuDunn, *Half the Sky,* xx. Übersetzt aus dem Englischen.

[3] Kristof und WuDunn, *Half the Sky,* xxi. Übersetzt aus dem Englischen.

[4] Kristof und WuDunn, *Half the Sky,* 250. Übersetzt aus dem Englischen.

Kapitel 3
Gefährlich wach

[1] Nicholas D. Kristof und Sheryl WuDunn, *Half the Sky: Turning Oppression into Opportunity for Women Worldwide* (New York: Knopf, 2009), xviii. Übersetzt aus dem Englischen.

Kapitel 5
Der Zweck der Stärke ist der Dienst

[1] *www.wissen.de,* © 2000–2006 wissen.de GmbH, Gesellschaft für Online-Information, unter „dienen".

[2] *www.wissen.de,* © 2000–2006 wissen.de GmbH, Gesellschaft für Online-Information, unter „Dienst".

Kapitel 6
In gleicher Mission

[1] Lisa Bevere, *Kämpfe wie eine Frau: Entdecke deine Kraft als Frau* (Adullam Verlag, 2007), 58.

[2] Sue Monk Kidd, *The Dance of the Dissident Daughter: A Woman's Journey from Christian Tradition to the Sacred Feminine* (New York: HarperCollins, 1996), 27. Übersetzt aus dem Englischen.

[3] Marianne Williamson, *A Woman's Worth* (New York: Random House, 1993), 20. Übersetzt aus dem Englischen.

[4] Williamson, *A Woman's Worth,* 21. Übersetzt aus dem Englischen.

[5] Williamson, *A Woman's Worth,* 21. Übersetzt aus dem Englischen.

[6] „What's Your Quotation Quotient?" *Monterey County Herald,* 4. May 2010, www.montereyherald.com/entertainment/ci_1496-1372. Übersetzt aus dem Englischen.

Kapitel 7
Die fürsorgliche Begrüßung

[1] *www.wissen.de,* © 2000–2006 wissen.de GmbH, Gesellschaft für Online-Information, unter „pflegen".

Kapitel 8
Die Löwin als Strategin

[1] http://synonyme.woxikon.de/synonyme/kunstfertigkeit.php

[2] *www.wissen.de,* © 2000–2006 wissen.de GmbH, Gesellschaft für Online-Information, unter „jagen".

[3] Margaret Mead; ThinkExist.com, http//thinkexist.com/quotation/sister_is_probably_the_most_competitive/12512.html. Übersetzt aus dem Englischen.

[4] Lisa Bevere, *Füreinander da sein: Eine deiner größten Stärken wartet nur darauf, von dir neu entdeckt zu werden* (Adullam Verlag, 2008), 70.

Kapitel 10
Mit dem Löwen gehen

[1] C. S. Lewis, *Prinz Kaspian von Narnia. Die Chroniken von Narnia Bd. 4* (Wien: Verlag Carl Ueberreuter, © 2007), 108.

[2] Lewis, *Prinz Kaspian von Narnia,* 120.

[3] Lewis, *Prinz Kaspian von Narnia,* 121.

[4] Alan Axelrod, *Elizabeth I, CEO: Strategic Lessons from the Leader Who Built an Empire* (Paramus, NJ: Prentice Hall, 2000), 6. Übersetzt aus dem Englischen.

[5] Axelrod, *Elizabeth I, CEO,* 250. Übersetzt aus dem Englischen.

[6] http://de.wikipedia.org/wiki/Tilbury-Rede

Kapitel 11
Vom Geflüster zum Gebrüll

[1] Ludwig van Beethoven, ThinkExist.com, http://thinkexist.com/-quotes/ludwig_van_beethoven/2.html. Übersetzt aus dem Englischen.

[2] Ralph Waldo Emerson, ThinkExist.com, http://thinkexist.com-/quotation/none_of_us_will_ever_accomplish_anything/223531.html. Übersetzt aus dem Englischen.

[3] Jon Grinnell, „The Lion's Roar: More Than Just Hot Air", *Zoogoer,* May–June 1997, http://nationalzoo.si.edu/Publications-/ZooGoer/1997/3/lionsroar.cfm. Übersetzt aus dem Englischen.

[4] Grinnell, „The Lion's Roar". Übersetzt aus dem Englischen.

[5] Percy Bysshe Shelley, *The Mask of Anarchy, Art of Europe,* www.artofeurope.com/shelley/she5.htm. Übersetzt aus dem Englischen.

Bibliografie

Luther:
Lutherbibel. Bibeltext in der revidierten Fassung von 1984. Stuttgart: Deutsche Bibelgesellschaft 1999 [Unter Ignorierung des Fettdrucks].

Neues Leben:
Neues Leben. Holzgerlingen: Hänssler Verlag © 2002.

New Living Translation:
The New Living Bible. Illinois: Tyndale House Publishers 1971.

NKJV:
New King James Version of the Bible. Copyright © 1997, 1980, 1982 by Thomas Nelson. Used by permission.

Schlachter:
Schlachter Übersetzung – Version 2000. 1. Auflage © der Genfer Bibelgesellschaft. Bielefeld: CLV 2004.

The Message:
The Message: The New Testament in Contemporary English. Copyright © 1993 by Eugene H. Peterson.

Lisa Bevere hat noch andere gute Bücher geschrieben:

Nähere Informationen und Katalog über alle Bücher:

Adullam Verlag
St.-Ulrich-Platz 8
85630 Grasbrunn
Tel. 089 468801
Fax 089 46201790
www.adullam.de

Um den Dienst von John Bevere zu kontaktieren:

life-transforming truth.
Messenger International.

UNITED STATES
PO Box 888
Palmer Lake, CO 80133

Phone: 800-648-1477
Email:
Mail@MessengerInternational.org

AUSTRALIA
Rouse Hill Town Centre
PO Box 6444
Rouse Hill NSW 2155

Phone: 1-300-650-577
Outside Australia:
+61 2 9679 4900
Email:
Australia@MessengerInternational.org

UNITED KINGDOM
PO Box 1066
Hemel Hempstead
Hertfordshire,
HP2 7GQ

Phone: 0800-9808-933
Outside UK:
(+44) 1442 288 531
E-mail:
Europe@MessengerInternational.org

www.MessengerInternational.org